Daniela Schwarzer
Krisenzeit

Daniela Schwarzer

Krisenzeit

SICHERHEIT, WIRTSCHAFT, ZUSAMMENHALT

Was Deutschland jetzt tun muss

PIPER

Mehr über unsere Autorinnen, Autoren und Bücher:
www.piper.de

Inhalte fremder Webseiten, auf die in diesem Buch (etwa durch Links) hingewiesen wird, macht sich der Verlag nicht zu eigen. Eine Haftung dafür übernimmt der Verlag nicht. Wir behalten uns eine Nutzung des Werks für Text und Data Mining im Sinne von § 44b UrhG vor.

ISBN 978-3-492-07228-1
© Piper Verlag GmbH, München 2023
Satz: Eberl & Koesel Studio, Kempten
Gesetzt aus der Swift Neue LT Pro
Litho: Lorenz & Zeller, Inning am Ammersee
Druck und Bindung: GGP Media GmbH, Pößneck
Printed in Germany

»Die alte Welt stirbt gerade, die neue lässt auf sich warten, und in diesem Helldunkel kommen nun immer mehr Monster zum Vorschein.«

Antonio Gramsci

Inhalt

Vorwort 11

1 Warum der Krieg in der Ukraine Europa so erschüttert 19
Zerfall der europäischen Sicherheitsordnung 23
Putins Agenda 26
Ethnonationalismus und Neoimperialismus 29
Äußere Härte, Diktatur im Innern 33
Was der Westen anders sieht 35
Neue nukleare Bedrohung 38
Angriff auf die Ukraine, Angriff auf die Demokratie 41
Auch Nachbar Moldau im Visier 42

2 Deutschlands politische 180-Grad-Wende 48
Sicherheit und Verteidigung 50
Erste Bilanz der Zeitenwende 54
Energiepolitik ohne Russland 58
Druck auf Deutschlands Wirtschaftsmodell 66

3 Ringen um den Umgang mit Russland 71
Die Illusion von Wandel durch Handel 73
Schwierige Debatten um den Preis des Friedens 81
Schrille Töne in der Strategiediskussion 87
Ein Krieg ohne kalkulierbares Ende 90

4 Europäische Überraschungen, europäische Verwundbarkeit 94
Geschlossene Ränge 95
Mittel- und Osteuropa packen zu 99
Was Putin nicht erwartet haben mag 103
Osten und Westen in der EU 106
Deutschlands Rolle 109
Deutsch-französische Versäumnisse 112
Flucht nach vorn 117

5 Die Welt sortiert sich neu 120
Amerika ist zurück – aber wie lange? 122
Der »Krieg des Westens« und die Taktierer 131
Das Denken der anderen 143
Tanz der Elefanten: Russland und China 146
Autoritäre Weltgestalter 149
Chinas Interessen am russischen Krieg 152
Deutschland in der neuen Weltordnung 155

6 Weltwirtschaft im Umbruch 163
De-Globalisierung und Re-Globalisierung 164
Near-Shoring und Re-Shoring 168
Die Beziehungen zu China 171
Gegen die Blockbildung 177
Reform des Multilateralismus 180

7 Aufgaben in der Welt der Unsicherheit 182
Epochenwechsel 183
Gestaltungskraft in der Polykrise 185
Im Systemkonflikt zusammenhalten 190
Demokratien müssen liefern 193
Europäische freiheitliche Demokratie stärken 196
Eine Zukunftsagenda für Europa 200
Prämissen überprüfen: Partnerschaft mit den USA 206
Sicherheit und Verteidigung anders denken 210
Eine realistische Chinapolitik 218
Der Ukraine zum Sieg verhelfen 220
Eine europäische Russlandpolitik 225
Ein krisenresilientes Wirtschaftsmodell 228
Energie- und Klimapolitik 233
Neue Abhängigkeiten vermeiden 238

Die neue, unbekannte Ordnung gestalten 241

Danksagung 249

Abkürzungsverzeichnis 251
Anmerkungen 253

Vorwort

Meine Generation wuchs in der Sicherheit auf, dass sich alles immer weiter zum Guten entwickeln wird: der Frieden auf unserem Kontinent, die stetige Aufwärtsentwicklung der Wirtschaft, das Zusammenwachsen Europas, die Verlässlichkeit unserer Demokratie. Nach dieser Prämisse hat auch die Politik in den letzten Jahrzehnten gehandelt, und eine Ära der Stabilität und des Wachstums schien dem recht zu geben. Doch im Schatten politischer Beständigkeit und wirtschaftlichen Fortschritts brauten sich Risiken zusammen, die sich heute Schritt für Schritt entladen. Wir durchleben komplexe, polarisierende und sehr ermüdende Krisenzeiten. Ständig muss auf immer neue Herausforderungen sofort reagiert werden. Krisen überlagern sich und erreichen Wendepunkte, die eine Rückkehr zur vorherigen Situation unmöglich machen. Neben kurzfristigem Krisenmanagement ist jetzt langfristiges Umsteuern nötig, in Deutschland, in Europa und weltweit. Wir erleben Brüche, deren Dimensionen Entscheiderinnen und Entscheider in Wirtschaft und Politik und jeder Einzelne erst nach und nach erfassen werden.

Wie wichtig gerade in Zeiten des Umbruchs vorausschauendes Handeln ist, braucht wenig Erläuterung, wenn man vor Augen hat, wie gravierend und unerwartet Erschütterungen auf unserem dicht besiedelten Kontinent sein können. Wie zerstörerisch die Kraft von Egoismus und Hass, von Angst und Verlust, von verletztem Stolz sein kann. Das reflektieren die Geschichten so vieler Familien in Europa und in Deutschland.

Auch meine Eltern haben als Teil der Kriegsgeneration tiefe Brüche und Erschütterungen erlebt. In Berlin geboren, waren sie zehn Jahre alt, als der Zweite Weltkrieg zu Ende ging. Nach Kindheitsjahren in einer bombardierten Stadt, Evakuierung in den Osten, Flucht in Richtung Westen, Jahren des Hungerns und der tiefen Sorge um verschwundene Elternteile erlebten sie in den späten 1940er-Jahren zum ersten Mal eine Phase der Stabilität. Endlich. In den folgenden Jahrzehnten wurde diese zur Alltagsnormalität, auch wenn natürlich mit der Spaltung Europas in West und Ost neue Bedrohungen entstanden waren.

Wir Kinder der nächsten Generation wurden in den Kalten Krieg der 1960er und frühen 1970er hineingeboren. Im Westen, Norden und Süden von uns wuchs Europa zusammen und versprach Frieden und Wohlstand. Wie gefährlich die Sowjetunion damals schien, verstand ich, als meine Mutter mir erzählte, wie sie ihre Aussteuer aus Westberlin zu Verwandten nach Westdeutschland ausgelagert hatte. Sie wusste, dass man bei einer Flucht fast nichts mitnehmen kann.

Die USA hingegen schienen uns als verlässlicher Freund. Wir sind mit Erzählungen von Rosinenbombern groß geworden, die ab Juni 1948 im Minutentakt Lebensmittel, Medikamente und Kohle nach Westberlin einflogen, als die Sowjetunion die Hälfte der Stadt aushungern wollte. Wenn ich heute am Flugfeld Tempelhof vorbeifahre, denke ich an Kinder, die am Zaun sehnsüchtig auf ein Stückchen Schokolade aus den Händen der US-Soldaten warteten. Und wie sich 15 Jahre und einen Mauerbau später John F. Kennedy unter dem Jubel der Menschen vor dem Rathaus Schöneberg zu »einem Berliner« erklärte. Die Enkel und Enkelinnen meiner Eltern kamen in der ersten Dekade des neuen Jahrtausends auf die Welt. Die Mauer war vor über einem Jahrzehnt zusammengebrochen, mit ihr der Ostblock. Politisch ging es zu der Zeit darum, wie nun der ganze Kontinent, nicht mehr nur die Westhälfte, in Frieden, Freiheit und Stabilität zusammenwachsen würde. Die sogenannten Farbrevolutionen in ehemaligen Sowjetrepubliken wurden bejubelt, und es ging um die Integration von acht ehemaligen Ostblockstaaten in eine EU[1], in der sich viele Staaten seit ein paar Jahren sogar die Währung teilten. Nur selten gab es in dieser Zeit die Sorge, dass Sicherheit in Europa, die regelbasierte Weltordnung und unser komfortables Lebensmodell einmal keine Selbstverständlichkeit mehr sein könnten.

Berlin wandelte sich in dieser Zeit rasant: Ost- und Westberlin wuchsen ab 1990 nun zu einer spannenden Hauptstadt zusammen. In deren klaffenden Baulücken entstand die damals modernste Metropolenarchitektur in Europa. Im brandneuen Regierungsviertel rund um den geschichtsträchtigen Reichstag gehörte es zum guten Ton, den Sorgen unserer europäischen Partner vor der wachsenden Macht Deutschlands Zurückhaltung, Verantwortungsbekundungen und Geschichtsbewusstsein entgegenzusetzen. Deutschland betitelte sich als Friedensmacht und schwächte Schritt für Schritt seine Armee.

Hinter den neuen imposanten Glasfassaden führte die Berliner Politik jedoch das vereinigte Deutschland fast lautlos zu immer größerer Stärke in Europa, wirtschaftlich vor allem, aber auch politisch. Die Beziehungen in den Osten und Westen dieser Welt, und ganz besonders zu Russland und China, bauten Politik und Unternehmen gemeinsam aus. Die politische Hoffnung dabei war, dass wirtschaftliche Öffnung und ein engerer Austausch Transformation und schließlich Demokratisierung in diese Länder bringen würden.

Billige Energie, ein starker europäischer Markt und ein stabiler Euro waren die Grundlage deutscher Wettbewerbsfähigkeit und somit Deutschlands politisches Erfolgsrezept. Amerikanische Sicherheitsgarantien waren Geschäftsgrundlage und Rückversicherung unseres prosperierenden Modells, das trotz – oder vielleicht wegen – seiner Behäbigkeit so zukunftssicher erschien. Deutschland verstand sich als Integrationsmotor Europas, gemeinsam mit Frankreich, mit dem es nie ein einfaches, aber oft produktives Verhältnis gab, in dem historisches Verantwortungsbewusstsein und gewachsene Freundschaft neben Eigensinn und nationaler Interessensdurchsetzung abwechselnd für Integrationserfolge und tiefe Vertrauenskrisen sorgten.

Deutschlands Macht und seine europäische Führungsrolle traten in den 2010er-Jahren im Zuge der Finanz- und Verschuldungskrisen deutlicher denn je in der Nachkriegszeit hervor. Und das brachte Berlin viel Kritik und Kontroversen ein: Deutschland galt manchen als wenig weitsichtiger Vetospieler und langsamer Zauderer, etwa als die Finanzmärkte 2010 den Preis für die Rettung Griechenlands in die Höhe trieben. Andere kritisierten Deutschland dafür, dass es anderen EU-Staaten sein eigenes Modell aufzwingen wolle. Auch als Deutschland 2015/16 über eine Million syrischer Kriegsflüchtlinge aufnahm und sich für ein Aufnahmequotensystem in der EU starkmachte, hagelte es Kritik. Deutschland musste lernen, mit immer tieferen europäischen Kontroversen umzugehen, und musste dabei fortwährend überprüfen, ob es als größter Staat in der Gemeinschaft genug für deren Zusammenhalt tat. Immer wieder prallten in dieser Frage Fremd- und Selbstwahrnehmung aufeinander. Berlin versteht sich als zutiefst der europäischen Integration verschrieben, die es für sein Wirtschafts- und Politikmodell ja auch unbedingt braucht. Europäische Partnerstaaten warfen der Bundesregierung derweil puren Egoismus vor und brandmarkten Deutschlands Politik als Gefahr für den Zusammenhalt der Gemeinschaft und – mit Blick auf eine sehr freundliche Russlandpolitik – für die Sicherheit Europas. Noch härteren Gegenwind bekam die im eigenen Verständnis konsequent transatlantisch ausgerichtete Bundesregierung 2017 vom engsten Alliierten, den USA, als der damalige US-Präsident Donald Trump Berlin als »sehr, sehr böse« bezeichnete, Strafzölle auf Importe aus Deutschland verhängte und 2020 einen Abzug der US-Truppen aus Deutschland ankündigte. Doch diese Erschütterungen, die früh auf das Ende von politischen Gewissheiten hindeuteten, brachten zunächst keine Kehrtwende in der deutschen Politik.

Jetzt schreiben wir das Jahr 2023. Und in Europa ist Krieg. Die USA sind als Sicherheitsgarant auf unserem Kontinent so präsent wie seit Jahrzehnten nicht mehr. Darüber können wir froh sein, denn die europäische Sicherheitsordnung der Zeit nach dem Kalten Krieg ist zusammengebrochen. 1000 Kilometer von Berlin entfernt schlagen Bomben ein, und Millionen von Menschen aus der Ukraine sind auf der Flucht. Viele Familien in Deutschland haben seit Ausbruch der neuen Phase des Krieges im Februar 2022 ukrainische Flüchtlinge beherbergt. In manch einem Berliner Keller lagern Geigerzähler und Gummistiefel für den Fall, dass Russland Atomwaffen einsetzt. Kinder kennen Namen von Panzern und Flugabwehrsystemen, Leoparden sehen sie viel öfter auf Kriegsbildern als im Zoo. Von aus der Ukraine geflüchteten Menschen, auch sehr jungen, haben wir Geschichten über Flucht in die große Ungewissheit gehört, von deren Angst um Freundinnen und Freunde, Eltern, Großeltern, von der brutalen und unsinnigen Zerstörung ihres Landes. Geschichten so vieler Familien, die einfach nur ihr Leben in Ruhe leben wollten und in die schreckliche Fratze roher Gewalt blicken mussten.

Unser Alltag hingegen erscheint weiterhin recht »normal«, auch wenn vor allem Energie zeitweise erschreckend teuer wurde und Lebensmittelpreise in die Höhe schnellten. Nach dem Schock der Covid-Lockdowns geht es heute vom Frühstückstisch wieder zur Schule, in die Uni oder zur Arbeit, fast als wäre nichts gewesen.

Und doch werden wir auf die frühen 2020er-Jahre als eine Zeit des Epochenbruchs zurückblicken. Auf das Jahr 2022 ganz besonders, denn Entwicklungen, die wir seit Jahren hätten ernst nehmen müssen, haben sich zu einem perfekten Sturm zusammengebraut. Was wir in Reaktion darauf sehen, ist kein plötzlicher Zusammenbruch, sondern ein atem- und pausenloses Ringen um Anpassung an die neue Realität. Politische 180-Grad-Wenden werden vollzogen, wo es nötig und möglich ist, um den neuen geopolitischen Realitäten Rechnung zu tragen. Unter größtem Druck musste die Bundesregierung in vielen Bereichen den Kurs dramatisch anpassen: kurzfristig in der Verteidigungspolitik, im Einsatz für die Ukraine, in der Energiepolitik, mittelfristig in der Überprüfung wirtschaftlicher Abhängigkeiten von autokratischen Regimen und der Versorgung mit Rohstoffen und vor allem Seltenen Erden, die Deutschland für die Energiewende so dringend braucht.

Vor unseren Augen wird Geschichte geschrieben. Es ist zu hoffen, dass noch Schlimmeres verhindert wird, etwa der Einsatz von Massenvernichtungswaffen und eine Ausbreitung des Krieges auf dem europäischen Kontinent oder auch ein bewaffneter Konflikt zwischen China und den USA. Es kann sein, dass wir trotz des immensen Schadens des Krieges, der Klimakrise und des weltweiten Rückbaus von Demokratie als Europa gestärkt aus dieser Krisenzeit hervorgehen. Es kann aber auch ganz anders kommen.

Die Geschichte der 2020er-Jahre wird viele Autorinnen und Autoren haben, und schon jetzt ist klar, dass zu viele davon eine menschenverachtende, diktatorische Welt wollen und sich Machtinstrumente verschafft haben, die diese bereits zur Realität werden lassen. Die wichtigste Aufgabe unserer Zeit ist, dass wir selbst den Stift in der Hand behalten. Fest in der Hand behalten, um eine Zukunft zu schreiben, in der wir das erhalten können, was unsere liberalen Demokratien in Deutschland und Europa ausmacht. Und um das zu bewahren, müssen wir uns im Inneren verändern, aber auch, wie wir international agieren. Es geht darum, von Getriebenen wieder zu Gestaltenden zu werden.

Deutsche und europäische Politik, gesellschaftliche

Kräfte genauso wie Unternehmen müssen unser Wirtschafts-, Gesellschafts- und Demokratiemodell weiterentwickeln, um es zu erhalten. Dafür müssen wir Europäerinnen und Europäer die europäische Sicherheitsordnung, die neuen Parameter der internationalen Wirtschaft und die Prinzipien der größten Transformationen unserer Zeit mitdefinieren. Gestalten wir bei uns zu Hause und weltweit nicht entschieden unsere Zukunft mit, werden andere es tun – in ihrem eigenen und nicht in unserem Interesse.

1
Warum der Krieg in der Ukraine Europa so erschüttert

In den frühen Morgenstunden des 24. Februar 2022 wurden Millionen von Ukrainerinnen und Ukrainern von heulenden Sirenen aus dem Schlaf gerissen. Raketen fielen auf militärische Ziele und zivile Infrastruktur, zerstörten Wohnhäuser, Krankenhäuser, Schulen. Europa schaute entsetzt zu, wie Russlands Soldaten in Richtung der ukrainischen Hauptstadt drängten. Bereits seit Monaten hatte Wladimir Putin über 100 000 Soldaten an der Ostgrenze des Landes stationiert. Der russische Präsident schien geringe Gegenwehr der ukrainischen Streitkräfte zu erwarten. Und als die Invasion begann, fürchteten auch westliche Beobachterinnen, dass Kiew in wenigen Tagen fallen werde.

Diese Annahme war falsch, denn in der Ukraine begann eine beispiellose militärische und zivile Mobilisierung. Anstatt um ihr Leben zu rennen, ergriffen viele Freiwillige jede Waffe, die sie finden konnten. Ukrainerinnen und Ukrainer verteidigten ihre Dörfer und Städte gegen eine mit Panzern und Kampfhubschraubern bewaffnete

Invasionsmacht, auch dank eilig aus dem Ausland gespendeter oder auf eigene Kosten gekaufter Ausstattung. Ihre Hauptstadt Kiew kämpften sie guerillakriegsartig frei, wo nötig mit selbst gebauten Molotowcocktails. Bald machten Bilder von ausgebrannten russischen Panzern und stecken gebliebenen Militärkonvois die Runde. Der Mythos der übermächtigen russischen Armee wurde binnen weniger Tage zerstört.

Im Gegenzug dazu überraschte der politische Westen mit schneller Reaktion und großer Unterstützungsbereitschaft: Bereits 48 Stunden nach Kriegsbeginn entschied Deutschland, Waffen an die Ukraine zu liefern, was die Bundesregierung zuvor noch ausgeschlossen hatte, weil es gegen den jahrzehntelang mit wenigen Ausnahmen hochgehaltenen Grundsatz verstieß, keine Waffen in Kriegsgebiete zu liefern.[2] Die Europäische Union (EU) beschloss am Tag nach der Invasion umfassende finanzielle Sanktionen und Ausfuhrbeschränkungen in den Bereichen Technologie und Energie, um Russlands militärische Fähigkeiten und seine Wirtschaft zu schwächen. Visabeschränkungen und das Einfrieren von Vermögenswerten, so die Hoffnung, sollten führende Köpfe des Putin-Regimes zum Umdenken bringen.[3] Erst zwei Tage zuvor hatte die EU 351 russische Abgeordnete mit Vermögenssperren und Reiseverboten sanktioniert, die in der Vorwoche, nach von den russischen Besatzern organisierten Scheinreferenden, die Unabhängigkeit der selbst ernannten »Republiken« Donezk und Luhansk im Osten der Ukraine anerkannt hatten.

Auch die USA griffen sofort durch. Präsident Joe Biden schnitt vier Großbanken, die gemeinsam ein Drittel der russischen Vermögen hielten, vom US-Finanzmarkt ab und machte ihnen damit Dollargeschäfte unmöglich. Wie die EU verboten die USA Exporte nach Russland im Technologiesektor. Gleichzeitig kündigte Biden an, zusätzlich 7000 US-Soldaten nach Europa zu schicken. An der schnellen Reaktion zeigte sich: Der Westen war vorbereitet – und er war entschieden. Über Monate hatte Washington hinter den Kulissen mit seinen europäischen Alliierten und der Ukraine eng zusammengearbeitet. Bereits im Jahr vor Kriegsbeginn hatte die US-Regierung zunächst erfolglos versucht, Deutschland von seinen engen Beziehungen zu Russland abzubringen und, vor allem, von der Fertigstellung und Inbetriebnahme der Nord-Stream-2-Pipeline abzusehen. Je mehr russische Truppen in östlicher und nördlicher Nachbarschaft der Ukraine aufmarschierten, desto mehr drängten die Amerikaner diejenigen in Deutschland und Europa, die an das Schreckensszenario eines großen russischen Angriffs nicht glauben wollten, der Realität ins Auge zu blicken: US-Geheimdienste warnten eindringlich, dass es sich bei den russischen Truppenbewegungen nicht etwa, wie von Moskau behauptet und von vielen in Berlin gerne zunächst geglaubt, um eine Militärübung oder um reine Drohgebärden handele. Anfang Dezember 2021 starteten die USA eine beispiellose öffentliche Kommunikationskampagne[4] und veröffentlichten Ausschnitte ihrer geheimdienstlichen Erkenntnisse über Russlands Kriegspläne. Der britische Geheimdienst zog auch öffentlich nach, sein Twitterkanal wurde zu einer viel genutzten Informationsquelle in Europa.[5]

In Berlin und anderen Hauptstädten zeigten die Warnungen aus Washington und London Wirkung: Vor Weihnachten 2021 wuchs die Nervosität in Regierungskreisen und bei Abgeordneten des Deutschen Bundestages deutlich an. Immer konkreter wurden die Evidenzen, immer absurder wurde es, dass manche das Szenario eines umfassenden Kriegs immer noch ignorieren wollten. Auch wenn es vielen so unvorstellbar schien – es musste ab sofort angenommen werden, dass Russland nicht nur die Manöver-Muskeln spielen ließ, sondern tatsächlich eine große Invasion vorbereitete. Warum sonst lieferte das russische Militär in größerem Umfang Blutkonserven an die Feldlazarette, die längst entlang der ukrainischen Grenzen auf russischem Boden eingerichtet waren? In Berlin sorgte dieses Szenario für stille Fassungslosigkeit bei vielen politischen Entscheiderinnen und Entscheidern. Sollten sich die Befürchtungen bewahrheiten, würden sich über zwei Jahrzehnte deutscher Russlandpolitik, für die Berlin schon lange lautstark von seinen Alliierten im Baltikum und Osteuropa kritisiert worden war, im Nachhinein als fatale Fehleinschätzung erweisen. Dabei entsprang sie doch der Angst vor genau so einem zerstörerischen Krieg und der Hoffnung, Russland durch politische und wirtschaftliche Einbindung von einer blutigen Konfrontation abbringen zu können.

Am 24. Februar 2022 begann die massivste militärische Aggression in Europa seit dem Zweiten Weltkrieg. Putin hat Europa über Jahre in ein neues Zeitalter getrieben, das wieder von Krieg und Konflikt geprägt ist. Das Recht des Stärkeren ist zurück. »Kein historischer Vergleich ist exakt, aber Putins Versuch, die unabhängige Existenz eines Nachbarstaates zu zerstören, mit Kriegsverbrechen, völkermörderischen Aktionen und unerbittlichen Angriffen auf die Zivilbevölkerung, kommt in Europa seit 1945 dem am nächsten, was Adolf Hitler im Zweiten Weltkrieg getan hat«, urteilt der Oxford-Historiker Timothy Garton Ash.[6]

Zerfall der europäischen Sicherheitsordnung

Ein imperialistischer Angriff mit dem Ziel, die politische Selbstbestimmung eines Landes zu brechen, sein Territorium zu rauben und seine Sprache und Kultur auszulöschen, ist etwas sehr Altes und in Europa nur zu gut Bekanntes. Doch lange herrschte die Annahme vor, dass so etwas nicht mehr geschehen könne. Schließlich wurde bereits zu Zeiten des Kalten Krieges alles versucht, um ein friedliches Miteinander auf unserem eng besiedelten Kontinent abzusichern. Sogar während des Kalten Krieges vereinbarten die damaligen Kontrahenten Grundregeln, um eine Eskalation des Ost-West-Konflikts unwahrscheinlicher zu machen. 35 Staaten des Ostblocks und des Westens[7] verpflichteten sich mit ihrer Unterschrift unter der Helsinki-Schlussakte vom 1. August 1975, die damals bestehenden Staatsgrenzen als unverletzlich anzuerkennen und eventuelle Streitfälle friedlich zu regeln. Sie versprachen, sich nicht in die inneren Angelegenheiten anderer Staaten einzumischen sowie Menschenrechte und Grundfreiheiten zu wahren. Außerdem vereinbarten sie, in Wirtschaft, Wissenschaft und Umweltschutz zusammenzuarbeiten, und gründeten gemeinsam die Konferenz für Sicherheit und Zusammenarbeit in Europa (KSZE), die fortan maßgeblich zur Vertrauensbildung zwischen Ost und West beitrug. Nach Ende des Kalten Krieges wurde aus ihr die Organisation für Sicherheit und Zusammenarbeit in Europa (OSZE).

Die Grundregeln der europäischen Friedensordnung wurden nach 1989 weiterentwickelt: In der Charta von Paris von 1990 und später in der NATO-Russland-Grundakte von 1997 bekräftigten die europäischen Staaten, die Sowjetunion (und anschließend die Russische Föderation) sowie die USA die grundlegenden Prinzipien Souveränität und territoriale Integrität von Staaten. Sie sprachen sich gemeinsam für das Recht auf freie Bündniswahl aus und bestätigten ihre Bereitschaft zur friedlichen Konfliktlösung. Die OSZE, ebenso wie EU und NATO, sollten diese Ordnung entsprechend der gemeinsamen Beschlüsse unterstützen.

Heute sind diese Prinzipien in einem Teil Europas auf brutale Art und Weise verletzt. Das gilt nicht erst seit dem Beginn von Russlands umfassender Invasion der Ukraine am 24. Februar 2022. Moskaus Vorstellungen darüber, wie Sicherheit in Europa zu erreichen sei und nach welchen Regeln Staaten miteinander umgehen sollten, wichen bereits seit Jahren von den gemeinsamen Vereinbarungen ab.

Seit den 1990er-Jahren hat Russland immer wieder gewaltsam in seiner Nachbarschaft eingegriffen, um seine Einflusssphäre abzusichern und auszudehnen oder um den Zerfall des eigenen Staates zu verhindern: Moskau griff 1992 in Transnistrien ein, unterstützte die Abspaltung von der Republik Moldau und hat seither dort Truppen stationiert, es intervenierte von 1994 bis 1996 sowie 1999 bis 2009 in Tschetschenien und 2008 in Georgien. 2014 besetzte und annektierte es die Krim, die zum Staatsgebiet der Ukraine gehörte, und destabilisierte im Osten des Landes den Donbas durch die militärische Unterstützung von Separatistengruppen. Ein Vierteljahrhundert nach Ende des Kalten Krieges zeigte Putin, was er vorhatte: Die Prinzipien der europäischen Sicherheitsordnung, die auch Russland vertraglich mehrfach anerkannt hatte, brach er wiederholt. Immer wieder – und zuletzt vor dem Hintergrund der Drohkulisse der über 100 000 Soldaten an der ukrainischen Ostgrenze – forderte Russland explizit eine Neuverhandlung der Sicherheitsordnung.[8] Im Dezember 2021, zwei Monate vor dem Einmarsch in die Ukraine, veröffentlichte Moskau zwei Dokumente, die es als »Abkommensentwürfe« bezeichnete. Tatsächlich waren es einseitige, revisionistische Erklärungen, die wohl Putins Brüche internationaler Vereinbarungen ex post legitimieren sollten.[9] Der Kreml forderte darin erneut einen Stopp der NATO-Osterweiterung und wandte sich gegen die Errichtung US-amerikanischer Militärstützpunkte in Staaten auf dem ehemaligen Territorium der Sowjetunion, die nicht der NATO angehören. Moskau wollte die USA von jeglicher militärischen Zusammenarbeit mit diesen Ländern abbringen, um seinen eigenen Einfluss auf die entsprechenden Staaten auszubauen und gleichzeitig die USA militärstrategisch zu schwächen: Während des Militäreinsatzes in Afghanistan etwa spielten Stützpunkte in den Ex-Sowjetrepubliken Usbekistan und Kirgistan für die USA und ihre Verbündeten eine zentrale Rolle. Mit seinen Vorschlägen für eine veränderte Sicherheitsordnung forderte Moskau volle Handlungsfreiheit im postsowjetischen Raum ein – ohne Rücksichtnahme auf die Souveränität und Sicherheitsinteressen der Ukraine und aller anderen Staaten, die aus der Sowjetunion hervorgegangen sind – sowie auch der Staaten des ehemaligen Warschauer Paktes. Wie konnte Moskau Ende 2021 an diesen Punkt gelangen?

Putins Agenda

Russland und der Westen streiten seit Jahren über die europäische Sicherheitsarchitektur und ihre Entwicklung nach Ende des Kalten Krieges. Aus Putins Sicht wurde das europäische Sicherheitssystem nach dem Zusammenbruch der Sowjetunion vom Westen konzipiert, ohne Russlands Interessen zu berücksichtigen. Dass der Westen versucht hatte, Russland etwa über den NATO-Russland-Rat in einen engen Dialog zu bringen, konnte keine Abhilfe schaffen – im Gegenteil: Putin sah auch darin einen imperialen Übergriff und kritisierte die Rolle der USA in der europäischen Sicherheitsarchitektur scharf.

Seit Jahren wirft Moskau den USA und den Westeuropäern vor, durch die NATO- und EU-Osterweiterungen in den 1990er- und frühen 2000er-Jahren die vereinbarten Regeln gebrochen und Russland somit durch das Missachten seiner Sicherheitsbedürfnisse ignoriert zu haben. Putin behauptet, im Zuge der Verhandlungen über die deutsche Wiedervereinigung 1989/1990 sei zugesichert worden, dass die NATO keine Osteuropäer aufnehmen werde. Schriftliche Dokumentationen gibt es dazu nicht, und Putins Aussagen stehen denen einiger beteiligter Politiker und Politikerinnen aus dem politischen Westen entgegen. Historiker:innen weisen zudem darauf hin, dass zu dem Zeitpunkt der angeblichen Zusicherung die Sowjetunion noch bestand. Konkrete Absprachen könne es deshalb ohnehin erst nach ihrer Auflösung Ende 1991 gegeben haben, sodass es vorher keinen Grund gab, Vereinbarungen über die NATO-Mitgliedschaft der Sowjetrepubliken zu treffen. Dennoch sprach Putin diesbezüglich in seiner Ansprache vor Beginn des Überfalls auf die Ukraine am 22. Februar 2022 von »zynischen Täuschungen und Lügen«.[10]

Bereits 15 Jahre zuvor hatte Putin seine Unzufriedenheit unüberhörbar in einer Rede auf der Münchner Sicherheitskonferenz gezeigt. »Niemand fühlt sich mehr sicher«, sagte der russische Präsident 2007. In ihren möglichen Konsequenzen wurden Putins drohende Worte viel zu wenig ernst genommen, womöglich, weil Deutschland und Europa die politischen Weichen zu diesem Zeitpunkt gerade in eine andere Richtung gestellt hatten. Putin sprach in München direkt nach der deutschen Bundeskanzlerin Angela Merkel, deren Regierung die Beziehungen zu Russland noch deutlich vertiefen wollte. Deutschland und Russland waren dabei, ihre strategische Partnerschaft inhaltlich auszubauen, und Berlin setzte sich in seiner damaligen G-7- und EU-Präsidentschaft für ein engeres, partnerschaftliches Verhältnis zu Russland ein.[11] Doch im Bayerischen Hof vor dem versammelten Publikum der Münchner Sicherheitskonferenz wandte sich Putin in scharfen Worten gegen die »monopolare Welt«, in der es nur ein Macht- und Entscheidungszentrum gäbe: die USA. Sie hätten ihre Grenzen »in allen Sphären überschritten« und würden der ganzen Welt ihre eigenen Vorstellungen aufzwingen. »Wem gefällt das schon?«, fragte Putin in den voll besetzten Saal und warnte eindringlich vor einer weiteren Erweiterung der NATO.

Trotz aller Bemühungen Deutschlands und der EU um eine engere strategische Partnerschaft zog Putin unmittelbare Konsequenzen aus der Sicht, die er in München mit der Sicherheitscommunity des versammelten politischen Westens geteilt hatte. Russland intervenierte in den folgenden Jahren wiederholt in Osteuropa und im Kaukasus, baute seine Kontrolle und Abhängigkeiten aus und schuf Organisationen, um die Beziehungen mit seinen Nachbarn zu strukturieren: In der Eurasischen Wirtschaftsunion, die 2015 aus der Eurasischen Wirtschaftsgemeinschaft hervorging, schlossen sich Russland, Armenien, Belarus, Kasachstan und Kirgistan zu einem Binnenmarkt zusammen. Die bereits 2002 gegründete Organisation des Vertrags über kollektive Sicherheit, ein Militärbündnis, das heute aus Russland, Armenien, Belarus, Kasachstan, Kirgistan und Tadschikistan besteht, versuchte Moskau zu stärken. Darüber hinaus intervenierte Putin im Nahen und Mittleren Osten und wurde in Afrika aktiver, um als Präsident der zweitgrößten Nuklearmacht der Welt seinen Weg an internationale Verhandlungstische mit den Großmächten zurückzufinden. Dies gelang ihm etwa durch seinen Schulterschluss mit dem syrischen Diktator Baschar al-Assad oder durch seine Entscheidung, in Mali die brutale Söldnergruppe Wagner einzusetzen, die zur Unterstützung der russischen Armee auch in der Ukraine kämpfte. Durch die umfassende Invasion der Ukraine, seine Ankündigung, auch weitere Staaten anzugreifen, und die Drohung, nukleare Waffen einzusetzen, gilt Russland heute wieder als eine der größten Bedrohungen weltweit. Dieses Risiko wurde auch in Deutschland über Jahre unterschätzt.

Ethnonationalismus und Neoimperialismus

So wurde Putins Politik trotz der Brutalität seiner Taten etwa in Georgien, Syrien oder in Mali noch über Jahre im Westen als in gewisser Weise rational, zumindest aber als berechenbar angesehen. Opportunistisch und kalkuliert schien Putin außen- und sicherheitspolitische Gelegenheiten zu ergreifen, um Russlands Rolle in der Welt wieder zu stärken. Unkalkulierbare Risiken schien der als scharfer Denker wahrgenommene frühere Geheimdienstagent aber nicht einzugehen.

Seit Februar 2022 zeichnet der Angriff auf die Ukraine nun ein ganz anderes Bild. Denn mit dem versuchten Vernichtungsfeldzug nimmt der russische Präsident nicht nur enorme Kosten für sein Land in Kauf. Er begann zudem einen Krieg, der offensichtlich auf einer völligen Fehleinschätzung der Kräfte seines eigenen Militärs, der Resilienz der Ukraine und der Unterstützungsbereitschaft des Westens fußte.

Sosehr der Krieg in seiner Brutalität erschreckt und viele überrascht haben mag, so nachvollziehbar ist bereits seit Jahren in Putins Reden und Veröffentlichungen, dass ethnischer Nationalismus und die selbstdefinierte Mission, Russinnen und Russen über die Grenzen der russischen Föderation hinaus zu schützen, für den Präsidenten immer zentraler wurden. Er verpflichtete sich, von ihm wahrgenommene Ungerechtigkeiten gegenüber russischen Minderheiten in anderen Staaten zu beenden und die gesamte russische Nation, inklusive der geschätzt 25 Millionen ethnischen Russinnen und Russen außerhalb des russischen Staatsgebiets, wieder unter russischen Schutz zu stellen. Dieses Motiv wurde seit Putins Amtsübernahme 1999 zum Grundprinzip seiner postsowjetischen Außen- und Sicherheitspolitik.[12] Wladimir Putin prägte dabei den Begriff der »Russischen Welt«. Das schloss die Eingliederung von »verlorenem Territorium« ein, auf dem sich im Zuge des Zusammenbruchs der Sowjetunion souveräne Nationalstaaten gegründet haben. Das Auseinanderbrechen der Sowjetunion nannte er eine »Tragödie«. Dass sich die Ukraine, Georgien und Moldau, Belarus, Kirgistan und Kasachstan, Aserbaidschan und Armenien, Tadschikistan, Turkmenistan und Usbekistan in die Eigenständigkeit verabschiedet hatten, nannte er die »größte geopolitische Katastrophe des 20. Jahrhunderts«. Damit meinte er nicht das Ende der kommunistischen Ideologie, sondern den Zerfall der Weltmacht Russland. Er ging noch weiter: »Das, was wir uns in 1000 Jahren erarbeitet haben, war zu einem bedeutenden Teil verloren.«[13] Der Zerfall des slawischen Imperiums scheint Putins Trauma zu sein, seine Wiederherstellung, zumindest zum Teil, sein großes, gefährliches Ziel.

Getrieben von der Schmach des Machtverlustes, von nationalistischen Ideen und dem Schutzgedanken, reicht seine Politik in Osteuropa und der zentralasiatischen Nachbarschaft Russlands von externer Einflussnahme und Mobilisierung russischer Gruppen in anderen Staaten heute bis zu einem imperialistischen Expansionskurs, der vorerst in der Intervention in der Ukraine gipfelt. Moskau bot ethnischen Russ:innen außerhalb des Landes die russische Staatsbürgerschaft an und gründete Organisationen wie den Kongress der Patrioten, um sie in Nachbarstaaten für seine Ziele zu mobilisieren. Für viele europäische Nachbarn wurde diese Form der Organisation russischer Minderheiten im Land zu einem Problem, etwa im Baltikum, in Moldau oder auch in der Ukraine. Im russisch-georgischen Krieg von 2008 erklärte die russische Regierung, dass ihr Eingriff nötig sei, um Russ:innen in Südossetien und Abchasien zu schützen. Auch die Annexion der Krim rechtfertigte Putin im Jahr 2014 damit, dass Russ:innen bedroht seien und er sich gegen ein Aufkommen von Nationalismus in der Ukraine stellen müsse.[14] Bereits 2014 verband er diese Ziele in emotionalen Reden damit, dass er Territorium, das historisch gesehen zu Russland gehörte, zurückgewinnen müsse. Nach seiner Konzeption bilden die Bevölkerungen Russlands, der Ukraine und auch von Belarus gemeinsam das »Kernvolk« des russischen Imperiums.

Im Juli 2021, ein halbes Jahr vor dem Überfall auf die Ukraine, stellte Putin in einem langen, geschichtsrevisionistischen Aufsatz auf der Website des Kremls die Idee der ukrainischen Nation und eines unabhängigen ukrainischen Staates grundlegend infrage. Er erklärte zudem, die ukrainische Regierung sei von einer westlichen Verschwörung beeinflusst.[15.] Indem er die Frage nach der Existenzberechtigung der ukrainischen Nation und damit auch ihres Staates, ihrer Sprache und ihrer Kultur in den Mittelpunkt rückte, erreichte seine außenpolitische Doktrin eine gefährliche neue Stufe. In gleicher Rechtfertigungslogik erkannte er kurz vor Beginn des Großangriffs die von Russland unterstützten sogenannten »Volksrepubliken« Donezk und Luhansk im ukrainischen Donbass als unabhängig an.

Bevor er zur großen Offensive in der Ukraine ansetzte, zeichneten Wladimir Putin und seine Führungsriege ein Bild des vermeintlich schlimmen Schicksals ethnischer

Russ:innen, russischsprachiger Menschen und russischer Bürger:innen in der Ukraine. Seine Rede am 21. Februar 2022[16] an die russische Bevölkerung bezog explizit die »Landsleute« in der Ukraine mit ein. Er warf dem ukrainischen Präsidenten Wolodymyr Selenskyj darin »Genozid« vor und bezeichnete ihn sowie seine Regierung als Neonazis. Den Vorwurf, dass die Ukraine die russische Zivilbevölkerung im ostukrainischen Donbass »auslöschen« wolle, erhob die russische UN-Delegation auch vor einem Treffen des Sicherheitsrats und brachte eine entsprechende Unterlage in Umlauf, um ihr Narrativ des Eingreifens in der Ukraine zu stärken und Regierungspositionen vor Abstimmungen in der UN-Vollversammlung zu beeinflussen.

Über zwei Dekaden stilisierte sich Wladimir Putin so zum Beschützer der russischen Nation in ihrem breitesten Sinne, ethnisch, sprachlich und kulturell, und begründet damit weitreichende russische Staatsinteressen jenseits des eigenen Territoriums. Seither fühlen sich nicht nur die Ukraine, sondern auch die Republik Moldau, der Südkaukasus und auch die Staaten in Zentralasien, insbesondere Kasachstan, noch stärker von Russlands neoimperialer Expansionspolitik bedroht.

Diese Gefahr einer weiteren Destabilisierung in der östlichen Nachbarschaft der EU, bis hinein nach Zentralasien, muss in der Tat mitbedacht werden, wenn bewertet wird, wie wichtig die Unterstützung für die Ukraine ist. Denn die Bedeutung des Krieges geht weit über das Land hinaus: Wird Putin nicht in der Ukraine gestoppt, dürfte er, um seine eigene Macht auszudehnen, weitere Staaten angreifen und zerstören wollen – in Form von hybrider Kriegsführung oder durch militärische Angriffe.

Äußere Härte, Diktatur im Innern

Während der Westen sich trotz oder gerade wegen der immer schärfer werdenden Rhetorik Putins um eine Einbindung Russlands bemühte, zog sich das Land politisch und gesellschaftlich seit Beginn des Jahrtausends immer weiter in sich selbst zurück. Nach Jahren der Öffnung in den 1990ern begann Moskau die Unterstützung der USA und europäischer Staaten für zivilgesellschaftliche Organisationen immer vehementer abzulehnen, nicht nur in Russland, sondern im gesamten postsowjetischen Raum. Die Förderung unabhängiger Medien und von Menschen und Organisationen, die für die demokratische Transformation in ihren Ländern kämpften, wurde aus Russlands Sicht als verdeckter Übergriff des Westens bewertet. Putin warf Washington vor, hinter den sogenannten Farbenrevolutionen zu stehen, also friedliche Proteste und zivilen Ungehorsam gegen autoritäre Herrscher, Widerstand gegen Wahlfälschung und gegen ähnliche Verletzungen demokratischer Grundfreiheiten unterstützt zu haben, die in den frühen 2000er-Jahren den Weg für eine Öffnung einiger Staaten ebneten.

Seit 2014 verfestigte sich im Kreml ein »kohärentes antiwestliches Narrativ, in das einzudringen unmöglich erscheint«[17]. Kritik am Konfrontationskurs mit dem Westen wurde innerhalb Russlands immer stärker unterdrückt. Eine pluralistische außen- und europapolitische Debatte findet seit Jahren nicht mehr statt, bereits vor der Annexion der Krim wurde Kritik an der Politik des Kremls immer gefährlicher. Die Parallelität von äußerer Aggressivität und innerer Härte überrascht nicht – die staatsnationale Identität des Putin-Regimes baut seit 1999 auf der Idee eines nach innen wie außen starken Staates auf. Ein patriotisches Geschichtsbild wird als Mittel der Auseinandersetzung mit der Opposition im eigenen Land und den westlichen Staaten genutzt, und die Staatsmacht schränkt andere Sichtweisen mit großer Härte ein.[18]

Neben restriktiven Gesetzen zum kollektiven Gedächtnis unterdrückt seit 2012 ein weiteres Gesetz Oppositionsgruppen und Nichtregierungsorganisationen (NGOs), das sie als »ausländische Agenten« einstuft. 2020 wurde dieses Gesetz, das die Zivilgesellschaft maßgeblich einschränkt, weiter verschärft. Staatliche Prüfungen, die Beschränkung von öffentlichen Versammlungen sowie hohe Geldstrafen machen seither zivilgesellschaftliches Engagement zum großen Risiko für Russ:innen und ihre Familien. Viele Organisationen lösten sich auf, andere verließen das Land. Auch die deutschen politischen Stiftungen mussten ihre Büros schließen, eine wichtige Brücke in die russische Politik und Gesellschaft brach weg. Unabhängige Medien oder Thinktanks wie beispielsweise Carnegie Moscow, das heute in Berlin als Carnegie Russia Eurasia Center firmiert, versuchen mit Teams außerhalb Russlands ihre Arbeit von außen fortzuführen.

73 russische NGOs aus dem Bereich der Bürgerrechte, Umwelt und Bildung bemühten sich um internationale Hilfe gegen das russische NGO-Gesetz. Sie legten Beschwerde beim Europäischen Gerichtshof für Menschenrechte (EGMR) ein, da Russland durch das Gesetz die Meinungs-, Versammlungs- und Vereinigungsfreiheit verletze, die die von Russland mitunterzeichnete Europäische Menschenrechtskonvention garantiert. Unter den Beschwerdeführer:innen war auch die in Russland verbotene

und dort mittlerweile aufgelöste Menschenrechtsorganisation Memorial. Am 7. Oktober 2022 erhielt Memorial den Friedensnobelpreis, und noch am selben Tag ordnete ein Moskauer Gericht die Beschlagnahmung seiner Büros im ganzen Land an. Heute arbeitet Memorial aus der Diaspora unter anderem stalinistische Verbrechen auf.

Neun Jahre nachdem die erste Klage gegen das NGO-Gesetz beim EGMR eingereicht wurde, urteilte das Gericht im Juni 2022, dass das Gesetz tatsächlich gegen die Versammlungs- und Vereinigungsfreiheit verstoße und Russland Entschädigungen an betroffene NGOs zahlen müsse. Das Urteil beeindruckte Moskau nicht im Geringsten. Russland hatte kurz vorher seinen Austritt aus dem Europarat bekannt gegeben, auch um einem Ausschluss wegen des Kriegs in der Ukraine zuvorzukommen.

So setzte sich Russlands Rückzug aus internationalen Vereinbarungen und Gremien fort. Immer weniger Kontakte bestehen zu dem russischen Regime, das mittlerweile als diktatorisch einzuschätzen ist und dessen Präsident sich seit der COVID-Pandemie in eine extreme Isolation zurückgezogen hat.

Was der Westen anders sieht

Im politischen Westen wird die Geschichte der vergangenen 25 Jahre anders erzählt als in Moskau. Aus Sicht der USA und der EU ist Russland, bevor es mit der Zerstörung der europäischen Sicherheitsordnung begann, durchaus auf Augenhöhe behandelt worden. Westliche Institutionen öffneten sich: 1998 wurde das 1975 begonnene G-7-Treffen der größten Industrienationen durch Russlands

Aufnahme zur G8. 1996 wurde Russland sogar Mitglied im Europarat, obwohl es nicht alle Kriterien dafür erfüllte. So hatte Moskau die Todesstrafe nicht abgeschafft und zog wegen Kriegsverbrechen und schwersten Menschenrechtsverletzungen Kritik auf sich.

Die Beitritte neuer Mitglieder zu EU und NATO folgten aus westlicher Sicht dem Prinzip der nationalen Selbstbestimmung und der freien Bündniswahl. So wie manche ehemaligen Staaten der Sowjetunion der Europäischen Union beitraten, zogen andere wie Belarus, Armenien und Aserbaidschan die von Russland als Gegenpol gegründete Eurasische Union vor. Das legitime Ziel der EU, so die westliche Sicht, war die Stabilisierung der Nachbarschaft und die Antwort auf Sicherheitsinteressen der östlichen Nachbarn nach jahrzehntelanger Herrschaft der Sowjetunion und Unterdrückung ihrer nationalen Selbstbestimmung. Um auch im Sicherheitsbereich die Beziehungen zu vertiefen und um Russlands durchaus bekannter Sorge in Bezug auf EU- und NATO-Erweiterungen entgegenzuwirken, wurde der NATO-Russland-Rat geschaffen.

Russland wurde in den ersten Jahren des neuen Jahrtausends nicht als Bedrohung wahrgenommen, die Entwicklungen im Lande ließen im Gegenteil Hoffnung aufkommen, dass sich Russland weiter öffnen und transformieren würde. Die Modernisierungspartnerschaft, die 2010 zwischen Russland und der EU geschlossen wurde und weitgehend auf einem Konzept des damaligen deutschen Außenministers und heutigen Bundespräsidenten Frank-Walter Steinmeier fußte, sollte die Umsetzung der Modernisierungsversprechen des damaligen russischen Präsidenten Dmitrij Medwedjew unterstützen. Die EU und insbesondere Deutschland hofften, dass mit wachsender wirtschaftlicher Verflechtung eine Liberalisierung des politischen Systems gefördert werden könnte und Stabilität auf dem europäischen Kontinent nicht gegen, sondern mit Russland erreicht werden könnte. Russland indes, das selbst kurzzeitig zu Beginn der 90er-Jahre einen NATO- und sogar EU-Beitritt in Erwägung gezogen hatte, kritisierte immer mehr, dass die Organisationen sich nicht an ihre Mitglieder anpassen würden, sondern von ihnen verlangten, beim Beitritt das bestehende Regelwerk zu übernehmen. Das war zwar für die 2004 der EU beigetretenen mittel- und osteuropäischen Staaten wie Polen, Tschechien, die Slowakei, die Staaten des Baltikums und zunächst auch noch für Ungarn akzeptabel, jedoch keinesfalls für Russland. Im Gegenteil, es begann die transformatorische Kraft der westlichen Institutionen und Bündnisse immer mehr als Bedrohung seiner eigenen Einflusszone nach Ende der Sowjetunion zu sehen.

Die westlichen Nachbarn Russlands und die USA waren ihrerseits irritiert, dass Russland sich immer offensichtlicher nicht mehr an die in der Charta von Paris 1990 bekräftigten Prinzipien und Grundsätze gebunden fühlte. Und dies, obwohl die Russische Föderation nach Zusammenbruch der Sowjetunion die Rechte und Pflichten aus der Charta nicht nur übernommen, sondern diese auch im Budapester Memorandum 1994 sowie mit der NATO-Russland-Grundakte von 1997 bestätigt hatte. Zudem hatten alle ehemaligen Sowjetrepubliken gegenseitig versichert, die Grenzen und die territoriale Integrität der jeweiligen Staaten zu achten.

So waren Moskaus Vorschläge zur Veränderung der Europäischen Sicherheitsordnung von Dezember 2021 aus Sicht des Westens inakzeptabel, zumal Putin vorschlug, dass die Präsidenten Biden und Putin bilateral über die Köpfe der Europäer:innen hinweg sprechen sollten. So beschränkte sich Washingtons Antwort nach Konsultation mit den Alliierten darauf, dass ein Dialog möglich sei, sofern die von beiden Seiten unterzeichneten Grundlagendokumente der europäischen Sicherheitsordnung als Rahmen anerkannt würden und Europa mit am Tisch sitze.

Bis zum Beginn der Invasion im Februar 2022 versuchten die USA in Absprache mit ihren Alliierten an den Grundsätzen der Sicherheitsordnung nach dem Ende des Kalten Krieges festzuhalten: dem Prinzip der staatlichen Souveränität sowie der territorialen Integrität, dem Gewaltverbot, der Nicht-Intervention in innere Angelegenheiten, der Unverletzbarkeit von Grenzen und dem nationalen Selbstbestimmungsrecht. Wie bereits zum Zeitpunkt der Annexion der Krim zeigte sich aber erneut, dass die Positionen Russlands und des Westens unvereinbar waren.

Neue nukleare Bedrohung

Dass in Europa nach so vielen Jahren wieder ein Staat versucht, durch einen Krieg gewaltsam Grenzen zu verschieben, ist eine große Erschütterung. Die Folgen des Krieges sind noch nicht abschätzbar: Russland ist eine Atommacht und droht offen damit, seine Nuklearwaffen einzusetzen, wenn es an seinem zerstörerischen Vorhaben gehindert wird. Im russischen Staatsfernsehen malte der Kreml die Vernichtung ganzer europäischer Länder an die Wand: »Wer versucht, uns aufzuhalten, sollte wissen, dass die Antworten Russlands sofort erfolgen und zu nie da gewesenen Konsequenzen führen werden«, sagte Wladimir Putin zum Jahreswechsel 2022/23. »Die britische Insel ist so klein, dass eine Atomrakete ausreicht, um sie für immer zu versenken. Alles wurde bereits berechnet«, warnte außerdem Dmitri Kisseljow, Generaldirektor der staatlichen Nachrichtenagentur Rossija Sewodnja und zentraler Propagandist von Putin.[19]

Nukleare Abschreckung hat so eine neue, bedrohlichere Signifikanz bekommen und wird nun zur nuklearen Bedrohung. Bislang ging es den Atommächten darum, durch die bloße Möglichkeit eines Nuklearschlags das eigene Territorium, die eigene Souveränität zu schützen. Die Gefahr, dass ein Staat Atomwaffen zur Vergeltung einsetzen könnte, sollte den anderen vom Angriff abhalten. Dieses Gleichgewicht des Schreckens hat im Kalten Krieg dafür gesorgt, dass es zwischen der Sowjetunion und den USA nicht zum Atomkrieg kam.

Nun hatte sich die Lage geändert. Putin ging es mit seinen nuklearen Drohungen nicht um Abschreckung, die einen Angriff auf Russland verhindern sollte. Vielmehr begann er einen Eroberungskrieg unter dem Schutzschirm seiner 4500 Atomsprengköpfe. Er schürte mit der Bombe Ängste, dass Waffenlieferungen an die Ukraine zur Eskalation führen könnten, um die NATO davon abzuhalten, direkt in den Konflikt einzugreifen, und vielleicht auch, um den Westen von immer härteren Sanktionen abzuhalten.

Niemand kann sicher wissen, ob Putin wirklich bereit ist, eine Atombombe zu zünden. Sein Drohpotenzial ist indes groß, auch gegenüber Deutschland. In der russischen Enklave Kaliningrad lagern Iskander-Raketen, die mit nuklearen Gefechtsköpfen bestückt werden können und Berlin in Minuten erreichen würden. Der Westen muss zudem nicht nur einen geplanten, kalkulierten nuklearen Erstschlag Russlands vor Augen haben: Es besteht auch die Gefahr einer unabsichtlich ausgelösten nuklearen Eskalation.

Die Atommächte USA, Frankreich und das Vereinigte Königreich versuchen ihrerseits das Risiko nicht weiter zu eskalieren und entsprechend deutlich zu kommunizieren. Insbesondere Washington machte klar, dass es auf einen auf das Territorium der Ukraine beschränkten Einsatz von nuklearen, chemischen oder biologischen Massenvernichtungswaffen umgehend reagieren würde. Der ehemalige CIA-Direktor und US-General a.D. David Petraeus brachte in diesem Zusammenhang die vollständige konventionelle Vernichtung der russischen Schwarzmeerflotte als militärisch mögliche Sanktionsoption für die Amerikaner ins Spiel.[20]

Neben der Tatsache, dass Moskau einen Angriffskrieg vor nuklearer Drohkulisse führt, ist auch neu, dass Russland dabei Rückendeckung von einer zweiten großen Atommacht erhält, nämlich von China. Zwei totalitäre, revisionistische Mitglieder des UN-Sicherheitsrates, die beide danach streben, ihr jeweiliges Staats- und Einflussgebiet auszudehnen und die Weltordnung nach ihren antidemokratischen Maßstäben umzugestalten. China spielt dabei eine ambivalente Rolle. So scheint Peking eine Niederlage des autoritären Partners in Moskau unbedingt verhindern zu wollen. Gleichzeitig hat Xi Jinping Putin sehr deutlich vor dem Einsatz von Nuklearwaffen gewarnt. Die Drohungen aus Moskau gingen danach zurück (siehe Kapitel 5).

Angriff auf die Ukraine, Angriff auf die Demokratie

Es wäre grundlegend falsch, den Krieg Russlands als Territorialkonflikt mit der Ukraine zu klassifizieren, der sich dadurch beenden ließe, dass die Ukraine bestimmte Landesteile an Russland abtritt. Die Gefahr, die von Russlands Krieg ausgeht, reicht weit über die Ukraine hinaus. Russland hat wiederholt anderen europäischen und auch EU-Staaten mit Angriffen gedroht. Besonders im Fokus stehen die ehemaligen Sowjetrepubliken, darunter auch die baltischen EU-Staaten Estland, Lettland und Litauen. In Georgien sowie in der Republik Moldau, einem kleinen Nachbarn der Ukraine und Rumäniens, interveniert Russland seit Jahren mithilfe hybrider Kriegsführung und nutzt gekonnt bestehende Schwächen aus. Belarus steht bereits weitgehend unter Russlands Kontrolle.

Putin ist getrieben von der Idee, die ehemaligen Staaten der Sowjetunion unter russischer Führung wieder zusammenzuführen. Dabei geht es ihm auch darum, die jungen Demokratien in der Nachbarschaft Russlands zu zerstören.

»Sein Krieg richtet sich gegen alles, was Demokratie ausmacht: Freiheit, Gleichheit vor dem Gesetz, Selbstbestimmung, Menschenwürde«[21], formulierte Bundeskanzler Olaf Scholz in einem Pressebeitrag im April 2022. Die Vernichtung der Ukraine als eigenständiger, von westlichen Werten geprägter Staat ist essenziell für Putin, um eine weitere erfolgreiche liberale Demokratie auf dem ehemaligen Staatsgebiet der Sowjetunion, und insbesondere in der Ukraine, zu verhindern. Dies gilt umso mehr, weil Russland selbst nach wie vor mit den Folgen des Systemwechsels nach 1989 kämpft, unter anderem mit den negativen Konsequenzen von Korruption für die Bevölkerung und der ungeheuren Macht- und Vermögenskonzentration in den Händen einiger Oligarchen.

Auch der Verlust der Weltmachtstellung trägt dazu bei, dass Putins System eigenständige Erfolge von Staaten in der Nachbarschaft unbedingt verhindern muss. Sein diktatorisches Machtsystem kann sich in seiner Nachbarschaft keine Beispiele leisten, die zur Nachahmung anregen könnten. Es darf keine hoffnungsvolle Vision geben, dass es in einem nicht autoritären Russland neue Chancen und Entwicklungsmöglichkeiten geben könnte. Daher diskreditiert russische Propaganda jede Idee der Demokratisierung und Öffnung. Sie propagiert den Verfall des politischen Westens mit seinen liberalen Demokratien und ihren offenen Systemen und überhöht Putin und seine Weltsicht.

Auch Nachbar Moldau im Visier

Russland hat neben seinem Angriff auf die Ukraine auch das kleine Nachbarland Moldau im Visier. Hier wurde im November 2020 mit Maia Sandu eine junge Präsidentin ins Amt gewählt, die mit großem Mut gegen die Korruption im Land und Russlands autoritären Einfluss kämpft. Sie will die Republik Moldau in die EU bringen, die Justiz, die Polizei und das Militär reformieren und das Sozialsystem neu aufstellen. Dabei kämpft sie nicht nur gegen Blockierer im eigenen Land. Sie kämpft vor allem gegen Putin, dessen Drahtzieher in Moldau Sandus politische Widersacher organisieren und finanzieren, und das oft sehr sichtbar.

So kommen im Herbst 2022 vor Sandus Präsidentenpalast in der Hauptstadt Chişinău über Wochen Demonstranten zusammen. Mit Plakaten verunglimpfen sie die Präsidentin und die Regierung. Die Gruppe am Straßenrand ist nicht groß und auch nicht laut. Eher gleichgültig stehen Menschen mit Pappschildern da, zwischen ihnen einige kleine Zelte, alle vom gleichen Modell. 50 Euro soll es geben, wenn man einen Tag dort demonstriert, 100 Euro bekommt, wer die Nacht im Zelt verbringt. Einige der Schilder sind in russischer Sprache und kyrillischem Alphabet beschrieben. »Das ist für die Bilder von Russia Today«, erklärt stoisch ein Chef einer lokalen Non-Profit-Organisation, die Rechtsstaatlichkeit und Demokratie unterstützt. Sandu weiß natürlich um die bezahlten Proteste, der Präsidentin ist klar, dass russische Medien dort nach Bildern jagen – und sie notfalls produzieren. Dies ist allerdings eines ihrer geringsten Probleme dieser Kriegstage.

Die Republik Moldau spürt die Auswirkungen von Russlands Angriff wie kein anderer Nachbar Russlands. Das kleine Land ist seit Kriegsbeginn eine wichtige Anlaufstelle für ukrainische Flüchtlinge: Gemessen an seiner Bevölkerung von 2,6 Millionen hat Moldau die meisten Geflüchteten aus der Ukraine aufgenommen. Rund 100 000 waren es im ersten Kriegsjahr. Besondere Sorgen bereitet Maia Sandu und ihrer Regierung die Energieversorgung. Die gezielte Zerstörung der Stromversorgung in der Ukraine wirkt sich unmittelbar auf Moldau aus, denn das Stromnetz verläuft über die Grenze hinweg. Die Energieversorgung ist unzuverlässig und sehr teuer, zumal der Kreml fossile Energielieferungen sabotiert. Putin ist der Fortschritt in dem kleinen Land ein besonderer Dorn im

Auge, und das lässt er die Bevölkerung und ihre politische Führung immer wieder spüren.

Die Unterbrechung der traditionellen Handelsbeziehungen mit der Ukraine und von Handelswegen durch den Nachbarstaat, insbesondere über die Schwarzmeerhäfen, belastet die Volkswirtschaft. Der Rückgang der Exporte in die östlichen Märkte sowie die erschwerten Bedingungen für moldauische Saisonarbeiter in Russland kappen Geldflüsse in das kleine Land. Die Instabilität und die Risiken, die sich aus dem Krieg in der Nachbarschaft und dem Mangel an glaubwürdigen Verteidigungskapazitäten ergeben, schrecken ausländische Investoren ab, einheimische Unternehmen halten Investitionen zurück.

Am schlimmsten aber ist: Moldau steht längst auf der Liste von Staaten, denen Russland mit einer Invasion gedroht hat – und Chişinău könnte Putins Truppen kaum etwas entgegenstellen. In einem Teil der kleinen Republik, in Transnistrien, stehen bereits russische Soldaten, seit sich die Region Anfang der 1990er-Jahre von Moldau lossagte. Im Jahr 2022 kam es zu militärischen Provokationen durch die Inszenierung von Terroranschlägen in Transnistrien, der absichtlichen Verletzung des moldauischen Luftraums durch russische Raketen und einer beispiellosen Eskalation von Cyberangriffen.

Darüber hinaus führt der Kreml einen hybriden Krieg im Land – und die Demonstrierenden vor dem Präsidentenpalast sind nur ein Teil davon. Moskau hat sich mit moldauischen Oligarchen verbündet, um die geplanten Reformen zu vereiteln und den Weg zur EU-Mitgliedschaft zu torpedieren. Putin erpresst Sandu über Energielieferungen, setzt auf wirtschaftlichen Druck und spielt im In- und Ausland Desinformationskampagnen aus.

Aggressive Propaganda und die illegale Finanzierung politischer Parteien sowie regelmäßige Straßenproteste sollen die Regierung untergraben, die um Reformen ringt und versucht, die massive Korruption wirksam zu bekämpfen.

Dabei hat das Land noch ein anderes Problem: Es fehlt qualifiziertes Personal. Viele Moldauer:innen haben einen rumänischen Pass, andere eine Arbeitserlaubnis in einem anderen, reicheren europäischen Land. Mitunter geht der Personalmangel so weit, dass die Regierung auf Unterstützungsangebote von außen nur verspätet oder gar nicht reagieren kann. Es ist schwer für Chișinău, unter diesen Bedingungen zahlreiche Krisen zu managen, eine immer noch sehr ehrgeizige Liste von Strukturreformen umzusetzen, äußerst komplexe Anforderungen zur Vorbereitung auf EU-Beitrittsverhandlungen zu bewältigen und parallel die Teilnahme an regionalen Infrastrukturprogrammen vorzubereiten.

Dabei ist jede Hilfe auf dem Weg zur Stärkung eines demokratischen und unabhängigen Moldaus wichtig, denn die russische hybride Intervention trifft das geschwächte Land ins Mark: Moldau hat die Covid-Pandemie wirtschaftlich weiter geschwächt, der Krieg im Nachbarland verschärft die Situation, soziale Spannungen haben enorm zugenommen. 2022 schrumpfte das BIP um sechs Prozent bei einer Inflation von 30 Prozent. Trotz der Bemühungen der Regierung, die Bevölkerung zu unterstützen und die Energiequellen zu diversifizieren, traf sie ein harter Preisanstieg. Der Anteil der Bevölkerung, der unterhalb der Armutsgrenze lebt, ist erheblich gewachsen.

Die Unzufriedenheit der Öffentlichkeit wird durch ein ausgefeiltes System zur Verbreitung von Desinformationen verstärkt. Durch erfundene Verschwörungen, Manipulation von Tatsachen, Übertreibungen, Angriffe auf Einzelpersonen oder das Schüren von Hass zwischen Volksgruppen beeinflussen die vom Kreml kontrollierten Medien die öffentliche Meinung stark. Auch lokale, hoch korrupte Gruppen versuchen, die Gesellschaft zu spalten. Meinungsumfragen zeigen, dass die Akzeptanz antiwestlicher Narrative, auch über den Krieg in der Ukraine, sehr hoch ist. Verbreiter von Desinformation zielen auf die etablierten sozialen Medien wie Facebook und Instagram, aber auch auf die neueren sozialen Netzwerke TikTok und Telegram – und sie zelten vor Sandus Präsidentenpalast. Für Sandu ist die Lage problematisch, da 2023/24 in der Republik Moldau Kommunal-, Präsidentschafts- und Parlamentswahlen stattfinden. Politikerinnen und Politiker, die die Interessen Russlands und korrupter Gruppen unterstützen, bekommen vor dem Hintergrund der vielschichtigen Krise und flankiert durch russische Propaganda immer mehr Rückhalt.

Aus EU-Sicht galt das kleine Moldau mit seinen zweieinhalb Millionen Einwohnern lange als ein europäischer Nachbar, der »too small to fail« ist – also so klein, dass es einfach gelingen muss, das Land auf dem Weg zu demokratischer Stabilität zu unterstützen. Einige Jahre sah es gut für dieses Vorhaben aus, nun aber ist die Lage sehr ernst. Wie im Falle der Ukraine gilt in Moldau: Wenn es Moskau gelingt, durch welche Mittel auch immer, Oberhand in einer weiteren ehemaligen Sowjetrepublik zu gewinnen, wird Putin das als Bestätigung nehmen, seinen Expansionskurs fortzuführen. Eindrücklich warnte Präsidentin Sandu ihre Bevölkerung und die westlichen Partner davor, dass Putin zum Umsturz in Moldau ansetzen könnte. Der ukrainische Geheimdienst hatte aufgedeckt, dass Menschen aus Russland, Belarus, Montenegro und Serbien in Moldau Proteste anzetteln sollten mit dem Ziel, die Regierung zu stürzen.[22] Militär würde Putin zum Umsturz in dem kleinen Land wahrscheinlich gar nicht einsetzen müssen. Moldaus staatliche Souveränität kann er durch ein Geflecht von hybriden Interventionen zerstören; es zeigt sich im Land jeden Tag, dass Putins Interventionen in eine neue Phase eingetreten sind.

Auch dadurch verbreitern sich die Risse in der Sicherheitsordnung der östlichen Nachbarschaft. Wenn die NATO und ihre Verbündeten zulassen, dass Putin seine Macht in Moldau und möglicherweise gar das Territorium Russlands auf das Land ausdehnt, durch die Verletzung staatlicher Souveränität und internationalen Rechts und möglicherweise auch hier, wie in der Ukraine, unter Begehung von Kriegsverbrechen, wird das weitreichende Folgen haben. Die Glaubwürdigkeit des internationalen Systems würde erheblich leiden, und Russland könnte Nachahmer finden. Deshalb ist der Krieg in der Ukraine, ebenso wie Moldaus Kampf um Selbstbestimmung und Demokratie, auch unserer, sofern wir in einer Welt leben wollen, in der souveräne Staaten ihre Zukunft selbst gestalten können. Russlands Angriff birgt also sehr weitreichende Gefahren in sich – und hat daher auch in Deutschland einen radikalen Politikwechsel ausgelöst.

2
Deutschlands politische 180-Grad-Wende

Drei Tage nach Beginn des russischen Großangriffs auf die Ukraine trat an einem eiskalten Sonntagvormittag der Deutsche Bundestag zu einer Sondersitzung zusammen, »in einer historischen Ausnahmesituation«, wie Bundestagspräsidentin Bärbel Bas die Lage treffend benannte. Der Plenarsaal war voll, neben vielen anderen saß auch Altbundespräsident Joachim Gauck auf der Ehrentribüne. Bundeskanzler Olaf Scholz erklärte, dass 33 Jahre nach dem Fall der Mauer europäische Geschichte neu geschrieben werde: »Mit dem Überfall auf die Ukraine will Putin nicht nur ein unabhängiges Land von der Weltkarte tilgen. Er zertrümmert die europäische Sicherheitsordnung, wie sie seit der Schlussakte von Helsinki fast ein halbes Jahrhundert Bestand hatte.« Als »Zeitenwende-Rede«[23] werden die Worte des Bundeskanzlers in die Annalen eingehen, und vieles von dem, was seither in Deutschland und Europa politisch umgesetzt wird, fußt auf folgender Einschätzung: »Am Donnerstag hat Präsident Putin mit seinem Überfall auf die Ukraine eine neue Realität geschaffen. Diese neue Realität erfordert eine klare Antwort.«[24]

Scholz kündigte eine 180-Grad-Wende in der deutschen Russlandpolitik an, die in ihrer bisherigen Form seit Langem massiv von befreundeten und verbündeten Staaten kritisiert worden war. Oberste Priorität der Ampelkoalition, die erst wenige Monate zuvor ins Amt gekommen war, wurde nichts weniger als die Neuausrichtung der deutschen Sicherheits- und Verteidigungspolitik sowie seiner Energie- und wenig später auch seiner Wirtschaftspolitik. Auch über Russland hinaus begannen Deutschland und Europa in Reaktion auf Moskaus Angriff ihre Abhängigkeiten und Verwundbarkeiten zu analysieren; das Verhältnis zu Peking und damit auch immer stärker Europas Positionierung zwischen China und den USA rückten in den Mittelpunkt. Russlands Krieg in Europa erschütterte Deutschland, Europa und weitere Teile der Welt nicht nur deshalb so sehr, weil der Angriff an sich eine tiefe Zäsur ist. Er brachte auch viele Gewissheiten ins Wanken, auf denen Deutschland mit gusseiserner Sturheit über Jahre sein Handeln gründete, trotz so vieler Anzeichen, dass sich die Welt verändert hatte.

Die Zeitenwende, die Kanzler Scholz am 27. Februar 2022 beschrieb, hatte nicht mit der neuen Phase des Krieges drei Tage zuvor begonnen. Zu diesem Zeitpunkt wurde allerdings klar, dass bereits sehr viel ins Rutschen gekommen war. Deutschland hatte sich nie konkret selbst auf seine äußere Sicherheit vorbereitet, obwohl es schon seine geografische Lage dazu hätte zwingen müssen. Selbstzufriedenheit, falsche Annahmen und vermeintliche Gewissheiten standen dem im Weg – neben nackten wirtschaftlichen Interessen. Russlands Aggressionen in Europa ließen dann im europäischen Haus gleichsam erste Mauerteile einstürzen, der Sturm wurde stärker und zerstörerischer. Eiliges Sandaufschütten und Flicken half zunächst; aber immer deutlicher wird, dass eine ganz neue Statik gebraucht wird, um in unruhiger Zeit eine Bastion der Stärke zu sein – denn ruhiger werden wird es nicht.

Sicherheit und Verteidigung

Es gehört seit Jahren zum guten Ton in Berlin, in außen- und sicherheitspolitischen Reden auf Deutschlands Verantwortung international und in Europa einzugehen. Das tat auch Olaf Scholz vor dem Deutschen Bundestag: Deutschland als führende Wirtschaftsmacht und Exportnation trage Verantwortung für die Sicherheit und Stabilität in der Welt. Vor ihm hatten seine Amtsvorgängerin Angela Merkel oder auch die Bundespräsidenten Joachim Gauck und Frank-Walter Steinmeier, noch in seiner Rolle als Außenminister, sich über die Jahre hinweg immer wieder mit Deutschlands internationaler Rolle auseinandergesetzt. Diese Reden blieben allerdings im Wesentlichen folgenlos.

Scholz' Regierungserklärung hingegen beinhaltete konkrete Schritte, wie Deutschland seiner Verantwortung endlich besser gerecht werden würde. Die größte Überraschung war seine Ankündigung eines 100 Milliarden Euro schweren Sondervermögens für Verteidigungsausgaben. Deutschlands Alliierte rieben sich die Augen: Wollte der verteidigungspolitische Zwerg Deutschland, der sich Macht und Einfluss weltweit durch seine Wirtschaftskraft sicherte, nun tatsächlich auch militärisch eine ernst zu nehmende Rolle spielen? Scholz erklärte sich: »Die Mittel werden wir für notwendige Investitionen und Rüstungsvorhaben nutzen. Wir werden von nun an Jahr für Jahr mehr als zwei Prozent des Bruttoinlandsprodukts in unsere Verteidigung investieren.«[25]

Diese Ausgabenhöhe bis 2024 zu erreichen, hatten sich die NATO-Staaten in Reaktion auf Russlands Annexion der Krim bereits im März 2014[26] als Ziel gesetzt. Deutschland gehört zu den Mitgliedern der Allianz, die dem seither und auch 2023 nicht gerecht wurden und die Verteidigungsausgaben seit dem NATO-Zwei-Prozent-Beschluss nicht linear steigerten: Deutschlands Verteidigungsetat stieg zwischen 2019 und 2023 von 1,26 Prozent auf lediglich 1,6 Prozent des BIPs.[27] Der Anteil der Militärausgaben am Bruttoinlandsprodukt (BIP) soll unter Einbeziehung des in der Scholz'schen Rede angekündigten Sondervermögens nun auf zwei Prozent oder mehr ansteigen. Gegenüber den anderen Mitgliedern der NATO war diese Absichtserklärung, auch wenn sich später Umsetzungsprobleme zeigten, wichtig. Denn Deutschland ist nach den USA das wirtschaftsstärkste Mitglied der Allianz. Die Geduld mit Berlin, das die Verantwortung für seine Sicherheit über Jahrzehnte unter vergleichsweise geringen Kosten an die Allianz ausgelagert hatte, war bereits überstrapaziert.

Mit dem Sondervermögen avancierte Deutschland zum Staat mit dem größten Verteidigungsetat in der Europäischen Union. Scholz machte klar, wohin die große Summe fließen sollte. Er kündigte konkrete Beschaffungsentscheidungen an, etwa den Kauf von bewaffneten Heron-Drohnen aus Israel ebenso wie von amerikanischen F-35-Kampfjets als Trägerflugzeuge für Nuklearsprengköpfe. Damit bekräftigte er Deutschlands Beitrag zur nuklearen Teilhabe und unterstrich die Bedeutung der NATO als Sicherheitsgarant Europas. Die Beschaffung des amerikanischen

Kampfjets würde, das war Scholz klar, seinen engsten europäischen Partner, Frankreich, verärgern. Berlin und Paris investieren seit Jahren gemeinsam in die Entwicklung des Kampfjets FCAS (Future Combat Air System), und auf französischer Seite besteht die Sorge, dass Berlin die transatlantische Zusammenarbeit wieder stärker in den Vordergrund schieben könnte. Deshalb signalisierte Scholz im gleichen Atemzug mehr Investitionen in künftige europäische Rüstungsprojekte: »Wir werden technologisch auf der Höhe der Zeit bleiben. Darum ist es mir zum Beispiel so wichtig, dass wir die nächste Generation von Kampfflugzeugen und Panzern gemeinsam mit europäischen Partnern und insbesondere mit Frankreich hier in Europa bauen.«

Der Bundeskanzler blieb in seiner Rede nicht nur bei der konventionellen Verteidigung. Er arbeitete mit einem breiten Sicherheitsbegriff, der auch der neuen Sicherheitsstragie von Juni 2023 zugrunde liegt.[28] Der breite Sicherheitsbegriff trägt den neuen Bedrohungsformen Rechnung und damit auch der Tatsache, dass Deutschland von Russland und anderen autoritären Staaten auf neue Art seit Jahren angegriffen wird. Scholz kündigte an, dass die Bundesregierung besondere Aufmerksamkeit darauf verwenden würde, Deutschlands »Resilienz [zu] stärken, technisch und gesellschaftlich, zum Beispiel gegen Cyberangriffe und Desinformationskampagnen, gegen Angriffe auf unsere kritische Infrastruktur und Kommunikationswege«. Mit anderen Worten: Deutschland bereitet sich besser auf hybride Angriffe vor, die auch ins Mark der zivilen Infrastruktur gehen können.

Dass der Begriff der Resilienz dabei so zentral ist, charakterisiert die neue Sicherheitslage: Durch die neue Art, wie Konflikte ausgetragen werden, sind wir nicht nur nach außen hin, sondern auch im Inneren des Landes verwundbar. Vollständigen Schutz kann der Staat nicht gewährleisten, und es ist wichtig, die Gesellschaft und die Wirtschaft darauf vorzubereiten. Es geht darum, die Fähigkeit zu stärken, sich von einem möglichen Angriff zu erholen, also nach einem Schock zurück in ein neues Gleichgewicht zu kommen, in der Versorgung, der Wirtschaft, im Gesundheitswesen, in der Gesellschaft. Diese neue Realität ist keine Folge von Russlands Krieg in der Ukraine, denn seit Jahren sind Deutschland, seine europäischen Nachbarn und auch die USA hybriden Bedrohungen ausgesetzt. Die Politik muss die schwierige Aufgabe meistern, zwischen Beruhigung und Warnung die richtige Balance zu finden; ohne Panik zu verbreiten muss sie die Bevölkerung auf eine neue Sicherheitslage einstellen und die Aufmerksamkeit für Bedrohungen und die Fähigkeit zur besonnenen Reaktion darauf entwickeln.

In Deutschland hatte sich seit Ende des Kalten Krieges ein Gefühl von Sicherheit eingestellt, das für die Gesellschaft und die Politik angenehm war, aber in der heutigen Situation selbst zum Risiko geworden ist. Denn es muss wieder zur Selbstverständlichkeit werden, dass für Sicherheit im breitesten Sinne mehr getan werden muss – durch höhere Staatsausgaben für Verteidigung, innere Sicherheit und resiliente Infrastruktur und durch mehr Investitionen seitens der Wirtschaft, etwa in Cyberabwehr und kritische Infrastruktur, und durch eine bessere Vorbereitung der Gesellschaft auf neue Risiken.

Erste Bilanz der Zeitenwende

Die Zeitenwende, die Bundeskanzler Scholz in seiner Regierungserklärung am 27. Februar 2022 konstatierte, veränderte aufgrund ihrer Klarheit zur russischen Invasion die außen- und sicherheitspolitische Debatte in Deutschland. Seine Rhetorik hat Eingang gefunden in die Sprache der demokratischen Parteien im Bundestag und der einflussreichsten Stimmen in der Gesellschaft. Das ist ein nicht zu unterschätzender politischer Erfolg in einem Land, in dem Sicherheitsthemen über Jahre zu wenig Aufmerksamkeit bekamen und Russland nicht als der aggressive Nachbar gesehen wurde, der es ist.

Die Ankündigung höherer Verteidigungsausgaben war ein einschneidender Kurswechsel, und zwar für alle drei Koalitionsparteien. Dies gilt besonders für die Grünen, die allerdings seit Beginn des Krieges keine Zweifel daran gelassen haben, dass die Ukraine von Deutschland entschieden und schnell militärisch unterstützt werden sollte und dass Deutschland mehr für seine Sicherheit ausgeben muss. Schwieriger gestaltet sich die Lage innerhalb der Sozialdemokratischen Partei: Die SPD hat in der Vergangenheit als Regierungskoalitionspartner bei der Steigerung der Verteidigungsausgaben häufig gebremst, sodass Deutschland sich dem NATO-Zwei-Prozent-Ziel nur sehr, sehr langsam annäherte. Die FDP stellt in der Ampelkoalition den Finanzminister, der sich einer Konsolidierung des Staatshaushalts nach COVID-Ausnahmejahren verschrieben hat. Kaum im Amt, sah er sich neben dem Sonderfonds und der Zusage zu laufend höheren Verteidigungsausgaben auch noch mit maßgeblichen Ausgabepaketen zur Kompensation der hohen Energiepreise konfrontiert. Der möglicherweise lang andauernde Krieg und die Notwendigkeit, dass Deutschland weiter stark unterstützt, vielleicht bald sogar noch stärker, sollte das US-Engagement angesichts der dortigen Präsidentschaftswahl 2024 sinken, dürften zu schwierigen Abwägungsentscheidungen führen. Sie betreffen die Einhaltung der Schuldenbremse und die Frage, in welchen anderen Bereichen gekürzt wird, zugunsten von nötigen Mehrausgaben für die eigene Verteidigung und die Unterstützung der Ukraine.

Nicht nur die Ampelkoalition, Deutschland insgesamt erkannte Schritt für Schritt den Preis, den Sicherheit in einer veränderten Welt hat. In der politischen Debatte wird zum ersten Mal ernsthaft thematisiert, welche Abwägungsentscheidungen künftig getroffen werden müssen, etwa zwischen Sozial- und Verteidigungsausgaben, wenn Deutschland angesichts größerer Unsicherheiten mehr zum eigenen Schutz und für Stabilität in seiner Nachbarschaft wird tun müssen. Diese Entscheidungen sind auch deshalb so schwierig, weil es auch aus sicherheitspolitischen Erwägungen nicht darum gehen kann, Mittel etwa von Sozial- zu Verteidigungsausgaben umzuschichten. Denn der wichtigste Faktor für eine Resilienz der Gesellschaft in diesen Zeiten ist der innere Zusammenhalt.

So klar die Zeitenwende-Rede die Notwendigkeit der militärischen Unterstützung der Ukraine benannte, so schleppend begann allerdings ihre Umsetzung im ersten Kriegsjahr. 2022 wurde kein Euro aus dem Sondervermögen in die Bundeswehr investiert, und das Ziel, mindestens zwei Prozent des Haushalts für Verteidigung auszugeben, wurde auch mit dem Haushalt 2023 nicht erreicht.[29] Anfang Dezember 2022 veröffentlichte das Institut der deutschen Wirtschaft (IW) eine Studie, nach der das Zwei-Prozent-Ziel mit dem Sondervermögen nur in den Jahren 2024 und 2025 erreicht werden könne.[30] Dass dies nicht früher geschehen konnte, liegt daran, dass die Beschaffungen nicht schnell genug vorankommen. Ab 2026 ist laut IW wiederum im Vergleich zum Zwei-Prozent-Ziel mit einer Finanzierungslücke von 9,7 Milliarden Euro zu rechnen, die sich in den Jahren danach weiter vergrößern würde.

Zum zentralen Thema wurde in der deutschen und europäischen Debatte die Lieferung von Panzern wie dem Gepard oder dem Marder sowie besonders den Kampfpanzern Leopard 1 und 2. Unterschiedliche Begründungen und immer neue Bedingungen, wie etwa die Abstimmung mit europäischen Alliierten oder auch den Amerikanern, wurden von deutscher Seite vorgebracht und sorgten im In- und Ausland für Verwirrung. Berlins Zögern dauerte trotz des offensichtlich dringenden Bedarfs in der Ukraine so lange, dass Deutschlands Entschiedenheit, das Land im Krieg effektiv zu unterstützen, von Kiew und von NATO-Partnern besorgt infrage gestellt wurde.

Plötzlich sagten dann Frankreich und Deutschland im Januar 2023 im Abstand weniger Tage die Lieferung von Schützenpanzern nach Kiew zu. Der französische Präsident Macron machte gänzlich unabgestimmt unilaterale Zusagen im Gespräch mit dem ukrainischen Präsidenten Selenskyj, Berlin zog nach und versprach, Marder zu liefern. Die beiden größten EU-Staaten versäumten es so, diese wichtige Unterstützungsentscheidung koordiniert zu treffen, sie gemeinsam zu kommunizieren und umzusetzen. Eine verpasste Chance in einer Zeit, in der das deutsch-französische Verhältnis immer wieder von gegenseitigen Verärgerungen, Interessenskonflikten und wenig weitsichtigem, kaum gemeinsamem Handeln geprägt war und beide Regierungen längst an Führungskraft in der EU eingebüßt hatten.

Erst im zweiten Jahr nach der Zeitenwende-Rede, als nicht mehr von der Hand zu weisen war, dass der Konflikt in der Ukraine lang andauern und die Veränderungen im europäischen und internationalen Sicherheitsumfeld langfristig ein entschiedeneres Engagement Deutschlands und Europas erfordern würden, beschleunigte sich die Umsetzung von den angekündigten Veränderungen. Kurz nach seinem Amtsantritt kündigte der neue Verteidigungsminister Boris Pistorius (SPD) an, das NATO-Zwei-Prozent-Ziel ab dem Jahr 2024 aus dem allgemeinen Haushalt erreichen zu wollen.[31] Die Lieferung von Leopard-Kampfpanzern sagte die Bundesregierung im Januar verbindlich zu, nach intensivstem Druck der Ukraine und Deutschlands östlicher EU-Nachbarn. Über Monate hatte Olaf Scholz erklärt, dass Deutschland Kampfpanzer nur in Koordination mit den NATO-Alliierten liefern würde. Zwischenzeitlich schien es so, als ob der Bundesregierung ein politisches Plazet der USA, ohne eigene Kampfpanzer-Lieferungen, reichen würde, zumal der deutsche Leopard 2 aus militärischer Sicht für die Ukraine als deutlich besser verwendbar erscheint. Schließlich bestätigte die US-Regierung, parallel zu den deutschen Leoparden Abrams-Panzer zu liefern. Präsident Bidens Nationaler Sicherheitsberater Jake Sullivan erklärte, dass Biden mit der US-amerikanischen Kampfpanzerlieferung ein Zugeständnis an Scholz gemacht habe, um die Einheit des Bündnisses sicherzustellen und um zu gewährleisten, dass die Ukraine am Ende das bekomme, was sie auf dem Schlachtfeld eigentlich brauche – nämlich Leopard-Panzer.[32] Überzeugt davon, dass auch die US-Panzer für die Ukraine von großem Nutzen sein könnten, zeigte er sich nicht. Der Präsident habe sich »zunächst gegen die Entsendung von Abrams-Panzern entschieden«, weil »sie auf dem Schlachtfeld in diesem Kampf nicht nützlich sein würden.«[33] Die Bundesregierung ließ durch einen Regierungssprecher klarstellen, Deutschland habe nicht gedrängt, und die Entscheidung sei im Konsens gefallen. Wie die Motivlage der USA tatsächlich war, ist nicht abschließend geklärt, aber deutlich ist zweierlei: Deutschland hat seine Entscheidung, Leopard-Panzer zu liefern, erst verkündet, als die USA bereit waren, Abrams-Panzer zuzusagen. Das Kalkül des Kanzlers scheint über den direkten Nutzen, den die jeweiligen Panzer auf dem Schlachtfeld bringen, hinauszugehen: Sollte Russland der Unterstützung der Ukraine mit westlichen Kampfpanzern mit Eskalation begegnen, steht es nicht nur den Europäern gegenüber, sondern auch den USA. Ein möglichst enger Schulterschluss mit Washington wird in dieser Logik zur wichtigen Rückversicherung.

Energiepolitik ohne Russland

Neben der verteidigungspolitischen Neuausrichtung ist die größte Konsequenz aus Russlands Angriff auf die Ukraine für Deutschland eine Energiekrise mit weitgehenden innenpolitischen, aber auch geopolitischen Folgen. In der Zeitenwende-Rede kündigte Bundeskanzler Scholz an, Deutschlands über Jahre aufgebauter Importabhängigkeit von Russland ein Ende zu bereiten: »Eine verantwortungsvolle, vorausschauende Energiepolitik ist nicht nur entscheidend für unsere Wirtschaft und unser Klima, sondern entscheidend auch für unsere Sicherheit.« Was Deutschlands Partner über Jahre, und mit besonderem Nachdruck seit der Annexion der Krim, eingefordert hatten, nämlich die Energieversorgung Deutschlands und der EU auch unter sicherheitspolitischen Gesichtspunkten zu gestalten, wurde nun sehr abrupt zur zentralen Aufgabe der Ampelkoalition.

Die Erkenntnis darüber, dass enge Verflechtungen mit Russland vom Stabilitätsinstrument zur Bedrohung geworden waren, erfolgte in einer Situation, in der die Preise für fossiles Gas bereits seit einem Jahr in die Höhe geschossen waren. Über Jahrzehnte hatte sich die deutsche Industrie auf billige Energieimporte aus Russland verlassen und die Regierungspolitik unterstützt, die Deutschland in eine einseitige Abhängigkeit von einem zunehmend totalitären Staat gebracht hat. Sehr schnell wurde nun deutlich, dass die wirtschaftlichen und innenpolitischen Kosten dieser Abhängigkeit Berlin erpressbar machten und seinen außenpolitischen Handlungsspielraum massiv einschränkten. Deutschland ist ein rohstoffarmes Land und deckt bislang rund 70 Prozent seines Energieaufkommens durch Importe diverser Energieträger. Zu Kriegsbeginn bezog es mit 55 Prozent mehr als die Hälfte seines Erdgases und ein Drittel seines Öls aus Russland.[34]

Die Zahlen machen klar, wie groß die Aufgabe war, die Energieabhängigkeit von Russland zu reduzieren. Umso größer wurde sie, als Deutschland kurz vor der endgültigen Umsetzung seines Atomausstiegs stand. Nach schwierigen Verhandlungen innerhalb der Ampelkoalition bekannte sich die Bundesregierung im November 2022 trotz der Energiekrise zum Ende der Nuklearenergie, das schließlich nur um einige Monate, von Ende 2022 bis Mitte April 2023, hinausgezögert wurde. Deutschland verabschiedete sich also von einer signifikanten Energiequelle, obwohl es in Rekordzeit und früher als geplant eine grundlegende Energietransformation durchführen muss.

Die völlige Abkehr von den engen Lieferbeziehungen mit Russland erschien angesichts seines großen Anteils an Gas- und Ölimporten zunächst unmöglich und teuer. Entsprechend abwehrend reagierten Vertreterinnen und Vertreter der Bundesregierung, als Expertinnen und Experten forderten, den Import von fossilen Energien aus Russland einzustellen, um das Land finanziell unter Druck zu setzen.[35] Zudem bestand die Gefahr, dass Russland selbst seine Lieferungen an Deutschland und andere Unterstützer der Ukraine reduzieren könnte, bevor dies seitens der Importländer geschehen würde. In Berliner Entscheiderkreisen hielt sich lange die Annahme, dass Russland diese Option nicht nutzen würde – zu wichtig seien die Einkünfte für das Land, und Putin sei, trotz allem, ein rationaler Staatslenker. Im Sommer 2022 wurden sie eines Besseren belehrt: Im Zuge einer Wartung der Ostsee-Pipeline Nord Stream 1 schützte Russland technische Probleme vor und reduzierte die Lieferungen Schritt für Schritt, bevor es sie im September ganz einstellte.

Dass die energiepolitische Entkopplung von Russland relativ schnell möglich war und nicht mit verheerenden Folgen für die deutsche Wirtschaft einherging, ist einer der großen politischen Erfolge des Jahres 2022. Ganz konkret ließ dieser sich im Winter 2022/23 an zu über 90 Prozent gefüllten Gasspeichern messen. Deutschlands Antwort auf den fossilen Energiekrieg zu Zeiten des Atomausstiegs hat vier Komponenten: Lieferquellen diversifizieren, Energie sparen, Speicher füllen und – am wichtigsten und langwierigsten – erneuerbare Energien ausbauen. Nach dem Erfolg im ersten, glücklicherweise milden, Winter nach Kriegsbeginn müssen die Bemühungen in diesen Bereichen indes unermüdlich weitergehen, denn für den folgenden Winter könnten neue Unsicherheiten entstehen, ob die Gasspeicher ausreichend gefüllt sind, um gemeinsam mit alternativen Energiequellen eine ausreichende Versorgung zu gewährleisten.

Kurzfristig entscheidend für die Versorgungssicherheit war die Diversifizierung von Energiequellen durch die Erhöhung der Liefermengen aus europäischen Ländern sowie neue Zulieferverträge mit anderen Staaten. Es ging darum, die Versorgungsrisiken und den Energiepreisanstieg, sowohl für die Bevölkerung, als auch für die Wirtschaft, so schnell wie möglich zu begrenzen. Der wichtigste Beitrag dazu: Seit Dezember 2022 landet in Brunsbüttel und Wilhelmshaven Flüssiggas an. Nur knapp zehn Monate dauerten die Planung und die Inbetriebnahme des ersten LNG[36]-Terminals – so schnell, dass Kanzler Scholz vom neuen »Deutschland-Tempo« sprach. Weitere Terminals sollen folgen, und Ende 2023 soll LNG rund ein Drittel des deutschen Gasverbrauchs ausmachen. Den Bedarf decken unter anderem langfristige Verträge mit der katarischen Regierung für einen Zeitraum von 15 Jahren mit Lieferungen ab 2026. Um die Lieferbeziehungen weiter zu diversifizieren, wird mit Australien, Algerien und Nigeria verhandelt.[37] Gas durch Fracking oder in der Nordsee zu fördern, sind weitere, jedoch kontrovers diskutierte Optionen im Zuge des Versuchs, Risiken durch Lieferbeziehungen mit nicht demokratischen Staaten weitgehend zu reduzieren.

Während die Terminals aktuell für das Anlanden von fossilem Flüssiggas gebaut werden, sollen sie in Zukunft auch für nachhaltigere Energiequellen wie grünen Wasserstoff genutzt werden können,[38] so hat es der zuständige Bundesminister für Wirtschaft und Klimaschutz Robert Habeck versprochen. Das Fraunhofer-Institut für System- und Innovationsforschung stellt allerdings klar, dass die Umstellung nicht ohne erhebliche Anpassungen möglich ist und teuer wird. Bei einer Umrüstung auf Wasserstoff würden sich nur »etwa 50 Prozent der ursprünglich in das LNG-Terminal investierten Kosten übertragen lassen.«[39]

Eine Versorgungsnot trat trotz Russlands Beendigung seiner Lieferungen nicht ein, und die Strom- und Gaspreisbremsen konnten die wirtschaftlichen Folgen für die meisten Menschen bereits im ersten Kriegsjahr abschwächen. Um die hohen Energiepreise zu kompensieren, beschloss die Bundesregierung bereits zu Beginn der russischen Invasion ein Entlastungspaket, das die Abschaffung der EEG-Umlage, eine Erhöhung der Pendlerpauschale, einen Heizkostenzuschuss für Geringverdiener, Zuschüsse für Familien und steuerliche Entlastungen beinhaltete. Die Speicherkapazität für Erdgas wurde um zwei Milliarden Kubikmeter erhöht. Der befürchtete und von radikalen Kräften herbeigewünschte »Wutwinter« trat nicht ein, auch dank der milden Temperaturen im Herbst und Winter 2022/2023. Doch der Ausbau der erneuerbaren Energien geht bisher zu langsam voran, da sich etwa Planungs- und Investitionsversäumnisse der vorherigen Jahre nicht so schnell beheben lassen. Besonders der Ausbau der Windenergie liegt weit hinter Plan.

In einer Zeit, in der Deutschland und Europa an einem Weg zur Klimaneutralität bis 2045, beziehungsweise 2050 in der EU, arbeiten wollten und russisches Gas entscheidend für den Übergang sein sollte, waren der Preisanstieg und die Versorgungsunsicherheit ein enormer Schock. Schlimmer noch: Kohle und Öl in Deutschlands und Europas Energiemix haben wieder zugenommen.[40] So vermeldete das statistische Bundesamt 2022 für das dritte Quartal im Vergleich zum Vorjahreszeitraum 13,3 Prozent mehr Kohlestrom und 4,5 Prozent mehr Strom aus Erdgas[41], obwohl auch der Beitrag von Energiequellen wie Windkraft und Fotovoltaik zur Deckung des Energiebedarfs in Deutschland stieg.[42] Bis zum Jahr 2030 sollen in Deutschland mindestens 80 Prozent des Energiebedarfs durch erneuerbare Energien gedeckt werden, was eine entschiedenere Politik erfordert.[43] Um erneuerbare Energien schneller auszubauen, hat der Bundestag im Februar 2023 vereinfachte Verfahren beschlossen. In diesem Zusammenhang betonte Wirtschaftsminister Habeck, die erneuerbaren Energien seien zentral für den Klimaschutz und den Standort Deutschland: »Die Bundesländer und die Genehmigungsbehörden haben nun die gesetzlichen Grundlagen, um den Windkraftausbau mit voller Kraft voranzutreiben und Anlagen zügig zu genehmigen.«[44] Im Einklang mit einer Notfallverordnung der EU-Energieminister:innen von Dezember 2022 können aufwendige Umwelt- und Artenschutzprüfungen entfallen, wenn das betroffene Gebiet bereits eine strategische Umweltprüfung durchlaufen hat. Eine beschleunigte Installation von Solarenergieanlagen und der Wärmepumpenausbau sind weitere dringende Prioritäten.[45]

Mit anderen Worten: In der Energiekrise hat die Bundesregierung nicht nur die Folgen von Russlands Krieg in der Ukraine zu managen, sondern muss gleichzeitig die ohnehin notwendige und geplante Energiewende beschleunigen. Bis 2045 strebt die Bundesregierung CO_2-Neutralität an, bis 2050 die gesamte Europäische Union. Dass notwendige Investitionen in die Energiewende von der Vorgängerregierung trotz des beschlossenen Atomausstiegs nicht getätigt wurden, erhöht die Kosten, mit denen Deutschland sich jetzt konfrontiert sieht, gewaltig. Gleichzeitig aber kann der Energiekrieg mit Russland zu einer Beschleunigung der ökologischen Wende führen, was mittel- bis langfristig positive Auswirkungen haben wird.

Vor dem Hintergrund der dreifachen Herausforderung, CO_2 zu reduzieren, die Importabhängigkeit von Russland zu beenden und gleichzeitig nicht andere Abhängigkeiten zu schaffen, hat die Diskussion um Wasserstoff an Bedeutung gewonnen. Herkömmlicher sogenannter grauer Wasserstoff wird aus fossilen Brennstoffen gewonnen, vor allem aus Erdgas, wobei rund zehn Tonnen CO_2 pro Tonne Wasserstoff anfallen und in die Atmosphäre abgegeben werden. Grüner Wasserstoff dagegen entsteht durch die CO_2-neutrale Wasserelektrolyse, möglichst mittels Strom aus erneuerbaren Energien, und wird von der Bundesregierung als eine der wichtigsten Energiequellen der Zukunft betrachtet, da er Klimaneutralität in der Industrie, im Verkehr sowie in der Wärmeversorgung verspricht.[46] Da die Herstellung von grünem Wasserstoff noch sehr kosten- und energieintensiv ist, wird heute aber größtenteils Wasserstoff aus anderen, nicht nachhaltigen Herstellungsverfahren verwendet.[47] Zwischen Deutschland und Frankreich ist ein erbitterter Streit entbrannt, der am Beispiel des Wasserstoffs die konträren energiepolitischen Strategien und Risikoeinschätzungen illustriert: Frankreich, das zunehmend auf Atomenergie setzt, befürwortet die Verwendung von Wasserstoff, der durch Wasserelektrolyse mittels Atomstrom entsteht, und fordert dessen Bewertung als »grün«. Für Deutschland ist dies keine Option: »Kernenergie ist keine erneuerbare Energie und Wasserstoff aus Kernenergie ist kein grüner Wasserstoff«, zitiert die *Financial Times* das Bundesministerium für Wirtschaft und Klimaschutz.[48] Die neuen Vorschriften, die die Europäische Kommission im Februar 2023 vorlegte und die als Sieg für Frankreich gelten, sehen vor, dass Wasserstoff, der aus Stromnetzen mit hohem Kernenergieanteil stammt, als »grün« gelten darf, wenn der herstellende Konzern einen langfristigen Vertrag über den Einsatz erneuerbarer Energien unterzeichnet. So soll kurzfristig die Menge des aus fossilen Brennstoffen hergestellten Wasserstoffs reduziert und langfristig ein Anreiz für Investitionen in erneuerbare Energien geschaffen werden.[49] Dass Frankreich sich dafür eingesetzt haben soll, dass Uran-Importe aus Russland nicht sanktioniert werden und Europa und insbesondere Frankreich somit weiterhin Uran aus Russland beziehen, findet in dieser Debatte bisher wenig Beachtung[50], ist aber aus sicherheitspolitischer Sicht sehr wichtig. Auch die Frage, welche Abhängigkeiten von neuen Lieferpartnern entstehen, ist von höchster Relevanz. Die Diversifizierung von politischen Risiken muss in Einklang gebracht werden mit der Stabilität von Lieferbeziehungen und einem akzeptablen Lieferpreis. Kleinere Partnerschaften helfen vor allem beim ersten Kriterium.[51] An der Tatsache, dass 2022 auch Katar und die Vereinigten Arabischen Emirate stärker mit Deutschland ins Geschäft kamen, zeichnen sich schwierige Abwägungsentscheidungen ab. Nicht nur wirtschafts- und energiepolitische Kriterien sollten eine Rolle spielen, sondern auch die Frage, wie Deutschland künftig mit autoritären Staaten umgeht und der menschenrechtsorientierten Außenpolitik der Ampelkoalition gerecht werden kann.

Druck auf Deutschlands Wirtschaftsmodell

Für die deutsche Wirtschaft sind die hohen Energiepreise die offensichtlichste Konsequenz des Krieges. Bereits vor Kriegsbeginn erhöhten sich nicht nur die Preise für Gaslieferungen aus Russland, auch viele andere Rohstoffe und Vorprodukte wurden teurer oder ihre Lieferung unzuverlässig. Dies gefährdete vielerorts Just-in-time-Produktionen, was wiederum die Herstellungskosten mancher Produkte in die Höhe trieb. Unternehmenschef:innen stehen seither vor immer neuen, drängenden Fragen, die sie in der Vergangenheit, als Lieferketten stabil waren, nicht kannten. Im Unternehmensalltag sind die Folgen der veränderten geopolitischen Lage also längst Realität geworden: »Moment, ist denn alles verfügbar – nicht nur technologisch, sondern auch bei den Rohstoffen? Haben wir genügend Kupfer? Haben wir genügend Aluminium? Haben wir genügend Nickel?«[52], fragt etwa Bosch-Chef Stefan Hartung. Er zeigt damit, dass heute ganz anders und sehr viel kurzfristiger an die unternehmerische Planung herangegangen werden muss.

Weitere Veränderungen werden dazukommen, auch wenn diese Entwicklung nicht grundsätzlich neu ist, denn bereits seit einigen Jahren fordert die Zunahme von geopolitischen Risiken viele deutsche Unternehmen heraus. Der Krieg und seine Folgen haben aber diese Veränderungen deutlich verschärft, und es wird immer klarer: Das deutsche Geschäftsmodell funktioniert unter den neuen Rahmenbedingungen nicht mehr so einfach wie früher, und eine Rückkehr zu einer geopolitisch vergleichsweise ruhigen, berechenbaren, wirtschaftlich offenen Welt wird es in absehbarer Zeit nicht geben. Neben Russland sind daher auch China und andere Staaten, die mit Deutschland im Systemkonflikt stehen, ins Zentrum der Aufmerksamkeit gerückt. Die wirtschaftlichen Abhängigkeiten sind über Jahre weiter gefördert worden und entsprechend gewachsen, obwohl die Interessenskonflikte und unterschiedlichen Wertevorstellungen sichtbar waren. Die Aufgabe für die Ampel-Regierung war also von Anfang an weit umfassender als eine Energieentkopplung von Russland. Obwohl die Risiken früh analysiert und sogar politisch benannt wurden, sorgten gute Deals und das Prinzip Hoffnung dafür, dass Deutschland in einer geopolitischen, konflikthaften Welt seine Versorgungssicherheit vernachlässigt hat und politisch erpressbar geworden ist. »Egal welchen Deckel wir hochheben, wenn wir in den Topf gucken, wollen wir am liebsten nicht sehen, was drin ist«, seufzte ein Mitglied der Bundesregierung bereits drei Monate nach Amtsantritt erschöpft. Das große Aufräumen, das eingesetzt hat, kostet politisch viel Kraft und erfordert von Politik wie Unternehmen neue Herangehensweisen.

Deutschland steht auch deshalb unter großem Druck,

weil industriepolitische Eingriffe unserer wichtigsten Handelspartner für eine Verzerrung der Wettbewerbsfähigkeit sorgen. Der Weltwirtschaft droht also nicht nur eine Desintegration, weil die Risiken allgemein wachsen, sondern zudem auch wegen eines protektionistischen Subventionswettlaufs. Plötzlich ist es nicht mehr nur der chinesische Markt, in dem der Staat für Wettbewerbsverzerrungen sorgt und dessentwegen Europa einfordern muss, dass die gegenseitige Marktöffnung von einem fairen »level playing field« begleitet wird. Nun setzt seit August 2022 das US-amerikanische Subventionspaket IRA, der Inflation Reduction Act, Deutschland und Europa unter Druck – mit Maßnahmen, die in einem politisch höchst angespannten Umfeld die USA auf Kurs für ihre grüne Transformation bringen und dabei Arbeitsplätze und Wachstum fördern sollten. Die USA schützen sich mit dem IRA primär vor grüner Technologie und Sicherheitsrisiken aus China und richten die Maßnahmen nicht gezielt gegen die Europäer. Wegen ihres protektionistischen Effekts hat das Gesetz jedoch große Auswirkungen auf die europäische Wirtschaft. Für Europa ist das ein weiteres warnendes Beispiel, dass es die Folgen der nationalen, protektionistischen Politik der beiden Großmächte direkt zu spüren bekommt. Deutschland und Europa müssen sich noch viel intensiver damit befassen, wie sie in einer zunehmend protektionistischen Welt ihre Interessen und ihre Wettbewerbsfähigkeit verteidigen können – ohne in einen protektionistischen Subventionswettlauf mit den wichtigsten Wirtschaftspartnern einzusteigen.

Deutsche Unternehmen müssen sich längst an die neuen Rahmenbedingungen anpassen. Der notwendige

Strukturwandel betrifft Millionen von Menschen: Im Arbeitsalltag gibt es neue Herausforderungen, Qualifikationsanforderungen ändern sich. Produktionsabläufe müssen durch Anforderungen des Klimaschutzes und der Digitalisierung oder zur Energieeinsparung neu gestaltet werden, manche Anlagen können nicht mehr genutzt werden und müssen abgeschrieben werden. Mit dem notwendigen Wandel sind für die Menschen und Organisationen Unsicherheiten und auch Verluste verbunden. Dies kann sich in Bitterkeit und Frustration über die Politik niederschlagen und möglicherweise den Druck hin zu einem protektionistischeren Modell erhöhen – obwohl Deutschlands Wachstumsgarant immer noch die wirtschaftliche Offenheit in Europa und in der Welt ist.

Auch im Falle dieser Umbrüche gilt: Der Krieg verschärft und beschleunigt Trends, die es längst gab. Die Digitalisierung und die notwendige Anpassung an Klima- und Nachhaltigkeitskriterien haben es nötig gemacht, Unternehmensmodelle und die Zukunft der Arbeit neu zu denken. Dass viele internationale Konzerne trotz dieser schwierigen Rahmenbedingungen in den letzten beiden Jahren immer noch satte Gewinne schreiben konnten, darf über diese strukturellen Umbrüche nicht hinwegtäuschen. Dies hängt damit zusammen, dass Verluste in einem Bereich durch Wachstum in anderen Regionen ausgeglichen oder gestiegene Kosten an die Kunden weitergegeben werden konnten. Für viele mittelständische Betriebe gab es diese Option nicht, und ob es für die Großen so weitergehen kann, hängt mehr denn je von der Weiterentwicklung der globalen Lage ab. Die Handelsbeziehungen haben sich bereits verändert und werden dies weiter tun. Regionalisierung und eine Konzentration der

Wirtschaftsbeziehungen auf befreundete Staaten wird fortschreiten – mit Konsequenzen für Unternehmen und ihre Wettbewerbsfähigkeit, aber auch für die Konsumenten. Denn die globalen Handelsbeziehungen haben in vielerlei Hinsicht die Preise niedrig gehalten und damit zur Wettbewerbsfähigkeit der deutschen Wirtschaft und zur Kaufkraft der deutschen Konsumenten beigetragen. Mit dem Ende der Energiepartnerschaft mit Russland ist einer der Pfeiler des deutschen Erfolgsmodells geborsten. Das hat die Berliner Politik so lange verhindert, bis sie die Augen nicht mehr vor der Aggressivität Russlands verschließen konnte. Die Invasion eines europäischen Nachbarn mit dem Ziel, dessen Identität auszulöschen, die vor den Augen der Welt offen sichtbaren Kriegsverbrechen, die Ermordung wehrloser Menschen und Putins Androhung eines nuklearen Infernos stellen eine seit 1945 beispiellose Zäsur dar. In dem international unsicheren wirtschaftlichen und politischen Umfeld, das sich nicht nur auf Deutschlands und Europas wirtschaftliche Perspektiven und innere Stabilität auswirkt, sondern auch die politischen Führungen in den USA und China sehr beunruhigt, kommt nun ein Protektionismus hinzu, der in den nächsten Jahren weiterwachsen dürfte. China und die USA werden wichtige Wirtschaftspartner für die EU bleiben, doch unter weniger berechenbaren und für Europa weniger vorteilhaften Bedingungen. Diese neue Realität hat Deutschland und Europa bereits verändert und wird es weiter tun, denn es gibt keinen Weg zurück zum Status quo ante. Die deutschen und europäischen Antworten auf diesen Wandel sind längst noch nicht vollständig ausbuchstabiert.

3
Ringen um den Umgang mit Russland

Wenn es einen Politikbereich gibt, der Deutschland enormes Vertrauen bei seinen europäischen Partnern gekostet hat, dann war es die Russlandpolitik der letzten eineinhalb Jahrzehnte. Spätestens seit Russlands Intervention in Georgien 2008 hätte es gute Gründe gegeben, sich gegenüber Moskau vorsichtiger aufzustellen. Sechs Jahre später begann Putin seinen Krieg in der Ukraine, hybrid und militärisch: Auf die sogenannten Euromaidan-Proteste in Kiew im Winter 2013/14, die in den Sturz der prorussischen Regierung von Präsident Wiktor Janukowytsch mündeten, reagierte Russland mit der Annexion der Krim, anfangs verdeckt militärisch, sodann durch ein Scheinreferendum, in dem sich die Krim am 16. März 2014 von der Ukraine unabhängig erklärte und für den Beitritt in die russische Föderation stimmte. Eine weitere Folge der Euromaidan-Ereignisse war der Krieg im Osten der Ukraine, im Donbas, wo im April 2014 die sogenannten unabhängigen »Volksrepubliken« Donezk und Luhansk ausgerufen wurden. Hier entstand im Land eine Frontlinie, an der die ukrainische Armee von Russland unterstützten separatistischen Kräften gegenüberstand. In diesem wenig beachteten Krieg im Osten Europas starben in acht Jahren, zwischen Februar 2014 und Februar 2022, bereits etwa 15 000 Menschen.[53] Viele, viele Tausende sind es geworden, seit Putin am 24. Februar 2022 seine viel größer angelegte Invasion begann. Nach außen wurde es zu einem immer aggressiveren Akteur in der europäischen Nachbarschaft und etwa im Nahen und Mittleren Osten. Im Inneren entwickelte sich das Putin-Regime zu einer kaum noch verhüllten Diktatur. Den liberalen Westen identifizierte es als ideologischen und geopolitischen Feind.

Trotz dieser Entwicklungen vertiefte Deutschland seine Energiebeziehungen mit Russland, was am sichtbarsten durch den Bau der Ostseepipeline Nord Stream 2 geschah. Entgegen aller offenen Kritik aus Polen, dem Baltikum, seitens der USA und insbesondere auch der Ukraine hielt Berlin an diesem Energieprojekt fest. Auch als der politische Druck aus Washington immer größer wurde, wich die damalige Bundeskanzlerin Merkel nicht von dem Vorhaben ab, sondern versuchte die Sorgen der Nachbarn mit Geld und Verträgen auszuräumen. Sie benannte 2019 einen Sonderbeauftragten für die Verhandlung zum Gastransit durch die Ukraine und knüpfte die Inbetriebnahme der Pipeline an den Erfolg der Verhandlungen.[54] Kiew wurden wichtige Milliarden an Transitgebühren gesichert, mindestens 65 Milliarden Kubikmeter Erdgas sollten durch das Land fließen, ab 2024 jährlich noch 40 Milliarden Kubikmeter. Doch aus Sicht vieler Mittel- und Osteuropäer war dies nur ein Trostpflaster und änderte nichts an der eigentlichen Gefahr, die Deutschland aus ihrer Sicht provozierte.

Es gibt Krisen, die sich früh ankündigen und deren

erste Anzeichen bereits wachrütteln. Russland setzte durch sein Handeln seit der Jahrtausendwende deutlichere Zeichen, doch Deutschland schien tief zu schlafen, tiefer als die Europäer in größerer geografischer Nähe zu Russland. Weder Russlands innere Entwicklung zu einer Diktatur noch Putins Aggressionen nach außen reichten dafür aus, dass Berlin seine Herangehensweise änderte. Erst eine bereits weit eskalierte Phase der Krise, nämlich Russlands umfassende Invasion der Ukraine, weckte Berlin auf. Wie lässt sich erklären, dass Deutschland so lange an seiner Haltung gegenüber Russland festhielt und über Jahre nichts dafür tat, sich selbst, Europa und die NATO auf die Möglichkeit eines Krieges vorzubereiten?

Die Illusion von Wandel durch Handel

Immer wieder wurde die langsame Reaktion auf die Radikalisierung Putins auf Deutschlands Interesse an billigen russischen Öl- und Gaslieferungen zurückgeführt. In der Tat bestärkten sich Wirtschaft und Politik über Jahrzehnte gegenseitig darin, immer mehr Energie aus Russland zu importieren. Seit den 1970er-Jahren haben Großkonzerne wie Ruhrgas und BASF von russischen Partnern günstiges Gas gekauft und sich in immer größere einseitige Abhängigkeiten begeben. Diese betriebswirtschaftlich nachvollziehbaren Entscheidungen haben in Summe Konsequenzen für das gesamte Land.[55] Darüber hinaus haben die allgemein niedrigen Preise für Energie mit hohem russischem Importanteil der deutschen Volkswirtschaft und Bevölkerung insgesamt genützt, was kein illegitimes politisches Interesse war.

Dennoch lässt sich die deutsche Russlandpolitik seit Ende des Kalten Krieges nicht zufriedenstellend durch die wirtschaftlichen Vorteile, die sich daraus ergaben, erklären. Hinter den engen Energielieferbeziehungen stand jahrzehntelang das politische Ziel, »Wandel durch Handel« zu fördern – enge Wirtschaftsbeziehungen sollten als Treiber von positiven gesellschaftlichen und ökonomischen Veränderungen wirken. Wohlstand, bessere Arbeitsbedingungen und Umweltstandards würden durch wirtschaftliche Interaktion mit anderen Ländern, durch den Austausch von Technologie und Wissen und durch die Verbindung zwischen Menschen und ihren Kulturen erreicht werden. Nicht nur in der deutschen Außenpolitik, auch in internationalen Handelsabkommen und in Weltbank- und IWF-Politiken ist dieses Konzept fest verankert. »Der gedankliche Kern ist, dass ein autoritäres Regime (damals die Sowjetunion) durch den Anreiz der wirtschaftlichen Öffnung auch politisch und gesellschaftlich aufgeschlossen werden soll. Zweifellos ist dies eine der folgenreichsten außenpolitischen Ideen der Bundesrepublik.«[56] Diese Politik hatte einen sehr hohen Preis.

2022 verstand ganz Europa, dass Russland nicht davor zurückschreckt, seine Rohstoffe als Waffe einzusetzen und nebenher seine brutale Expansionspolitik weiter zu verfolgen. Die Bundesregierung und andere Staats- und Regierungschefs in der EU versuchten von heute auf morgen händeringend einen Ausweg aus der selbst verschuldeten Situation zu finden, nämlich angesichts der so großen Abhängigkeit von fossilen Energieimporten aus Russland den Gasbedarf zu reduzieren und alternative Energiequellen zu entwickeln. Der Druck, Energiesicherheit in der EU zu garantieren, wurde übergroß, und in den nationalen Hauptstädten und in Brüssel wurden deutliche Fortschritte gemacht.

Doch noch eine tiefere Sorge der deutschen Außenpolitik war und ist, dass ein Krieg in Europa, geführt mit der vollen Zerstörungskraft gepanzerter Landstreitkräfte und mit massiven Luftangriffen auf Großstädte, wieder furchtbares Elend über Millionen von Menschen auf dem ganzen Kontinent bringen könnte. Eine Ausweitung des Krieges galt und gilt es zu verhindern. Deutschland und seine Nachbarn haben Erinnerungen an den tiefsten Schrecken des Krieges im kollektiven Gedächtnis. Das Credo der Bundesregierung lautete, dass mit diplomatischen Mitteln alles getan werden muss, um dieses Szenario abzuwenden. Deshalb hielten die damalige Bundeskanzlerin Merkel und ihre Große Koalition, aber später zunächst auch Bundeskanzler Scholz und die Ampel, lange, zu lange, an ihrer Strategie fest, Russland trotz zunehmend aggressiver Eingriffe in seine Nachbarstaaten einzubinden und mit diplomatischen Mitteln von Schlimmerem abzuhalten. Ihr Ohr hatten dabei auch die Unternehmen, die besonders von den niedrigen Preisen für fossile Brennstoffe profitierten und wertvolle Arbeitsplätze in Deutschland schufen und erhielten. Der Glaube an die Stabilität der Beziehung und daran, dass Putin in seiner Aggression Grenzen kennen würde, führte die deutsche Politik in einer Mischung aus Ignoranz und Sturheit dazu, die nachdrücklichen Warnungen von Osteuropäern und Amerikanern abzutun, die diese Haltung immer naiver erscheinen ließen.

Das galt auch noch nach 2014, obwohl Russland die Souveränität der Ukraine fortwährend missachtete. Deutschland und Frankreich richteten mit Russland und der Ukraine das sogenannte Normandie-Format ein, um mit den beteiligten Staaten eine politische Lösung zu erreichen und den Konflikt friedlich beizulegen. Deutschland und sein damaliger Außenminister Frank-Walter Steinmeier wurden als Vermittler angesehen. So wurde das Normandie-Format 2019, um der stockenden Umsetzung des Minsk-II-Abkommens neuen Schwung zu verleihen, nach längerem Stillstand auf Basis der sogenannten Steinmeier-Formel wieder aufgenommen. Hierbei handelt es sich um einen insbesondere von Putin befürworteten Zusatz zum Minsk-II-Abkommen. Er betraf die Reihenfolge des Inkrafttretens eines Sonderstatusgesetzes zur Autonomie der völkerrechtlich nicht anerkannten »Volksrepubliken« Luhansk und Donezk im Osten der Ukraine und der Durchführung der dortigen Lokalwahlen. Bundesaußenminister Steinmeier schlug 2015 vor, »dass das Sonderstatusgesetz vorläufig am Tag der Lokalwahlen in Kraft tritt und seine permanente Geltung nach positiver Beurteilung dieser Wahlen durch die Wahlbeobachtungsmission der OSZE erlangt«.[57] Die Steinmeier-Formel galt vielen als einseitige Bevorteilung Russlands und war ein Grund dafür, dass der heutige Bundespräsident in Kiew 2022 zunächst nicht willkommen war. Mit Russlands umfassender Invasion der Ukraine ist auch Deutschlands und Frankreichs wichtigster diplomatischer Vermittlungsversuch gescheitert.

Seit Ausbruch des Krieges diskutiert Deutschland die frühere Russlandpolitik und Fehler der Vergangenheit. Es war SPD-Parteichef Lars Klingbeil, der den über Jahre anhaltenden Konsens in der Partei, dass enge Beziehungen zu Russland gut für Deutschland, Europa und Russland seien, am mutigsten hinterfragte. Als einer der ersten gestand er im Oktober 2022 in einer selbstkritischen Auseinandersetzung mit der Haltung seiner Partei Fehler der SPD und der Großen Koalitionen (2013 bis 2021) ein. »Das russische Regime um Putin war immer repressiver und aggressiver, ja revisionistisch geworden. Auf der Suche nach Gemeinsamkeiten haben wir das Trennende übersehen. Das war ein Fehler«[58], so Klingbeil, der bereits in einer Europarede im Juni 2022 wichtige Schlussfolgerungen aus Europas neuer Realität in Kriegszeiten gezogen hatte.[59] Deutschland habe verkannt, dass »Putin anfing, die Geschichtsschreibung zu manipulieren und zu instrumentalisieren, für die autokratische Konsolidierung nach innen und interessengeleitete Großmachtpolitik nach außen«. Deutschland habe sich »mit seiner Energiepolitik abhängig von Russland gemacht. Ja, davon haben wir wirtschaftlich über viele Jahre profitiert. Aber diesen Erfolg haben wir uns teuer erkauft. Wir haben uns verletzlich gemacht.« Mit Blick nach vorne konstatiert Klingbeil, dass es heute darum gehen muss, »Sicherheit vor Russland zu organisieren«, da Russland sich aus dem System der gemeinsamen Sicherheit und der gemeinsamen Werteorientierung verabschiedet habe.[60] Mit anderen Worten: Die europäische Sicherheitsordnung muss so neu gestaltet werden, dass sie gegen die Atommacht Russland schützt, die früheren Abkommen sind irrelevant.

Auch bei den Christdemokraten hat seit Kriegsbeginn eine kritische und offene Auseinandersetzung mit der Russlandpolitik der CDU-geführten Regierungen nach 2014 eingesetzt. Roderich Kiesewetter, langjähriger Vertrauter Angela Merkels und CDU-Außenpolitikexperte, warf der früheren Bundeskanzlerin vor, zu einseitig auf Diplomatie und Wirtschaftsbeziehungen gesetzt und dabei die sicherheitspolitische Komponente aus den Augen verloren zu haben.»Sie hat es abgelehnt, die ukrainische Armee auszubilden und Waffen zu liefern. Stattdessen setzte sie ausschließlich auf Diplomatie ohne militärische Unterfütterung, also den Minsker Prozess.«[61] Der außenpolitische Sprecher der CDU Johann Wadephul gestand seinerseits eine Fehleinschätzung ein:»Meine Überzeugung war es, dass die wechselseitige Abhängigkeit zwischen Russland und Deutschland auch für Russland handlungsbestimmend sein würde. Ich habe mich geirrt.«[62] Der Abgeordnete Thomas Heilmann sprach von »einer kollektiven parteiübergreifenden Fehleinschätzung. Nicht nur der Bundespräsident hat sich geirrt, sondern fast alle, die in den vergangenen Jahren Verantwortung getragen haben, auch in der CDU.«[63]

Etwa ein Jahr nach Ende ihrer Amtszeit meldete sich auch die frühere Bundeskanzlerin selbst zu Wort. Ein knappes Dreivierteljahr nach Kriegsausbruch konzediert sie zwar,»wir hätten schneller auf die Aggressivität Russlands reagieren müssen«[64], beharrt aber darauf, dass das Festhalten am Bau und der Eröffnung der Nord-Stream-2-Pipeline seinerzeit richtig war, um Russland enger an Deutschland und an die EU zu binden. Sie erklärte ihre Entscheidungen mit Blick auf die politischen Alternativen, die sich anboten:»Die 2008 diskutierte Einleitung eines NATO-Beitritts der Ukraine und Georgiens hielt ich für falsch. Weder brachten die Länder die nötigen Voraussetzungen dafür mit, noch war zu Ende gedacht, welche Folgen ein solcher Beschluss gehabt hätte, sowohl mit Blick auf Russlands Handeln gegen Georgien und die Ukraine als auch auf die NATO und ihre Beistandsregeln. Und das Minsker Abkommen 2014 war der Versuch, der Ukraine Zeit zu geben.«[65]

Die Strategie der Bundesregierung zur Konfliktvermeidung hat versagt und ist für Europa, besonders für die Ukraine and andere Ex-Sowjetrepubliken, nun mit enormen Kosten verbunden. Aber es muss in der rückblickenden Kritik differenziert werden zwischen falschen Annahmen und kritikwürdigen Motiven. »Es war der Versuch, genau einen solchen Krieg zu verhindern. Dass das nicht gelungen ist, heißt noch nicht, dass die Versuche deshalb falsch waren«[66], stellte Angela Merkel der immer wieder formulierten Auffassung entgegen, Berlin habe sich an Russlands Angriff auf die Ukraine »mitschuldig« gemacht.

In der Tat ist der vergebliche Versuch, den Frieden zu sichern, nicht gleichbedeutend damit, sich am Ausbruch des Krieges schuldig zu machen. Der Aggressor ist Russland. Im Rückblick lässt sich aber kaum negieren, dass dieser bereits 2014 die Weichen für den heutigen Krieg stellte. Die Besetzung und spätere Annexion der Krim sowie die nur oberflächlich kaschierte russische Kriegsführung im Donbass zeigten unmissverständlich, dass Putin offene Gewalt gegen die Ukraine als ein gangbares Mittel zur Veränderung der europäischen Grenzen betrachtete. Sicherlich schlussfolgerte er aus der schwachen Reaktion des politischen Westens auf die Annexion, dass Russland mit seinen Methoden weiterhin durchkommen würde. Deutschen Diplomatinnen und Diplomaten war schon lange klar, dass Putin dreist log, beispielsweise indem er die russische Truppenpräsenz im Donbas leugnete. »Das hat uns nicht gefallen, aber wir haben weiterverhandelt. Wir waren irritiert, aber wir gingen immer noch von einer diplomatischen Vernunft in Russlands Verhalten aus«, so die Sicht einer Beteiligten.

Parallel wurde Deutschland, wie andere Staaten des

politischen Westens, zur Zielscheibe massiver russischer Propaganda. Ein Beispiel für antideutsche Desinformation, die über soziale Medien und vom Kreml kontrollierte Fernseh- und Online-Kanäle verbreitet wurde, ist die Kampagne gegen die Bundeswehr während ihrer NATO-Mission 2017 in Litauen. Von russischer Seite wurde das Gerücht verbreitet, dass ein deutscher Soldat eine Minderjährige vergewaltigt hätte. Dies zwang die litauische Regierung zu einer offiziellen Untersuchung. Auch wenn diese keinen Tatbestand feststellen konnte,[67] kostete die Antwort auf die russische Desinformationskampagne Zeit und Nerven. Sie lenkte die Aufmerksamkeit davon ab, dass die deutsche Truppenpräsenz in Litauen Teil der NATO-Reaktion auf die Annexion der Krim und die wachsende Bedrohung im Osten Europas war: Russland sah sich einer Stärkung der Ostflanke der NATO gegenüber. Vor diesem Hintergrund sollte russische Desinformation über das vermeintlich übergriffige Verhalten eines Bundeswehrsoldaten das Vertrauen zwischen dem deutschen und dem litauischen Militär untergraben und dem Ansehen der deutschen Truppen schaden.

Es gibt sehr viele weitere Beispiele für russische Versuche, in der europäischen Nachbarschaft und auch innerhalb der EU zu destabilisieren. Neben Desinformation, Geschichtsrevisionismus und der Relativierung von Stalins Verbrechen gehören zu Moskaus Interventionsrepertoire Cyberangriffe, etwa auf den Deutschen Bundestag, oder Datenhacks, wie es Emmanuel Macrons erste Wahlkampagne in Frankreich 2017 erlebte. Die staatlich angeordnete Ermordung eines vom Putin-Regime als Terrorist und US-Spion eingestuften Gegners am helllichten Tag mitten im Berliner Tiergarten legte schließlich auch in unmittelbarer Nähe zum deutschen Parlament die Skrupellosigkeit des Regimes offen. Es wurde so immer schwerer für die Merkel-Regierung, an ihrer Russlandpolitik festzuhalten – doch bis Ende ihrer Amtszeit 2021 hielt sie an ihrer Strategie der engen Wirtschaftsbeziehungen und des diplomatischen Austauschs fest. Berlin und ganz Europa wurden vorgeführt, und Putin tat alles, um mit Angst und Einschüchterung identifiziert zu werden. »Die russische Regierung lieferte heuchlerische Erklärungen und leugnete ihre Verantwortung, ohne jedoch ihre Handschrift vollständig zu verbergen«, so die Sicht eines deutschen Diplomaten auf die sich verschärfende Lage seit 2014. Doch trotz dieser Tabubrüche änderte Deutschland seine Grundannahme nicht, dass es weiterhin möglich sei, mit Putins Russland eine friedliche Koexistenz auf dem europäischen Kontinent zu erreichen. Sicherheit, so lautete das Credo in Berlin bis zum 24. Februar 2022, könne in Europa nur mit Russland, nicht gegen Russland erreicht werden.

Schwierige Debatten um den Preis des Friedens

Auch wenn seitdem ein weithin realistisches Russlandbild in Berlin besteht, prallen in der deutschen Debatte über den richtigen Umgang mit Moskau immer noch grundlegend unterschiedliche Annahmen aufeinander, wie Stabilität und Frieden in Europa wieder zu erreichen sind. Heiß wurden in den Jahren 2022 und 2023 Waffenlieferungen in der deutschen Öffentlichkeit und in Expertenkreisen debattiert, insbesondere die Lieferung von Kampfpanzern und später dann von Kampfflugzeugen.

Befürworter einer starken militärischen Unterstützung argumentieren, dass die Ukraine so schnell wie möglich gestärkt werden müsse, um die russische Invasion aufzuhalten. Russland müsse in der Ukraine besiegt werden, weil es seinen Krieg im Falle eines Sieges auf weitere Staaten ausdehnen würde. Diese Position nimmt Putin bei seinem Wort, der in mehreren Reden und Artikeln ein Russlandbild entworfen hat, das territorial der ehemaligen Sowjetunion gleicht und Staaten, die heute souverän sind, unter russischer Kontrolle eingemeindet. Putin und seine Propagandisten drohen nicht nur den östlichen Nachbarn der EU wie der Republik Moldau oder Georgien, sondern beispielsweise auch den baltischen EU-Mitgliedern Estland, Lettland und Litauen.

Entscheidend für den Ausgang des Krieges ist der Faktor Zeit: Je länger der Krieg andauert, desto höher werden die Kosten für die Ukraine, nicht nur militärisch, sondern auch gesellschaftlich und wirtschaftlich. Je mehr Russland zerstört, desto größer wird das Leid, desto mehr Menschen müssen fliehen, desto teurer und schwieriger wird der Wiederaufbau. Je länger der Krieg dauert, desto schwieriger wird es, in der Ukraine demokratische Prozesse, die im Kriegszustand eingeschränkt sind, wieder voll funktionsfähig zu machen, faire und freie Wahlen durchzuführen, wenn schon heute rund ein Drittel der Bevölkerung nicht mehr an ihrem Wohnort lebt, und Korruption zu bekämpfen. Je länger der Krieg dauert, desto schwieriger wird es auch sein, den Rückhalt in der Bevölkerung der Unterstützerstaaten aufrechtzuerhalten, zumal Russland aktiv interveniert, um die proukrainische Haltung zu untergraben. Daher macht es einen Unterschied, wie schnell Waffen geliefert und wie schnell ukrainische Soldaten trainiert werden, und auch, wie schnell Europa seine Munitionsproduktion hochschraubt und Ersatzteile liefert. In dem verlustreichen Krieg, in dem die russische Kriegsführung Tausende von schlecht ausgestatteten Rekruten und Söldnern als Kanonenfutter in den Kampf schickt, muss auch die Ukraine immer wieder an den eigenen Frontlinien für Nachschub an Menschen und Material sorgen. Überdies ist klar, dass Russland selbst seine Rüstungsproduktion hochgefahren hat und verstärkt Waffen einkauft, so etwa Drohnen im Iran, und jede Schwäche auf der ukrainischen Seite ausnutzen wird.

In der deutschen Diskussion wurde dennoch immer wieder die Forderung laut, dass auf Verhandlungen statt auf Waffenlieferungen gesetzt werden solle. Ein prominentes Beispiel ist das »Manifest für Frieden« von der Journalistin und Symbolfigur der deutschen Frauenbewegung der 1970er-Jahre Alice Schwarzer und der linken Politikerin Sahra Wagenknecht. Ihre Forderung klingt einfach: Anstatt Panzer zu liefern, sollten Friedensverhandlungen beginnen.

Es ist nachvollziehbar, dass Rufe nach einem Waffenstillstand und Friedensverhandlungen immer wieder öffentlichen Rückhalt bekommen. Wer wünscht sich keinen Frieden auf dem europäischen Kontinent? Auch Deutschlands renommiertester Philosoph Jürgen Habermas plädierte im Februar 2023 für Friedensverhandlungen, wenngleich er einräumte, dass Waffenlieferungen sinnvoll seien, um die Ukraine in ihrem Recht auf Selbstverteidigung zu stärken.[68] Wie andere, die Verhandlungen fordern, lässt auch Habermas offen, wie es tatsächlich zu einem Waffenstillstand und dann zu fairen Verhandlungen kommen kann.

Warum sind Verhandlungen keine offensichtliche Alternative zum ukrainischen Abwehrkampf und zu Waffenlieferungen des politischen Westens? Der Grund liegt im Kriegsziel des Aggressors: Solange Russland nicht vom Ziel der Unterwerfung der Ukraine abrückt, solange muss die Ukraine weiterkämpfen und vom Westen unterstützt werden – es sei denn, man ist bereit, das Land aufzugeben mit allen Konsequenzen, die dies hätte, von weiteren Kriegsverbrechen, einer enormen Flüchtlingswelle, bis hin zu einer Ausdehnung des Krieges auf Nachbarstaaten und letztlich auf den Westen und sein Lebensmodell. Ein Erfolg in der Ukraine könnte Putin anstacheln, mit gleicher Blaupause andere Staaten zu überfallen, die er bereits identifiziert hat, verbal bedroht und hybrid untergräbt.

Die weitere Bewaffnung der Ukraine zielt darauf ab, im Krieg eine Situation herbeizuführen, in der Russland einsehen muss, dass es seine Ziele nicht erreichen kann oder einen inakzeptablen Preis dafür bezahlen müsste. Erst wenn Russland unter maßgeblichen äußeren (und dann gleichzeitig inneren) Druck gerät, dürfte es von seinen Forderungen abweichen. Bislang zeichnet sich keine Lösung ab. Daher geht es darum, die Ukraine in die Lage zu versetzen, die Russen zum Rückzug zu drängen und somit verhandlungsbereit zu machen, sodass sie ihr Maximalziel, die Zerschlagung und Unterwerfung der Ukraine, aufgeben.

Folgt man diesem Räsonnement, ist das Schwarzer-Wagenknecht-Manifest kritikwürdig: Es unterstützt ein Ende des Krieges auf Kosten der territorialen Integrität der Ukraine. Es schweigt zum russischen Ziel, die Ukraine auszulöschen, und zur unmenschlichen Gewalt Russlands in den besetzten Gebieten. Die evangelische Theologin Petra

Bahr, Mitglied des Deutschen Ethikrates, nannte den Text ein »Manifest der Unterwerfung«[69], das im Kern um deutsche Befindlichkeiten kreise, während der Aggressor Russland nicht adressiert und Kriegsverbrechen sowie der Überlebenskampf der Ukrainerinnen und Ukrainer vernachlässigt würden. So müssen sich die Autorinnen und Unterzeichnenden die Frage gefallen lassen, ob es ihnen wirklich um Frieden für die Ukraine geht oder darum, dass wir in Deutschland in Frieden gelassen werden. Die Bundesregierung wird im Manifest dazu aufgefordert, »Schaden vom deutschen Volk« abzuwenden. Sogar Putins Narrativ findet sich wieder, denn die Autorinnen suggerieren, dass der Westen die Situation durch Waffenlieferungen eskaliert und nicht etwa Russland durch seine Invasion der entscheidende Treiber ist. Diesen Eindruck verstärkte Wagenknecht, als sie im Februar 2023 beim »Aufstand für den Frieden« vor 13 000 Demonstranten die »Kriegstrommler« in der deutschen Regierung kritisierte und die deutsche »Rüstungslobby« und »Kriegsmaschinerie«[70] angriff. Ein Artikel in der Washington Post im April 2023 enthüllte gestützt auf Geheimdokumente aus dem Kreml, dass Russland versuche, Antikriegsstimmung in Europa zu schüren. In Deutschland gehe es darum, eine Koalition zwischen der deutschen Linken und der extremen Rechten zu unterstützen.[71] Die Washington Post sieht in den Dokumenten einen beispiellosen Beleg für die Versuche des Kremls, sich in die deutsche Politik einzumischen. Die russische Idee, eine Allianz zwischen Wagenknecht, der Linken und der Alternative für Deutschland (AfD) unter dem Banner einer neuen Friedensbewegung aufzubauen,[72] ist nur einer von vielen Wegen, mit denen Russland dieses Ziel verfolgt, die Interventionen häufen sich. Wagenknecht distanzierte sich gegenüber der Zeitung von dem Bericht, sie oder ihr Team seien nicht von russischen Beamten kontaktiert worden. Egal, ob unter russischem Einfluss oder nicht – rund um den Aufruf von Wagenknecht und Schwarzer ist aus der Linken ebenso wie aus der Ampelkoalition die Sorge gewachsen, dass die beiden Autorinnen eine sogenannte »Querfront« mit der rechtsradikalen AfD zimmern würden.[73]

Bereits vor einigen Jahren wurde in Deutschland die sogenannte Hufeisentheorie intensiv diskutiert, laut der extremistische Kräfte am linken und rechten Rand des politischen Spektrums mehr Gemeinsamkeiten verbinden als jeweils einzeln mit der demokratischen Mitte. Einem allzu engen politischen Schulterschluss mag entgegenstehen, dass die Partei Die Linke insgesamt keine demokratiefeindliche Partei ist, während die AfD unter Beobachtung des Verfassungsschutzes steht und als Koalitionspartner aus Sicht vieler Politiker:innen der gemäßigten Parteien auf absehbare Zeit nicht infrage kommt. Dennoch zeigen sich gerade mit Blick auf Deutschlands geopolitische Herausforderungen große Parallelen, etwa in der Haltung beider Parteien zu Russland, zum Ukraine-Krieg oder auch in ihrer ablehnenden Haltung gegenüber den USA. Es ist nicht auszuschließen, dass sich entlang dieser inhaltlichen Linien neue Dynamiken im deutschen Parteiensystem ergeben, durch eine engere Kooperation der politischen Ränder oder gar eine Parteineugründung.

Schrille Töne in der Strategiediskussion

Ungewöhnlich unsachlich und mitunter verletzend ist unterdessen die deutsche Debatte im Ringen um die richtigen Antworten auf Fragen von Krieg und Frieden geworden. Vieles von dem, was in sozialen Medien und mitunter auch im Fernsehen geboten wird, entspricht kaum mehr der traditionell sachlichen und am Ende konsensorientierten politischen Kultur Deutschlands. Martin Bialecki, Chefredakteur der Zeitschrift *Internationale Politik*, erklärt dies so: »Deutschland hatte in 16 Jahren Merkel die öffentliche Debatte – hart, sachlich, engagiert, fair – fast völlig verlernt. Nun musste es eine solche Kultur ausgerechnet in Kriegszeiten und unter großem Druck wieder hochfahren oder sogar ganz neu einüben.« Nach langen Jahren der Konsenspolitik, die immer wieder von der früheren Kanzlerin als »alternativlos« dargestellt wurde, katapultierte der Bruch im geopolitischen Umfeld Deutschland in eine Situation, in der eine sachliche, ernste – und auch kontroverse – geopolitische Debatte nicht nur angemessen, sondern für die neue Selbstverortung und das Mitnehmen der Öffentlichkeit notwendig ist.

Das Bundeskanzleramt tat sich – wohl unter dem Druck des Krieges, der Einschätzung von Eskalationsrisiken und der Erwartungen, die immer wieder an Deutschland herangetragen wurden – mit konträren Meinungen mitunter schwer. Auch Spannungen in der Regierungskoalition und unabgestimmte Positionen der Koalitionspartner mögen dazu beigetragen haben. Besonders sensible Themen waren in den ersten Kriegsmonaten Waffenlieferungen, ebenso wie die Diskussion um ein Öl- und Gasembargo gegenüber Russland. So kritisierte Bundeskanzler Scholz im Interview mit Anne Will[74] Ökonomen als »unverantwortlich«, weil sie »mit mathematischen Modellen« vorrechneten, dass Deutschland sich ein Öl- und Gasembargo leisten könne. Ohne das Gegenteil zu belegen, tat er die Forschungsergebnisse als »falsch« ab. Die Presse reagierte umgehend. »Scholz könnte mit Gewinn zuhören. Stattdessen kanzelt er die Wissenschaft […] ab«, kommentierte etwa Marc Beise in der Süddeutschen Zeitung.[75] Auch auf den Kanzleramtschef reagierte die Presse, der die sicherheitspolitische Debatte um Waffenlieferungen in Deutschland als »pubertierend« bezeichnete. Der Leopard-Panzer werde zu einer neuen Wunderwaffe stilisiert, deren Einsatz den Krieg in der Ukraine auf einen Schlag beenden solle, sagte Wolfgang Schmidt mit Verweis auf die im Dritten Reich eingesetzte Rakete V2. Die Regierungsspitze fühle sich »von engstirnigen Journalisten, profilierungssüchtigen Koalitionspartnern und überemotionalen Bündnispartnern vor allem in Osteuropa nicht verstanden und notorisch falsch interpretiert«, interpretierte Stephan Detjen im Deutschlandfunk. Sie sähen »sich selbst als nüchterne Strategen mit kühlen Köpfen«, müssten sich aber viel besser und frühzeitiger erklären.[76] Gerade in Zeiten der Unsicherheit, in Situationen mit unbekanntem Ausgang, die der Bevölkerung viel abverlangen, muss es zwischen Politik und Wissenschaft, in geschützten Räumen, aber auch in der Öffentlichkeit Diskussionen geben, die es erlauben, Argumente ausführlich zu entwickeln, zu bewerten und vielleicht auch wieder zu verwerfen, um die eigenen Sichtweisen zu schärfen und Optionen abzuwägen. In den Medien erhielt tiefe Expertise besonders im ersten Jahr des Krieges viel Aufmerksamkeit, sei es in militärischen, historischen, ökonomischen oder strategischen Fragen, um die Komplexität des Themas und die schwierigen Abwägungen auszuleuchten, die Deutschland treffen muss, nachdem Außen- und Sicherheitspolitik von vielen Medien und Agenturen über Jahre randständig platziert worden war. Doch ein Teil der Debatte sei »von extremer Unsachlichkeit und Boshaftigkeit gekennzeichnet, von der stupenden fachlichen Unkenntnis vermeintlicher Philosophen und von einer romantisierenden Friedenssehnsucht, die Frieden mit Unterwerfung verwechselt und mit vermeintlichen Argumenten das eigene Bedürfnis camoufliert, in Ruhe gelassen zu werden«, so Bialecki.

Dass nackte Fakten negiert oder sogar bekämpft werden, dass eine so wichtige Debatte so rasch abgedriftet ist und weiter fragmentiert, das ist in der Tat sehr beunruhigend. Umso wichtiger ist es, dass politische Entscheidungen klar und geduldig kommuniziert und vor allem Positionsänderungen der Regierung ausführlich erklärt werden – etwa warum schließlich doch Leopard-Panzer exportiert werden oder wie die erst als unmöglich erklärte schnelle Abkopplung von russischer fossiler Energie dann doch umgesetzt werden konnte. Angesichts der fortwährenden Präsenz russischer Propaganda und Desinformation in der deutschen Öffentlichkeit und im Nachgang zur Corona-Ära, während derer Verschwörungstheoretiker und andere Akteure die Wissenschaft abwerteten und alternative Narrative verbreiteten, muss der sachlichen Auseinandersetzung und der Art, wie entschieden wird, höchste Glaubwürdigkeit gegeben werden. Die deutsche Debatte ist breit, manchmal schrill, aber sie reift. Über viele Jahre hinweg wurde Deutschland, vor allem aus den USA oder auch Großbritannien und Frankreich, dafür kritisiert, dass es nicht nur zu wenig Verantwortung in der Welt übernehme, sondern vor allem keine strategische Kultur und Debatte habe. Diese entwickelt sich jetzt, zwar mit Stolperern, aber auf dem richtigen Pfad der wachsenden Verantwortungsübernahme.

Ein Krieg ohne kalkulierbares Ende

Durch das erste Kriegsjahr hindurch kreiste die deutsche Debatte immer wieder um die Frage, welches Ziel die Bundesregierung mit der militärischen Unterstützung der Ukraine überhaupt verfolgt. Auf den ersten Blick mag es offensichtlich erscheinen, dass es darum geht, die Ukraine darin zu unterstützen, den Krieg zu gewinnen gegen Russland, das ihre Existenz auslöschen will. Doch die Bundesregierung positionierte sich lange sehr vorsichtig. Bundeskanzler Scholz vermied den Satz »Die Ukraine muss den Krieg gewinnen« und hielt sich an die Formel »Die Ukraine darf den Krieg nicht verlieren, und Russland darf ihn nicht gewinnen«. Dabei sagte der Kanzler immer wieder, dass die Ukraine erfolgreich die russische Invasion beenden können müsse. Was mitunter wie ein Eiertanz anmutete, war sicherheitspolitische Vorsicht. Jedem Verdacht, dass Deutschland die Ukraine bei einem möglichen Angriff auf Russland unterstützen könnte, will der Bundeskanzler vorbeugen. Damit versucht er vermutlich eine weitere Provokation Putins zu vermeiden, zumal Deutschland mittlerweile Kampfpanzer in die Ukraine sendet. Putins Propagandamaschine machte aus dieser

Entscheidung wie erwartet sofort die Geschichte, dass nun wieder deutsche Panzer Russland bedrohten.

Ukrainer fragten immer wieder, ob Deutschland deshalb so langsam Waffen liefere, weil es eben nicht entschieden an ihrer Seite stehe. Erst der neue Verteidigungsminister Boris Pistorius, der 2023 unmittelbar nach seinem Amtsantritt erstmals an der Münchner Sicherheitskonferenz teilnahm, sprach dort den dringend und lang erwarteten Satz aus, den vor ihm kein SPD-Regierungsmitglied formuliert hatte: »Die Ukraine muss diesen Krieg gewinnen«. Damit stellte er sich auf die Seite der großen Mehrheit im deutschen Parlament, denn die Koalitionspartner Grüne und Liberale ebenso wie die Unionsfraktion unterstützten explizit den Sieg der Ukraine, genauso wie die USA, Polen, die drei baltischen Staaten und viele andere.

In welche Grenzen die Ukraine Russland zurückweisen soll, bleibt indes offen. Zu Beginn des Krieges sprach die ukrainische Führung von den Grenzen vor dem 24. Februar 2022 als Ziel ihres Rückeroberungskampfes. Später forderten ukrainische Politiker, dass Russland auch die Krim und den Donbas aufgeben müsse. Am 26. Februar 2023, ein Jahr nach Beginn der Invasion und neun Jahre nach der russischen Annexion der Krim, erklärte die US-Regierung: »Die Vereinigten Staaten erkennen die angebliche Annexion der Halbinsel durch Russland nicht an und werden dies auch nie tun. Die Krim ist Teil der Ukraine.«[77] Die Bundesregierung nimmt die grundsätzliche und richtige Position ein, dass die Entscheidung über territoriale Fragen allein bei der Ukraine liege. Das ist schon allein geboten, um das Land in seinem Kampf um seine Souveränität bestmöglich zu unterstützen und auf keine

Vorfestlegungen zu drängen, die später Kiew in seinem Verhandlungsspielraum einschränken. Allerdings muss gemeinsam darüber nachgedacht werden, welche Kompromisse für die ukrainische Seite unter welchen Bedingungen akzeptabel wären und welche Rolle ihre Unterstützer dabei spielen müssten, mit anderen Worten: wie eventuelle Sonder- und Übergangsregelungen für besetzte Gebiete, kombiniert mit Sicherheitsgarantien für die Ukraine, gestaltet werden könnten.

Offensichtlich führt Russland diesen Krieg, um sein Staatsgebiet und seinen Einfluss auszudehnen. Es führt ihn aber auch, um das Land im Inneren zusammenzuhalten. Der russische Premierminister und sehr enge Putin-Vertraute Dmitrij Medwedjew, der ihm einst den Präsidentensessel warmhielt, warnte nach einem Jahr Ukraine-Krieg:»Wenn Russland die militärische Spezialoperation beendet ohne einen Sieg, dann wird es Russland nicht mehr geben, es wird in Teile zerrissen.« In dem Satz zeigt sich die innere Schwäche Russlands: Imperien, die verlieren, können zerbrechen, wie nach dem Ersten Weltkrieg das Osmanische Reich und die Österreich-Ungarische Monarchie, und Fliehkräfte gibt es in Russland viele. Russland ist ein Vielvölkerstaat, in dem einige Bevölkerungsgruppen beziehungsweise Ethnien die Unabhängigkeit anstreben, etwa Tschetschenien, das ein weiteres Mal versuchen könnte, aus Russland auszubrechen, wenn die Führung in Moskau durch einen lang anhaltenden Krieg oder sogar eine Niederlage geschwächt ist. Zudem ist die Gesellschaft von großen Ungleichheiten zwischen Arm und Reich geprägt, der Entwicklungsabstand zwischen ländlichen Gebieten und Städten ist enorm. Auch im zweiten Jahr des Krieges scheint Putin unter Einsatz seiner Propagandamaschine derzeit im Inland noch Zustimmung für seine Politik zu bekommen, auch wenn es immer mehr Anzeichen gibt, dass mehr und mehr Menschen den Angriff und Putins Begründung dafür infrage stellen. Dies zeigt sich an Reaktionen auf die Massenmobilisierung, der teils in den Medien aufgeweichten Propagandalinie und an immer wieder bekannt werdenden Protestäußerungen in sozialen Medien, die noch nicht komplett durch den Staat kontrolliert sind. Der Putschversuch des Chefs der Wagner-Gruppe Jewgeni Prigoschin im Juni 2023 war die bislang gefährlichste Herausforderung für Putins Regime. Selbst wenn es Prigoschin nicht gelang, das russische Volk für einen Marsch auf den Kreml zu mobilisieren, lässt sich daraus nicht ableiten, die Bevölkerung unterstütze Putin. Angesichts der menschlichen, sozialen und ökonomischen Kosten des Krieges wachsen die Spannungen im Land und könnten sich im Falle einer Niederlage und bei einer weiteren Auszehrung seiner Kraft, mit der Putin sein Machtsystem und die Kontrolle im Land aufrechterhält, entladen. Dies könnte zu innerem Chaos in Russland, gefährlicherer Unberechenbarkeit und möglicherweise gar zu einer Abspaltung einiger Provinzen des Landes führen.

Russland wird Europa als gefährliche Herausforderung auf dem Kontinent auf lange Zeit erhalten bleiben. Daraus folgt für Europa, dass es auf absehbare Zeit mehr in die Stabilität in seiner östlichen Nachbarschaft investieren muss, zumal die USA ihr Engagement angesichts strategischer Sicherheitsinteressen in Asien Schritt für Schritt reduzieren dürften.

4
Europäische Überraschungen, europäische Verwundbarkeit

Der Krieg stellte nicht nur die deutsche, sondern auch die europäische Politik auf den Kopf. Von der Aufnahme ukrainischer Flüchtlinge über finanzielle und militärische Unterstützung für ihr kriegsgebeuteltes Land, Sanktionen gegen Russland und eine energiepolitische Kehrwende, mehr Schutz für die wirtschaftliche Sicherheit Europas und eine wiederbelebte Erweiterungspolitik – in den Jahren 2022 und 2023 ist europapolitisch viel geschehen, was ein Jahr vorher noch undenkbar gewesen wäre. Die EU-Regierungen reagierten auf den Angriffskrieg in enger Abstimmung, auch mit den NATO-Partnern und mit anderen Unterstützern der Ukraine wie etwa Japan und Australien. Ihr Blick hat sich geweitet und geht nun deutlich über die Europäische Union und ihre 27 Mitglieder hinaus. An Stabilität, Sicherheit und Zusammenhalt wird, so schwierig es auch ist, zunehmend für den gesamten Kontinent gearbeitet – aber unter Ausschluss von Russland und Belarus.

Geschlossene Ränge

Der politische Westen erscheint dadurch geeint wie selten zuvor, was sich unter anderem an einer eng über den Atlantik hinweg koordinierten Sanktionspolitik zeigt. Zum ersten Jahrestag des Invasionsbeginns brachte die EU ihr elftes Paket auf den Weg. Die Pakete ergänzen die Sanktionen, die bereits seit 2014 als Reaktion auf die Annexion der Krim und die Nichtumsetzung der Minsker Vereinbarungen gegen Russland verhängt worden waren. Auch Belarus wird aufgrund seiner Unterstützung der Invasion sanktioniert, ebenso wie der Iran wegen der Lieferung von Drohnen an Russland.

Die Sanktionen gegen Russland umfassen Wirtschafts- und Finanzsanktionen, individuelle Sanktionen sowie Visaeinschränkungen. Insbesondere Erstere sollen Russland die Möglichkeit nehmen, den Krieg weiterzuführen – und sie zeigen langsam, aber sicher Erfolge. So gingen die russischen Einnahmen aus Öl- und Gasexporten im Herbst 2022 um 20 Prozent gegenüber dem Vorjahr zurück. Die Automobilindustrie, die direkt oder indirekt in Russland 3,5 Millionen Arbeitsplätze geschaffen hat, brach 2022 um zwei Drittel ein.[78] Gleichzeitig verschlechtert sich der Lebensstandard der Bevölkerung, nicht nur weil das Warenangebot deutlich zurückgegangen ist. Die von der russischen Zentralbank analysierte wahrgenommene Inflation lag im Herbst 2022 bei 16 Prozent.[79] Dass die russische Volkswirtschaft nicht schneller zusammengeklappt ist, sagt weniger über das Potenzial der Sanktionen aus als über die Tatsache, dass Putin eine Gegenwehr des politischen Westens antizipiert und das Land entsprechend vorbereitet hat. Seit 2014 hat Russland seine Wirtschaftsbeziehungen mit Asien, vor allem mit China, intensiviert und erhebliche Finanzreserven angehäuft. Seit der Annexion der Krim hat der russische Präsident versucht, die Abhängigkeit von Importen durch die Entwicklung der heimischen Industrie und auch des Agrarsektors zu verringern, und gleichzeitig die Handelsbeziehungen mit China, Iran und anderen Staaten ausgebaut.

Um die Versorgung mit technologischen Gütern, die seit 2022 immer stärker sanktioniert werden, aufrechtzuerhalten, bemüht sich der Kreml zudem um engere Wirtschaftsbeziehungen etwa mit der Türkei oder dem Iran. Parallel wurden Desinformationskampagnen verstärkt, die den scheinbaren Misserfolg westlicher Sanktionen propagieren, um die Stimmung im In- und Ausland zu beeinflussen. Der russische Repressionsapparat greift brutal gegenüber Protestierenden ein, sodass das persönliche Risiko für Russ:innen sehr hoch ist, ihrem Unmut über den Krieg, Wohlstandseinbußen, etwa eine rapide sinkende Kaufkraft und Versorgungsengpässe, Luft zu machen.

Die finanzielle Unterstützung für die Ukraine ist neben den Sanktionen ein weiterer Erfolg Europas als Antwort auf Russlands Krieg. Zusätzlich zu Geldern und der Lieferung von militärischem Material direkt von den Mitgliedstaaten mobilisierte die EU allein im ersten Kriegsjahr 67 Milliarden Euro, davon 37,8 Milliarden Euro für Wirtschaftshilfe, 17 Milliarden Euro für Flüchtlinge und zwölf Milliarden Euro in Form von militärischer Unterstützung. Einen besonderen Stellenwert nehmen auch die Katastrophenhilfe und die humanitäre Hilfe ein, um der Bevölkerung möglichst umfassende Unterstützung zukommen zu lassen – und der Flüchtlingsschutz. Im März 2022 aktivierte die EU zunächst für zwei Jahre einen Notfallmechanismus, die »Richtlinie über den vorübergehenden Schutz«, um Vertriebenen EU-weit harmonisierte Rechte für Aufenthalt, medizinische Versorgung, Zugang zu Wohnraum und zum Arbeitsmarkt, Sozialhilfen und Bildung für Kinder zu sichern. EU-Staaten und ihre Nachbarn, die besonders viele Flüchtlinge aufgenommen haben, wie etwa Polen oder die Republik Moldau, werden von der EU in dieser Aufgabe unterstützt. Allerdings benötigen die wichtigsten Aufnahmestaaten und insbesondere ihre Kommunen dringend zusätzliche Hilfe, um die Flüchtlinge angemessen aufnehmen und betreuen zu können, wobei dem Schutz der Kinder eine besondere Rolle zukommt.

Über die humanitäre, finanzielle und militärische Unterstützung der Ukraine und ihrer Bevölkerung hinaus hat die EU bereits im ersten Kriegsjahr damit begonnen, den Wiederaufbau der Ukraine zu planen und zu unterstützen. Polen und Schweden richteten bereits am 5. Mai 2022 eine internationale Geberkonferenz für die Ukraine aus. Mit ihr begann der Aufbau eines Treuhandfonds für die Ukraine, der kurzfristig humanitäre Hilfe und den aktuellen Liquiditätsbedarfs der Ukraine decken und langfristig Mittel für den Wiederaufbau bereitstellen soll. Seit Januar 2023 existiert darüber hinaus eine Koordinierungsplattform, um internationale Geber und Finanzinstitute zusammenzuführen und Transparenz bei der Unterstützung zu gewährleisten.

Die EU kümmert sich angesichts der neuen geopolitischen Lage nun endlich mit deutlich größerem Nachdruck um ihre Energiesicherheit. Die Europäische Kommission hat dafür im Mai 2022 den REPowerEU-Plan vorgelegt. Dieser hat drei Komponenten, die mit nationalen Maßnahmen abgestimmt sind: Energie sparen, die grüne Transformation voranbringen und die Energieversorgung diversifizieren. Die neuen geopolitischen und energiewirtschaftlichen Rahmenbedingungen erfordern eine drastische Beschleunigung des Übergangs zu erneuerbarer Energie und eine größere Energieunabhängigkeit Europas von unzuverlässigen Lieferanten und von fossilen Brennstoffen. Darüber hinaus investiert die EU in neue Energieinfrastruktur und in ein neues Energiesystem – und denkt dabei auch zunehmend an ihre Nachbarn und mögliche künftige Mitglieder. Die Initiative REPower-Ukraine etwa soll die Energieversorgung im Land während des Krieges sicherstellen und den Wiederaufbau des ukrainischen Energiesektors nach dem Krieg vorbereiten. Unterstützt wird eine tiefere Integration des Stromhandels der EU mit der Ukraine und Moldau sowie eine Sicherstellung des Rückflusses von Gas in die Ukraine über die Slowakei, Ungarn und Polen und nach Moldau und in die Ukraine über Rumänien durch die Transbalkan-Pipeline. Ein sehr wichtiger Erfolg ist zudem die freiwillige Gaseinkaufsplattform der EU, die auch für die Ukraine, Moldau, Georgien und die westlichen Balkanstaaten geöffnet wurde.

Mit diesen energiepolitischen Maßnahmen hat die EU endlich, acht Jahre nach der Annexion der Krim, Maßnahmen umgesetzt, die schon damals als sinnvoll identifiziert worden waren, um die Energiesicherheit der EU und ihrer östlichen und südöstlichen Nachbarn sicherzustellen. Wieder einmal brauchte es eine tiefere Krise, noch gewaltiger als die russische Intervention auf der Krim und im

Donbas seit 2014, um wichtige geopolitische Schritte einzuleiten.

Trotz dieser politischen Erfolge im ersten Jahr des Krieges ist Vorsicht geboten, denn die Einigkeit innerhalb der EU, in der NATO und auch der G 7 kann ins Wanken geraten. Die möglichen Gründe hierfür sind vielfältig: die Länge des Krieges und eine im Westen eintretende Unterstützungsmüdigkeit, eine Ausdehnung oder Eskalation des Krieges in der östlichen Nachbarschaft oder gar eine Weiterentwicklung des zunächst regionalen Konflikts auf eine breitere Auseinandersetzung zwischen Demokratien und Autokratien.

Mittel- und Osteuropa packen zu

Verändert haben sich nicht nur die politischen Antworten, zu denen die Europäische Union sich nach Russlands Angriff auf die Ukraine durchgerungen hat. Verschoben hat sich auch das Binnenverhältnis zwischen den Mitgliedstaaten. Deutschlands Nachbarn in Mittel- und Osteuropa sind zum ersten Mal seit 1989 nicht nur im Zentrum einer großen Krise, sondern haben in der EU und der NATO eine starke Stimme entwickelt. Sie haben den Großteil der rund acht Millionen ukrainischen Kriegsflüchtlinge aufgenommen, sie haben schon lange vor einer russischen Bedrohung gewarnt und haben sich früh für umfassende Hilfslieferungen für Kiew eingesetzt. Erfolgreich haben sie in Brüssel für weitreichende Maßnahmen in den Bereichen Verteidigung, Sicherheit und Energie geworben. Die tschechische EU-Ratspräsidentschaft hat im zweiten Halbjahr 2022 viel bewegt: Vom ersten Treffen der Europäischen Politischen Gemeinschaft über den Energiepreisdeckel, einen gemeinsamen Gaseinkauf und Solidaritätsbekundungen im Falle von Unterbrechungen der Gasversorgung hat das vergleichsweise kleine Land in einer Krisensituation seinen Ratsvorsitz effektiv wahrgenommen. Trotz dieser Erfolge blieben die Verhandlungen Anfang Dezember 2022 über finanzielle Unterstützung für die Ukraine weitgehend ergebnislos, da ein einzelner Staat, das durch den illiberalen, rechten Politiker Viktor Orbán geführte Ungarn, ein Hilfspaket zur Finanzierung von Ärztegehältern und Renten, blockierte.

Auf nationaler Ebene haben mit Ausnahme von Ungarn alle mittel- und osteuropäischen Regierungen finanzielle und militärische Hilfe und praktische Unterstützung für die Ukraine auf den Weg gebracht, die den Einsatz mancher westeuropäischen Staaten in den Schatten stellen. Die drei kleinen baltischen Staaten Estland, Lettland und Litauen etwa leisten relativ gesehen für die europäische Antwort in der Krise viel mehr, als ihr Anteil am BIP der EU ausmacht.

Die Ministerpräsidentin Kaja Callas aus Estland und die bis Mai 2023 amtierende finnische Ministerpräsidentin Sanna Marin etwa wurden zu starken Stimmen in der sicherheitspolitischen Debatte Europas und fanden weit außerhalb ihrer eigenen kleinen Staaten Gehör. Sie haben immer wieder die größeren EU-Mitglieder rhetorisch unter Druck gesetzt, damit diese eine klarere Haltung gegenüber Russland einnehmen und ihr Möglichstes zur Unterstützung der Ukraine tun. Die Slowakei lieferte bald nach Kriegsbeginn ihre gesamte Flugabwehr an die Ukraine und vertraut seither auf deutschen und amerikanischen Schutz. Der Osten Polens in unmittelbarer Nähe der ukrainischen Grenze wurde zum Umschlagplatz für humanitäre Hilfslieferungen und zur Erstanlaufstelle für Tausende geflüchteter Ukrainer:innen und von Helfer:innen, die sich spontan auf den Weg in Richtung der ukrainischen Grenze machten, mit Spenden im Gepäck oder um Flüchtlinge abzuholen. Diejenigen Staaten, die sich in geografischer Nähe zur Ukraine und zu Russland befinden, haben an Glaubwürdigkeit gewonnen und werden jetzt endlich gehört, nachdem ihre Bedrohungswahrnehmungen und Sicherheitsinteressen über Jahre insbesondere von Deutschland ignoriert wurden. Das gilt insbesondere für die frühen Warnungen aus dem Baltikum und aus Mittel- und Osteuropa, dass der Bau der Nord-Stream-2-Pipeline nicht nur wirtschaftliche Interessen der östlichen Nachbarn verrate, sondern ein erhebliches Sicherheitsrisiko darstelle. Heute nun erscheint es mitunter so, als hätte sich in der europäischen Debatte das Zentrum Europas nach Nordosten verschoben. Diese Wahrnehmung ist zwar auch Ausdruck der fehlenden Dynamik im deutsch-französischen Verhältnis und unter den anderen westeuropäischen Staaten. Doch unter dem Druck des Krieges und mit der späten, schmerzhaften Bestätigung, dass ihre Risikoanalyse hinsichtlich Russland richtig war, setzen Mittel- und Osteuropäer sowie die Skandinavier den Ton viel stärker als zuvor – berechtigterweise.

Das Gleichgewicht in Europa verändert sich auch wirtschaftlich, und dies seit einigen Jahren. Knapp 20 Jahre nach ihrem Beitritt hat das Pro-Kopf-Einkommen der Mittel- und Osteuropäer sowie der Balten aufgeholt: Tschechien hat Spanien überholt, Polen liegt vor Portugal.

Der wirtschaftliche Aufholprozess der Mittel- und Osteuropäer schlägt sich jedoch erst jetzt, angesichts des Krieges und der großen Verantwortungsübernahme der mittelgroßen und kleinen Staaten, in einem größeren politischen Gewicht nieder. Künftige EU-Beitritte, etwa der Ukraine oder der Republik Moldau ebenso wie der Westbalkan-Staaten, werden zumindest das stimmenmäßige Gewicht innerhalb der EU weiter nach Osten und Südosten verschieben. Ob von diesen Staaten anders als in den vergangenen zwei Jahrzehnten auch europapolitische Impulse ausgehen, wird sich zeigen. In jedem Fall bekommt die traditionell westliche Sicht auf das Integrationsprojekt, seine Ausgestaltung und Prioritäten eine andere Tönung.

In Polen und im Baltikum, in der Slowakei und in der Tschechischen Republik ist die gefühlte Nähe zu den Ukrainer:innen sehr viel größer als in anderen EU-Staaten. Schaut man aus Warschau, Tallinn, Riga, Vilnius, Prag oder Bratislava nach Kiew, sieht man dort gar die geistige Hauptstadt der europäischen Ideale, in einem Land, das sich zwar später als die heutigen mittel- und osteuropäischen EU-Mitglieder, aber mit vergleichbarer Verve seine Freiheit nach dem Fall des Eisernen Vorhangs erkämpft hat. Die Erinnerung ist frisch: Die Ukraine wurde im Jahr 2014 Opfer des ersten russischen Angriffs als Reaktion auf die proeuropäische Maidan-Bewegung, mit der sich die ukrainische Bevölkerung auf der Straße gegen den russlandgestützten Machthaber Wiktor Janukowytsch zur Wehr setzte und für die Unterzeichnung des Assoziierungsabkommens mit der EU eintrat. Über 100 der Demonstrierenden, die sogenannte »Himmlische Hundertschaft«[80], bezahlten dies damals mit dem Leben. Heute kämpft die Ukraine erneut: gegen eine russische Invasion, und dieses

Mal kämpft sie nicht »nur« um ihre Freiheit, sondern um die Bewahrung der Existenz ihres Staates.

Was Putin nicht erwartet haben mag

Die geopolitischen Verschiebungen durch den Krieg haben in Europa nicht nur zu größerer Unterstützung für die Ukraine geführt, sondern verändern Schritt für Schritt die geopolitische Aufstellung auf dem Kontinent. Putin wollte den Westen schwächen, heute steht ihm politisch wie in verteidigungspolitischer Hinsicht ein stärkerer Westen gegenüber.

So wächst Polen Schritt für Schritt an der Ostflanke Europas zu einem relevanten sicherheits- und verteidigungspolitischen Spieler auf, auch wenn sein Verteidigungsetat unter einem Viertel des deutschen liegt: Warschau investiert in seine Armee, die angesichts der russischen Bedrohung mit 300 000 Mann die größte in der EU werden soll.

Die USA haben, wie von Polen seit Langem gewünscht, ihre militärische Präsenz in Polen verstärkt, indem sie innerhalb weniger Monate die Anzahl ihrer NATO-Truppen auf 10 500 verzehnfacht haben. Die Truppe umfasst Mitglieder der 82. Luftlandedivision der US-Armee, die derzeit der größte Verband ihrer Art weltweit ist. Diese Truppen sind etwa 100 Kilometer von der ukrainischen Grenze entfernt im Ort Rzeszów stationiert. Zudem stationieren die USA erstmals permanent Truppen an der östlichen Flanke der NATO: Das V. US-Korps wird ein Hauptquartier in Polen einrichten. In Reaktion auf Russlands Interventionen in der Ukraine schickten die USA bereits 2017 86

Kampfpanzer und 144 Schützenpanzer nach Polen. Darüber hinaus sind US-Einheiten in Danzig an der Ostsee stationiert, gegenüber der russischen Exklave Kaliningrad.[81] Der Chef der rechtsnationalen Partei Recht und Gerechtigkeit (PiS) Jarosław Kaczyński hat darüber hinaus die Stationierung von US-amerikanischen Atomwaffen in Polen vorgeschlagen.[82] Das Motiv der Polen ist klar: Die Stärkung der konventionellen und nuklearen Abschreckung durch die USA verspricht höhere Sicherheit gegenüber Moskau. Noch haben die USA sich nicht offiziell zu der Idee geäußert, aber bei einer Intensivierung oder Ausdehnung von Russlands Krieg im Osten Europas dürfte die Diskussion über eine Ausweitung der nuklearen Teilhabe auf die NATO-Ostflanke weitergehen.

Nicht nur militärisch, auch politisch rauft sich der europäische Kontinent zusammen, um gegenüber Russland möglichst stark aufzutreten. Im Juni 2023 trafen sich 45[83] Staats- und Regierungschefs zum zweiten Mal seit Kriegsbeginn beim Gipfel der Europäischen Politischen Gemeinschaft – ohne Russland und Belarus. Bei diesen von Emmanuel Macron vorgeschlagenen Treffen sprechen die Chefs miteinander über strategische Fragen, Energiesicherheit, Cyberbedrohungen und ähnlich Drängendes. Im Sommer 2023 war Maia Sandu, die Präsidentin der Republik Moldau, Gastgeberin des zweiten Gipfels – allen Sicherheitsbedenken und logistischen Schwierigkeiten zum Trotz. Die Hauptstadt Chișinău hat für diese große Anzahl von Delegationen weder ausreichend Hotelzimmer, noch verfügt der kleine Flughafen über die erforderliche Start-, Lande- und Parkkapazität für einen so großen Gipfel. Doch fand Sandus Team mit Unterstützung hilfsbereiter Nachbarn pragmatische Lösungen, um einen Tag lang Gastgeber für Europa zu sein. Die Staats- und Regierungschefs schickten aus Chișinău ein starkes Signal in Richtung Moskau. Der Gipfel in Moldau, Europas zweitärmstem Land und EU-Beitrittskandidat, das Putin wie die Ukraine zerstören und sich eingemeinden will, bestätigt: Europa organisiert sich angesichts der russischen Aggression neu. Putin steht ein zunehmend strategisch abgestimmter Kontinent gegenüber.

Zum ersten Mal war die Europäische Politische Gemeinschaft im Oktober 2022 zusammengetreten, am Rande des informellen Treffens des Europäischen Rates in Prag. Damals sprachen die europäische Staats- und Regierungschefs über die neue geopolitische Situation, loteten Kooperationen aus und kamen zu vertraulichen Gesprächen zusammen, was angesichts der zunehmenden Konflikte in der Region zwischen manchen Staaten viel schwieriger und umso wichtiger geworden ist. Dies gilt etwa für politische Kontrahent:innen wie den serbischen Präsidenten Aleksandar Vučić und die Präsidentin des Kosovo Vjosa Osmani, sowie den türkischen Präsidenten Recep Tayyip Erdoğan, der den armenischen Premierminister Nikol Pashinyan traf. In Prag kam es auch zum ersten Gipfeltreffen zwischen dem Vereinigten Königreich und den EU-Ländern seit dem Brexit. Dieses Treffen war längst überfällig, denn schließlich ist Großbritannien ein wichtiges NATO-Mitglied und ein sehr wichtiger Partner für die EU. Der dritte Gipfel wird im Hebst 2023 in Madrid stattfinden, und das Vereinigte Königreich wird für 2024 zum vierten Gipfel der Europäischen Politischen Gemeinschaft nach London einladen. Es unterstreicht damit, wie wichtig die kontinentale Zusammenarbeit über die EU hinaus geworden ist.

Osten und Westen in der EU

In der Vergangenheit waren mittel- und osteuropäische Regierungen und die Entwicklungen in ihren jeweiligen Staaten nur sehr selten im Zentrum der europäischen Aufmerksamkeit. Zu einer der wenigen Ausnahmen gehört die polnisch-schwedische Initiative im Jahr 2009 zur Gründung der »Östlichen Partnerschaft«, die die EU-Politik gegenüber den sechs östlichen Nachbarn Ukraine, Moldau, Georgien, Belarus, Armenien und Aserbaidschan in Richtung Assoziation und Integration beschleunigen sollte.

Die Herausforderungen, die Europa in den vergangenen zwei Jahrzehnten beschäftigt haben, gingen in ihren Konsequenzen am östlichen Teil der EU zwar nicht vorbei, aber die Antworten wurden maßgeblich westeuropäisch gestaltet. So spielte sich die Krise der Eurozone vor allem in Südeuropa ab, die Antwort darauf wurde maßgeblich von Deutschland, den europäischen Institutionen und dem Internationalen Währungsfonds gestaltet, während ost- und nordeuropäische Staaten den umfangreichen Rettungspaketen sehr kritisch gegenüberstanden. Sie selbst hatten als frühere Opfer der aus den USA über den Atlantik in die EU gespülten Finanzkrise ihrer Wahrnehmung nach in den Jahren 2008/2009 weniger Unterstützung bekommen. Auch die europäische Reaktion auf Russlands Angriff auf die Ukraine im Jahr 2014 wurde von Frankreich und Deutschland angeführt, Polen bekam keinen Platz im Normandie-Format. Die Kritik der Mittel- und Osteuropäer, dass die Sanktionen gegenüber Russland zu schwach ausfielen und künftige Übergriffe nicht abschrecken würden, fanden kein Gehör. In der Migrationskrise 2015/16 wurden sie als Verhinderer abgetan, als sie ein europäisches Quotensystem blockieren wollten. In der entsprechenden Ratsentscheidung wurden sie mit qualifizierter Mehrheit überstimmt. Die Episode hatte Folgen: Die Regelung hatte so wenig Rückhalt, dass sie nie umgesetzt wurde, was die Glaubwürdigkeit von EU-Gesetzen untergrub und gleichzeitig zwischen West und Ost die Atmosphäre so belastete, dass die kritischen Mittel- und Osteuropäer von manchen fortan als Sturköpfe abgetan wurden. Der Covid-Wiederaufbaufonds wurde von den französischen und deutschen Finanzministern entworfen und gegen den Widerstand der sogenannten »Hanseatischen Liga«, einer Gruppe aus acht nord- und osteuropäischen Staaten[84], durchgesetzt.

Diese Ereignisse bestätigten die in den drei Jahrzehnten seit dem Ende des Kalten Krieges tief verwurzelte Sicht in mittel- und osteuropäischen Hauptstädten. Demnach ist der Kern Europas, in dem Entscheidungen getroffen werden, nach wie vor ein uralter, karolingischer mit Frankreich und Deutschland im Zentrum und mit den anderen EU-Gründungsstaaten Belgien, den Niederlanden und Luxemburg im direkten politischen Dunstkreis. Italien, als sechster EU-Gründungsstaat, findet sich nunmehr in vielerlei Hinsicht weiter vom Kern entfernt, denn trotz wiederholter Versuche, die Beziehung zu beleben, hat sich weder zu Frankreich noch zu Deutschland ein über die Jahre besonders enges und vertrauensvolles bilaterales Verhältnis entwickelt. Der Austritt Großbritanniens aus der EU und der darauffolgende relative Machtgewinn des deutsch-französischen Kerns verstärkte diesen Eindruck in Mittel- und Osteuropa, auch wenn Deutschland und Frankreich ihre Führungsrolle seit einigen Jahren kaum mehr wahrnehmen.

Für die neuen EU-Mitglieder in Mittel- und Osteuropa ging es vor und nach ihrem Beitritt in die EU darum, das Modell Westeuropas nachzuahmen und sich anzupassen. Weil dieses Bestreben vor allem aus einer Situation der sozioökonomischen Schwäche heraus getrieben war, motivierte es viele junge Menschen aus Mittel- und Osteuropa zur Abwanderung in den Westen der EU.[85] Immer wieder verweisen Mittel- und Osteuropäer darauf, dass etwa der Posten an der Spitze der Europäischen Kommission auch 20 Jahre nach der Osterweiterung weiterhin fest in westeuropäischer Hand ist. Viele Menschen aus Mittel- und Osteuropa fühlen sich auch zwei Dekaden nach ihrem EU-Beitritt noch marginalisiert, wofür es sozioökonomische, politische und demografische Gründe gibt. Diese ist neben der Nord-Süd-Spaltung und anderen Grüppchenbildungen eine der Spannungslinien, die die Europäische Union bei kurzfristigen Entscheidungen ebenso wie bei der langfristigen Gestaltung ihrer eigenen Zukunft beschäftigt. Der ständige Interessenausgleich gehört zur europäischen Politik von jeher dazu. In einem konfliktreicheren internationalen Umfeld, unter größeren Spannungen innerhalb und zwischen Staaten und bei gezielter externer Intervention, um die Differenzen zwischen Mitgliedstaaten auszuspielen, kann diese Situation jedoch die so dringend notwendige Handlungsfähigkeit der EU einschränken.

Deutschlands Rolle

Seit der Osterweiterung im Jahr 2004 hat sich Deutschland gerne als Brücke zwischen Ost und West positioniert: Es hat ein enges Verhältnis mit Frankreich auf der einen Seite und gleichzeitig politisch und wirtschaftlich enge Kontakte zwischen Deutschland und den östlichen Nachbarn. Wie kein anderer EU-Staat zog Deutschland wirtschaftlichen Nutzen aus der EU-Osterweiterung, indem es enge Wirtschaftsbeziehungen mit den Nachbarn aufbaute, die teils zur billigen Werkbank erfolgreicher Weltklassespieler unter den deutschen Großunternehmen und des deutschen Mittelstands wurden. Gleichzeitig war und ist Deutschland der größte EU-Nettozahler, und in den ersten zwei Jahrzehnten nach der Osterweiterung profitierten die neuen EU-Mitglieder deutlich von Geldtransfers aus den europäischen Töpfen, insbesondere aus den EU-Strukturfonds. Deutschland konnte sich auf diese Weise als direkter Förderer der östlichen Nachbarländer fühlen und daraus einerseits eine Verantwortung, aber andererseits auch einen gewissen Führungsanspruch ableiten, wenngleich die Gelder natürlich über den EU-Haushalt ausgezahlt wurden und das Konzept der Nettozahler und -empfänger selbst hoch umstritten ist. Denn gerade im Falle Deutschlands ist klar, dass seine Vorteile aus der EU-Mitgliedschaft nicht in eventuellen Rückflüssen aus dem europäischen Haushalt liegen, sondern vielmehr darin, dass der Binnenmarkt und weitere wirtschaftliche Rahmenbedingungen dem Land wirtschaftliche Stabilität und Wachstumschancen verschaffen, die weit über den Beitrag zum EU-Budget hinausgehen.

Die Zeiten, in denen Deutschland in Mittel- und Osteuropa sowie im Baltikum als Partner, Vertrauter und auch Advokat gegenüber südeuropäischen Interessen gesehen wird, sind allerdings eindeutig vorbei. SPD-Parteichef Lars Klingbeil begründet den »massiven Vertrauensverlust« damit, dass Deutschland »die Interessen und Perspektiven [der] ost- und mitteleuropäischen Partner nicht ausreichend berücksichtigt«[86] habe. Auch in den skandinavischen Staaten, die oft als natürliche Partner Deutschlands angenommen werden, hat sich der Blick auf Berlin stark verändert. »Deutschland gilt zwar noch immer als wichtigster Partner innerhalb der EU, aber das Ausmaß deutscher Politikfehler in der Merkel-Ära, vor allem in der Energiepolitik, sind deutlich zutage getreten«.[87] Die Folgen für Europa seien gravierend. Deutschland wird von seinen EU-Partnern nicht nur eine kurzsichtige und egoistische Energiepolitik vorgeworfen, sondern auch, dass die Bundesregierung die Möglichkeit eines erfolgreichen Widerstands der Ukraine gegen die russische Invasion unterschätzt habe. Eerik-Niiles Kross, Parlamentsabgeordneter und früherer Geheimdienstchef Estlands, fasste in ein einprägsames Bild, was viele mittel- und osteuropäische Staaten über die wichtigsten NATO-Mächte dachten, als Russland in der Ukraine einmarschierte: »Biden, Scholz und Macron haben alle ihr Hemd gebügelt, um sich auf die Verhandlungen [mit Putin] vorzubereiten.«[88] Nach Ansicht vieler osteuropäischer Beobachter erklärt Deutschlands erneute Fehleinschätzung zu Beginn des Krieges, warum es sich bei Waffenlieferungen erst vergleichsweise spät bewegt und nach der Zeitenwende die angekündigten Maßnahmen im ersten Jahr nicht umgesetzt habe, wodurch der Eindruck entstanden sei, es wolle lieber den Kontakt mit einem möglicherweise bald siegreichen Wladimir Putin offenhalten, statt durch militärische Unterstützung der Ukraine klar Stellung zu beziehen. Die Angst, dass Scholz und Macron, gemeinsam mit Biden, über die Köpfe der Osteuropäer hinweg mit Putin Fakten schaffen könnten, hat sich lange gehalten. Bis heute hinterlässt sie Spuren, obwohl die Bundesregierung die dann doch getroffenen Unterstützungszusagen erfüllt und die größere Präsenz deutscher Politiker und Politikerinnen in Mittel- und Osteuropa, inklusive der Ukraine, die Situation verbessert hat. Weiteres politisches Engagement von Berlin, gerade gegenüber dem wichtigen und komplizierten Nachbarn Polen, um den Zusammenhalt zwischen Ost und West wieder zu kitten, wird nötig sein. Gleiches gilt für Paris. Frankreich hat seine Haltung gegenüber Mittel-, Ost- und Südosteuropa verändert. Traditionell war Frankreich ein erweiterungsskeptisches Land, das etwa im Beitritt der mittel- und osteuropäischen Staaten im Jahr 2004 vor allem einen relativen Machtverlust für Frankreich sah, in einer EU, die damals von 15 auf 25 Staaten anwuchs. Frankreich hat nie ein enges Verhältnis zu den neuen EU-Mitgliedern aufgebaut. Wenn Berlin etwa das sogenannte »Weimarer Dreieck«, ein Regierungsformat für Frankreich, Polen und Deutschland, einberufen wollte, musste man Paris oft zum Jagen tragen. Aber bereits in seiner ersten Amtszeit von 2017 bis 2022 investierten Emmanuel Macron und seine Europaminister:innen vergleichsweise viel Zeit in Reisen in den Osten der EU. Solide Arbeitskontakte waren das Ergebnis, wenngleich von Freundschaft oder gemeinsamen Initiativen noch nicht die Rede sein kann. Macrons verschiedene europapolitische Initiativen blieben von den mittel- und osteuropäischen Staaten weitgehend unbeantwortet. Mit Beginn des Krieges hat sich die französische Position weiter verändert. Angesichts der neuen geopolitischen Lage befürwortet Macron den EU-Beitritt der Ukraine und der Republik Moldau ebenso wie den der Westbalkan-Staaten, die teilweise bereits ihren Beitritt verhandeln.

Allerdings denkt Paris dabei nicht nur in Schwarz-Weiß-Kategorien zwischen Vollmitgliedschaft und Kandidatenstatus. Um die harte Linie zwischen drinnen und draußen aufzuweichen, regte Macron immer wieder an, flexibler über die Einbindung von Nicht-EU-Staaten in EU-Politiken nachzudenken, und machte dazu zunächst Vorschläge zur Veränderung des Beitrittsprozesses. Entsprechend schlug er die Bildung der Europäischen Politischen Gemeinschaft vor, die in einer neuen geopolitischen Situation Europa als Kontinent zusammenbringt. Die Symbolkraft des zweiten Treffens in der Hauptstadt des EU-Beitrittskandidaten Moldau, demjenigen demokratischen Staat in Europas Nachbarschaft, der nach der Ukraine den meisten Druck Russlands zu spüren bekommt, war stark. Das Signal an Putin ist deutlich: Die Europäer finden sich auf kontinentaler Ebene zusammen, um dem russischen Kriegstreiber eine möglichst starke und große Gemeinschaft entgegenzusetzen.

Deutsch-französische Versäumnisse

Wenngleich Deutschland und Frankreich neuerdings beide offiziell zu den Erweiterungsbefürwortern gehören, den Kandidatenstatus der Ukraine und Moldaus unterstützt haben und die Erweiterung der EU mit ihrer Vertiefung verknüpfen wollen, liegen die beiden größten Staaten in anderen relevanten Punkten einmal mehr auseinander. Berlin war von der Idee der Europäischen Politischen Gemeinschaft zunächst nicht begeistert, sondern sah sie als unnötiges, zusätzliches Format außerhalb des EU-Rahmens an, in dem vor allem zwischen Regierungen und ohne den oft heilsamen Impetus der EU-Institutionen gearbeitet werden würde. »Verzögern und Aufweichen« war eine ganze Weile die Strategie gegenüber dem französischen Vorschlag, bis das Projekt im Schatten des Krieges wachsenden Rückhalt bekam und sich nicht mehr bremsen ließ.

Gegenüber Paris' neuer Erweiterungschampion-Rolle gibt es in Berlin ein gesundes Misstrauen: Arbeitet der Élysée wirklich auf eine auf bis zu 36 Staaten erweiterte EU hin – in der Frankreichs Macht weiter erodiert? Oder steuert Paris strategisch in Richtung eines Europas der zwei Geschwindigkeiten, in dem ein kleinerer Kern eng kooperiert und das Gros der Staaten lockerer angebunden ist? Die offizielle Linie in Berlin und Paris ist seit Beginn des Krieges vergleichbar: Die EU wird im Rahmen der bestehenden Aufnahmeverfahren wachsen, vielleicht um bis zu neun Staaten, sofern alle Kandidaten die Beitrittskriterien erfüllen und Konflikte auf ihrem Territorium beigelegt sind. Vorher, so legte es Olaf Scholz im September 2022 in Prag dar,[89] müssten EU-interne Reformen umgesetzt werden, die für das Funktionieren einer solchen Union erforderlich sind: Das Einstimmigkeitsprinzip muss fallen, etwa bei außenpolitischen und steuerlichen Entscheidungen. Macron stimmt dem Reformbedarf zu, er hat unter anderem eine Verkleinerung der Europäischen Kommission als notwendig bezeichnet.

Weder der deutsche Kanzler noch Frankreichs Präsident haben bislang jedoch einen konkreten Weg aufgezeigt, wie diese Reformen umgesetzt werden könnten. Das 60-jährige Jubiläum des Élysée-Vertrags zog im Januar 2023 ins Land, ohne dass beide Seiten einen dem Ernst der Lage auf dem europäischen Kontinent angemessenen Impuls gegeben hätten. Um eine deutsch-französische Arbeitsgruppe zur institutionellen Reform der EU gab es im Vorfeld ein Gezerre zwischen und innerhalb der Regierungen und wurde schließlich einen Tag später von den beiden Europastaatsministerinnen lanciert.[90] An vielen Stellen, im Großen wie im Kleinen, scheint durch, dass Macron und Scholz keine gemeinsame Kraft entwickeln. Pragmatismus und gegenseitige Achtung mag für die Beziehung in normalen Zeiten ausreichen. Aber angesichts der aktuellen historischen Herausforderungen für Europa und in Anbetracht der gemeinsamen Verantwortung zur Widerherstellung von Stabilität und Frieden auf dem Kontinent, läuft das bilaterale Verhältnis auf zu niedrigem Niveau. Es ist auch im Eigeninteresse beider Staaten, deutlich aufzuzeigen, dass demokratischer Fortschritt möglich ist.

So waren Berlin und Paris in einem vollen Jahr des Krieges nicht willens oder in der Lage, konkrete Maßnahmen zu ergreifen, um die Gemeinschaft auch in großen Fragen wie der Anpassung der Entscheidungsverfahren und Zuständigkeiten an die neuen Herausforderungen oder der Vorbereitung der Gemeinschaft auf künftige Erweiterungen voranzubringen. Schlimmer noch: In vielen Einzelentscheidungen stimmten sie sich nicht ab, sodass nicht nur zwischen den Regierungen das Misstrauen wuchs, sondern auch nach außen, gegenüber den europäischen Partnern, der Öffentlichkeit und selbstverständlich auch gegenüber Moskau und Peking, ein Bild der Zerrissenheit entstand. Beispiele hierfür sind der »Doppel-Wumms« der Bundesregierung, ein 200 Milliarden Euro schweres Stabilisierungsprogramm, das Deutschland sich leisten kann, das aber Frankreich und die EU-Partner unter großen Druck setzte – und von dem sie aus den Nachrichten erfuhren. Oder die unabgestimmte Ankündigung von Panzerlieferungen durch Macron, spontan in einem Telefonat mit dem ukrainischen Präsidenten Selenskyj getätigt, obwohl Olaf Scholz betont hatte, dass derartige Lieferungen nur nach Abstimmung unter den Alliierten erfolgen würden. Ein anderes Beispiel ist die China-Reise des Bundeskanzlers, der dem öffentlich gewordenen Wunsch Macrons nach einem gemeinsamen Kurztrip eine Abfuhr erteilte, obwohl Macron seinerzeit die Bundeskanzlerin und den EU-Kommissionspräsidenten zu seinem ersten Treffen mit Xi Jinping in Paris hinzugebeten hatte. Die offen zelebrierte Polit-Telenovela zwischen dem französischen Präsidenten und dem deutschen Kanzler entwickelte 2022 eine Qualität, die dem Ernst der Lage nicht angemessen war.[91]

Dass Deutschland und Frankreich bilateral nicht mehr denn je in Abstimmung und Vertrauensaufbau investieren und die zweifelsohne immer noch vorhandenen Stärken der EU nutzen, um in der »Zeitenwende« gemeinsam in eine integrative Führungsrolle zu gehen, könnte sich als großes historisches Versäumnis herausstellen. Stattdessen ringen beide Seiten hinter den Kulissen um Rüstungsprojekte, streiten über die Nuklearkomponente im Energiemix, reden in einem Ton des Misstrauens übereinander und enttäuschen sich gegenseitig immer wieder –

oft sogar, ohne es selbst zu merken. Das zeigen die jeweiligen Berichte über bilaterale Treffen und die Wahrnehmung der jeweils anderen Seite. Hört man den Erzählungen zu, könnte man mitunter wider alle öffentlichen Bekundungen der beiden Teams meinen, Macron und Scholz hätten bei einem bilateralen Dinner nicht am gleichen Tisch gesessen.

Für Europa, für Deutschland, für Frankreich ist dieser Zustand in der jetzigen Weltlage dramatisch. Die mangelnde Kraft des Tandems färbt ab auf die Fähigkeit der jeweiligen Regierungen, andere für die gemeinsame europäische Sache zu mobilisieren. Frankreich hat traditionell, wenn Führung in Europa nötig war, »den Süden mitgebracht«. Doch in Italien regiert eine rechtspopulistische Regierung, in der zwei von drei Parteien mit Putin flirten. Spanien und Portugal könnten sich mobilisieren lassen, aber die Einladung und die kreativen Ideen müssten vorzugsweise von anderen als von Frankeich an Madrid und Lissabon herangetragen werden. Deutschland hingegen hat früher einmal die Positionen der nordischen Staaten und des Ostens mitgedacht, doch seit der Staatsverschuldungs- und Bankenkrise im Euroraum läuft Berlin aus Sicht der nordost- und mitteleuropäischen Regierungen Gefahr, sich den südeuropäischen Vorstellungen zur Ausgestaltung des Finanz- und Währungsraumes anzunähern. Die Merkel-Regierung hat damals nur unzureichend erklärt, warum die Rettung der Eurozone im Interesse aller beteiligten EU-Staaten war und warum sich Deutschland auch aus purem Eigeninteresse, das auch andere Nordeuropäer teilen dürften, nach einigem Zögern bereit erklärt hat, umfassende Maßnahmen mitzutragen.

Dass die integrative Energie des Tandems nicht mehr

gegeben ist, ist umso schlimmer, als das Misstrauen gegenüber Berlin heute mehr ist als eine temporäre Verstimmung der osteuropäischen Nachbarn. Sie fühlen sich in fundamentalen Interessen von Deutschland übergangen, in ihrer Sicherheit durch Russland bedroht und in diesem Aspekt unzureichend von Deutschland verstanden und unterstützt. Dies wieder zu reparieren, erfordert von Berlin ein klares und nachhaltiges Engagement und eine positive, nach vorne gerichtete Agenda für Europa, die die Skeptiker mitnimmt. Es erfordert ebenso Bereitschaft, erst einmal viel Prügel für vergangene Versäumnisse einzustecken und weiterhin sachlich auf polemische Polarisierungsversuche und aggressive Wahlkampfrhetorik, etwa der rechtsnationalen PiS-Partei aus Polen, zu reagieren.

Flucht nach vorn

Die Versäumnisse in der EU und damit auch der deutschen und französischen Europapolitik werden besonders deutlich, wenn man sich vorstellt, wie Europa angesichts von Russlands Krieg in der Ukraine ohne die Unterstützung der USA aussehen würde. Verteidigungspolitisch ist Europa viel zu schwach aufgestellt und wäre ohne die USA hilflos.

Im Jahr 2022 sind die Amerikaner als sicherheitspolitischer Akteur auf unserem Kontinent kraftvoll sichtbar geworden. Dank ihrer weiterhin großen Präsenz, die unter dem Druck des Krieges sogar noch ausgebaut wurde, haben sie den Europäer:innen in Erinnerung gerufen, dass Europas Sicherheit nur über das transatlantische Bündnis zu gewährleisten ist. Darin liegt gleichzeitig aber auch ein enormes Risiko für Europa, denn es muss angenommen werden, dass sich die USA möglicherweise schon vor den Präsidentschaftswahlen 2024 von ihrem so starken Engagement für die Ukraine abkehren, da die vorgesehenen Mittel bald ausgeschöpft sind und es unwahrscheinlich ist, dass der Kongress nachschießt.

Grundsätzlicher noch ist die Tatsache, dass aus Washingtoner Sicht die weitaus wichtigere und künftig viel relevantere Herausforderung für die USA und für die globale Ordnung in Asien liegt. China ist die aufsteigende Weltmacht, die die USA von Platz eins ablösen will, und das US-Interesse an einer größeren Präsenz in Asien und einer engeren Partnerschaft mit demokratischen Staaten vor Ort, insbesondere im indopazifischen Raum, wird immer größer.

Die EU und Europa stehen unter enormem Druck, sich stärker um ihre eigene Sicherheit zu kümmern und eine neue, konfrontative Sicherheitsordnung in Abgrenzung zu Russland zu definieren, die über die NATO-Staaten hinaus für Stabilität und Frieden sorgen kann. Europas Sicherheit wird sich dabei über die nächsten Dekaden noch transatlantisch definieren müssen. Es ist daher unbedingt notwendig, dass Europa seinen Anteil in der transatlantischen Verteidigungsallianz maßgeblich aufstockt und gleichzeitig die innereuropäische Zusammenarbeit viel effektiver gestaltet, um gemeinsam mehr in das Bündnis einbringen zu können.

Bislang hat Europa die Folgen des Krieges in der Ukraine noch immer nicht in vollem Umfang vermessen. Wenn es stimmt, dass eine neue Ära der Weltpolitik begonnen hat, dann muss noch viel mehr getan werden. Die neue Situation wird der Europäischen Union noch viele schwierige Entscheidungen abverlangen, und dies in einem Kontext, in dem sie grundlegende Transformationen im Bereich Technologie und Digitalisierung, Klima und Nachhaltigkeit zu bewältigen hat und auch im wirtschaftlichen Bereich unter großem Druck steht. Diese Herausforderungen, die durch den Krieg in der Ukraine noch größer geworden sind, muss Europa, muss Deutschland vor dem Hintergrund der politischen Fragmentierung der EU bewältigen.

5
Die Welt sortiert sich neu

Russlands Krieg in der Ukraine hat in der ganzen Welt Erschütterungen ausgelöst, denn seine Folgen verschärfen Krisen, die insbesondere ärmere Länder betreffen. So verstärkt der Krieg – und nicht die Sanktionen, wie Russland gerne behauptet – die ohnehin dramatische globale Ernährungskrise, denn die Ukraine, Russland und Belarus gehören zu den wichtigsten Exporteuren von Getreide, Pflanzenöl und Düngemitteln. Der Einbruch der Exporte hat die Preise in die Höhe getrieben und verstärkt Nahrungsmittelknappheit und Hungersnöte. Dies trifft die ärmsten Staaten am schwersten, wo immer noch Millionen von Menschen unter den wirtschaftlichen Folgen der COVID-19 Pandemie leiden. Zusätzlich sind sie am härtesten von den Auswirkungen des Klimawandels betroffen.

Auch die Weltwirtschaft ist unter enormen Druck geraten. Der Krieg hat global Wirtschaftskrisen verschärft und durch die hohen Energiepreise Inflationsdruck ausgelöst, zu einem Zeitpunkt, als die wirtschaftlichen und sozialen Folgen der COVID-Pandemie längst noch nicht abgeklungen waren. In vielen Staaten des sogenannten

Globalen Südens zeigen sich Verschuldungskrisen mit neuer Härte. In mehr als 100 Ländern besteht eine ernste Gefahr politischer Instabilität. Menschliche Katastrophen sind bereits Alltag an zu vielen Orten, und viele Millionen Menschen sind auf der Flucht.

Darüber hinaus sortiert sich das Beziehungsgeflecht zwischen Staaten neu. Die wirtschaftliche Verflechtung erodiert in Teilen der Welt, unter anderem, weil die Sanktionen gegen Russland zunehmend greifen und weil Regierungen und Unternehmen politische Risiken minimieren.

Die Reaktionen derjenigen Staaten, die sich nicht an Sanktionen beteiligen, haben derweil ein grelles Licht darauf geworfen, wie unterschiedlich Regierungen und Öffentlichkeiten weltweit auf den Krieg, auf Russland und auf die Ukraine blicken. Europa und die USA haben erkennen müssen, dass sie nur noch recht begrenzt andere Regierungen mobilisieren können. Für viele dieser Entwicklungen ist Russlands Invasion der Ukraine aber nicht der eigentliche Grund. Der Krieg verstärkt und beschleunigt jedoch diese globalen Trends, auf die auch Deutschland und Europa außen-, wirtschafts- und entwicklungspolitische Antworten finden müssen. Während ein Teil der Welt sich neutral oder aufseiten Russlands positioniert, ist der Westen enger zusammengerückt: Die USA sind als Alliierter mit einer solchen Kraft präsent in Europa, wie seit den angespanntesten Tagen des Kalten Krieges nicht mehr.

Amerika ist zurück – aber wie lange?

Nach den Jahren der Unsicherheit während Donald Trumps Präsidentschaft spielt die Unterstützung durch die USA heute eine zentrale Rolle für Europas Antwort auf Russlands Angriff. Die frühzeitige Antizipation des Krieges durch US-Geheimdienste und die entschiedenen Reaktionen der US-Regierung haben es der Ukraine ermöglicht, der russischen Invasion standzuhalten. Die europäischen Staaten wären allein nicht umfassend und schnell genug in der Lage gewesen, militärische und finanzielle Unterstützung zu leisten, weder kurzfristig, zu Beginn des russischen Angriffs, noch perspektivisch, wenn es um den Wiederaufbau geht.

Dies hat den EU-Regierungen und Großbritannien gezeigt, wie wichtig die USA als Sicherheitsgarant Europas sind. Für die deutsche Debatte, in der im vergangenen Jahrzehnt antiamerikanische Strömungen zugenommen haben, ist diese Einsicht höchst relevant: Russlands Krieg in der Ukraine, das angespanntere Verhältnis zu China und die zunehmende Entkopplung zwischen demokratischer und autoritärer Welt haben die Bedeutung der USA zum Schutz unserer Interessen erhöht.

Doch darauf kann sich Europa mittelfristig nicht verlassen. Nach Joe Biden wird vielleicht kein weiterer US-Präsident folgen, der das transatlantische Verhältnis und die Bereitschaft der Amerikaner, sich für europäische Sicherheit zu engagieren, so wichtig nehmen wird. Die USA sehen seit zehn Jahren China, nicht Russland, als die relevanteste strategische Herausforderung an. Sie werden ihren Fokus absehbar von Europas östlicher Nachbarschaft weiter nach Asien richten und sich stärker im Indopazifik engagieren. Die Europäerinnen und Europäer müssen mehr Verantwortung für ihre eigene Sicherheit und ihre Nachbarschaft übernehmen, und Russland hat den Preis dafür in die Höhe getrieben.

Einen Vorgeschmack, wie es aussehen kann, wenn Amerika sein Engagement herunterschraubt, gab die Präsidentschaft von Donald Trump von 2017 bis 2021. Der Republikaner forderte von Deutschland und Europa einen viel größeren Beitrag zur NATO. Wie Trumps ehemaliger nationaler Sicherheitsberater John Bolton schilderte, stand ein Rückzug der Amerikaner aus der NATO weit oben auf Donald Trumps Agenda.[92]

Immer wieder wurde angesichts Trumps aggressiver Rhetorik und seines Drucks auf Deutschland und Europa gesagt, die transatlantischen Beziehungen stünden am Abgrund: Aber weder bei Bidens Amtsantritt noch ein gutes Jahr später bei Kriegsbeginn war dies dann wirklich der Fall. So fordernd und destruktiv Trumps Äußerungen auch gewesen sein mögen, bis zum Ende seiner Amtszeit hatte er die NATO nicht zerstört. So schädlich der Aufstieg des Populismus in Trumps Amtsjahren in den USA, aber auch in Europa für die transatlantischen Beziehungen war, der tatsächliche Schaden hielt sich insgesamt gesehen in Grenzen. Im transatlantischen Verhältnis gab es zwar harte Meinungsverschiedenheiten über die Wirtschaftsbeziehungen oder den Klimaschutz. Unterschiedliche Auffassungen bestanden immer auch darüber, welche Gefahr von China ausgeht und wie die internationale Ordnung sich entwickeln sollte, die Donald Trump durch seinen Rückzug aus internationalen Abkommen (etwa dem Pariser Klimaabkommen oder dem Iran-Atomabkommen JCPOA) und Organisationen wie der Weltgesundheitsorganisation tatsächlich schwächte. Doch die transatlantische Allianz NATO stärkte derweil ihre Truppenpräsenz in Europa, und sie erweiterte ihre Mitgliedschaft mit dem Beitritt Nordmazedoniens im Jahr 2020. Die Vereinigten Staaten waren also trotz Trump noch nie wirklich »weg«. Eine zweite Amtszeit des Republikaners hätte aber wahrscheinlich in dieser Hinsicht großen Schaden angerichtet – und dieser Schaden kann mit einer erneuten Präsidentschaft Trumps oder eines politisch ähnlich ausgerichteten Präsidenten auch schon bald wieder drohen.

Wie bereits aufgezeigt, hat der Krieg in der Ukraine die zentrale Bedeutung der USA für Europas Sicherheit unterstrichen. Das zeigt sich auch unter anderem an der Art und Weise, wie die Bundesregierung schließlich, nach langen Monaten des Zögerns und einer intensiven Debatte, doch dem Druck der Ukraine und östlicher Nachbarn nachgegeben hat, Kampfpanzer zu liefern, aber erst dann, als die USA sich parallel bereit erklärten, Abrams-Panzer zu liefern. Laut dem Nationalen Sicherheitsberater Jake Sullivan gab der Präsident seine Lieferzusage mit den Worten: »OK, ich werde der Anführer der freien Welt sein. Ich werde Abrams schicken, wenn ihr jetzt Leoparden schickt.«[93] In diese traditionelle Rolle als Anführer des Westens hat Joe Biden die Vereinigten Staaten gleich nach seinem Amtsantritt gebracht, so wie sie sich in der Vergangenheit rund sieben Jahrzehnte lang vor dem überraschenden Sieg Donald Trumps bei den US-Präsidentschaftswahlen im November 2016 positioniert hatten. »Amerika ist zurück«, versprach Joe Biden zu Beginn seiner Amtszeit 2021: zurück als aktiver Akteur, unter anderem in multilateralen Organisationen und Abkommen.

Der Demokrat machte alle Austritte der USA aus internationalen Organisationen und die daraus folgenden Zahlungsstopps rückgängig, gab alten Foren ihre Bedeutung zurück und schuf mit dem Gipfel für Demokratien ein neues inklusives Format für gleichgesinnte Staaten weltweit. So versuchte Biden seit seinem Amtsantritt die internationale Ordnung mit wenigen Innovationen wieder zu stärken, als der Krieg sie 2022 in vielfacher Weise erschütterte. Mit der europäischen Sicherheitsordnung brach eine tragende Säule dieser internationalen Ordnung zusammen. Anders als Donald Trump hatte Joe Biden die NATO nie als »veraltet« bezeichnet und hatte die Augen auch nicht vor Menschenrechtsverletzungen verschlossen. Nach dem 24. Februar 2022 war der transatlantische Konsens stark und eindeutig: Die Ukraine würde militärisch und finanziell unterstützt, Russland wirtschaftlich und diplomatisch geächtet werden. Der »Westen« hatte sich wieder zusammengefunden, um Russlands Aggression und Revisionismus einzudämmen.

Trotz des rasanten Wachstums Chinas und des viel gepriesenen Aufstiegs der übrigen asiatischen Länder hat der transatlantische Wirtschaftsraum seine Rolle als der wohlhabendste und am stärksten integrierte interkontinentale Marktplatz der Welt bisher nicht verloren. Dass Nordamerika und Europa in wirtschaftlicher Hinsicht wieder enger zusammenwuchsen, ist keine Überraschung. Für ausländische Investoren sind Stabilität und Verlässlichkeit wichtige Faktoren in der Entscheidung, in welchem Land sie sich engagieren.

Doch Trumps Präsidentschaft hat gezeigt, wie schnell eine neue US-Regierung auch gegenüber ihren engsten und langjährigsten Partnern in kurzer Zeit Druck aufbauen kann.

In Washington gelten offene Volkswirtschaften und ein möglichst unverstellter freier Welthandel nicht mehr eindeutig als Erfolgsgaranten. Nicht nur der Wirtschaftseinbruch in Folge der Finanzkrise und die wachsende soziale Ungleichheit in den USA, sondern auch die Arbeit starker Interessensgruppen, insbesondere der Agrarlobbys, veränderten die Position. Im Parlament haben Lobbyisten etwa der Fleisch-, Getreide- oder Baumwollproduzenten großen Einfluss, zumal die Agrarstaaten im Senat überrepräsentiert sind.

Die neue Skepsis der Amerikaner gegenüber Handelsabkommen und der WHO als Verhandlungs- und Streitschlichtungsarena spiegelt die zunehmende Spaltung der Gesellschaft in Globalisierungsgewinner und -verlierer. Die Schwäche des US-Sozialversicherungssystems, das die schmerzhaften Auswirkungen des technologischen Wandels und des offenen Handels für immer mehr Arbeitnehmer nicht abfedern kann, verstärkt diesen Effekt. Der US-amerikanische Kapitalismus ist rücksichtsloser als der vieler anderer Staaten, Verlierer von Transformations- oder wirtschaftlichen Öffnungsprozessen werden in den USA viel weniger finanziell abgefangen als beispielsweise in Europa.

Dies bietet einen satten Nährboden für protektionistisches Gedankengut. Sowohl die Demokraten als auch die traditionell wirtschaftliche Offenheit vertretenden Republikaner schwenkten auf handelsskeptische, nationalprotektionistische Positionen um. Die Verlierer der Globalisierung sind anfällig für rechtspopulistische – und antieuropäische – Parolen.

Befeuert wird die US-amerikanische Skepsis vor offenem Handel und zu großem Wettbewerb durch den Aufstieg Chinas, das unter Xi Jinpings harter Führung die USA von Platz eins der Weltmächte verdrängen möchte. Die Erwartungen an Europa und insbesondere Deutschland werden steigen, eine als weniger China-freundlich wahrgenommene Politik zu verfolgen und sich stattdessen an die Seite der USA zu stellen.

Aus Sicht Washingtons hat die WHO deutlich an Attraktivität verloren. Zum einen könne sie gegen China nichts ausrichten, etwa gegen unfaire Wettbewerbsbedingungen für ausländische Unternehmen im chinesischen Markt oder beim Zugang zum öffentlichen Beschaffungswesen. Handelsverzerrungen bestehen durch massive chinesische Subventionen, der die USA, die EU oder auch Japan durch die WHO mit ihrem schwachen Subventionskontrollmechanismus nicht beigekommen sind. Und zum anderen steht Washington jeglichen internationalen Zwängen, die die eigenen Verhandlungsoptionen einschränken könnten, zunehmend kritisch gegenüber. Die Niederlagen der USA in den frühen 2000er-Jahren vor dem Schiedsgerichtshof führten dazu, dass Barack Obama bereits 2011 keine US-Richterin zum Schiedsgerichtshof entsandte. »Dies war ein Präludium zu Trumps viel breiter angelegtem Versuch, das WHO-Rechtsprechungssystem zu sabotieren«, schreibt der ehemalige Chef der Welthandelsorganisation, Pascal Lamy.[94]

Statt also die WHO zu stärken, hat sich die US-amerikanische Handelspolitik verhärtet, und dies nicht nur gegenüber China. Auch Europa bekommt dies zu spüren.

Es gibt aus europäischer Sicht kaum einen Grund anzunehmen, dass sich die Haltung der USA in absehbarer Zeit ändern wird, denn die Treiber der protektionistischen Wende, die weit vor Trump lagen, bestehen weiter. Allen transatlantischen Bekenntnissen der Biden-Administration zum Trotz ist es daher nicht zu erwarten, dass im transatlantischen Wirtschaftsraum in den kommenden Jahren ein ähnlich umfassendes Handels- und Investitionsabkommen verhandelt werden kann, wie etwa das 2016 gescheiterte Freihandelsabkommen TTIP.

Unter der Last der Wirtschaftskrise, gepaart mit hoher Inflation und großem Investitionsbedarf im Bereich der digitalen und ökologischen Transformation, besteht auch unter Joe Biden jedoch die Gefahr, dass der transatlantische Marktplatz von industriepolitischen Maßnahmen untergraben wird. So setzt der Inflation Reduction Act (IRA) der US-Regierung, ein 370 Milliarden US-Dollar schweres Unterstützungspaket für die Industrie, Europa unter enormen Druck. Dies seien »Entscheidungen, die den Westen zersplittern werden«, warnte entsprechend Frankreichs Präsident Emmanuel Macron.[95] Tatsächlich konterkariert dieses innenpolitisch mit Blick auf die Präsidentschaftswahl 2024 motivierte Gesetz die Versuche, die westlichen Staaten im Schatten des Ukraine-Krieges und der Wirtschaftskrise enger zusammenzubringen. Meinungsverschiedenheiten über unfaire Subventionen und Handelspraktiken sind dem transatlantischen Verhältnis nicht fremd. Aber in einer Zeit, in der die geopolitischen Spannungen weltweit extrem zugenommen haben und verstärkt geoökonomische Instrumente im wachsenden Systemkonflikt eingesetzt werden, wäre es aus strategischer Sicht sinnvoll, die Alliierten begleitend durch noch tiefere Wirtschaftsbeziehungen zu gemeinsamer Stärke zu bringen, statt einen Subventionswettlauf loszutreten, der weder in den USA noch in der EU zu einem effizienten Mitteleinsatz führen dürfte. Der transatlantische Wirtschaftsraum ist nach wie vor der bei Weitem größte und am stärksten integrierte interkontinentale Markt der Welt, trotz der Globalisierung, ungeachtet des Aufstiegs Chinas, ungeachtet der US-Finanzkrise ab 2007/2008 und der Krisen in der Eurozone, die unmittelbar darauf folgten. Es ist wichtig, dass wirtschaftlicher Nationalismus, der immer stärker wird, dieses gemeinsame Pfund nicht untergräbt. Gerade jetzt kommt es darauf an, dass die transatlantischen Wirtschaftsbeziehungen, die sich seit dem Ende des Kalten Krieges vertieft haben, weiter gestärkt werden. Nicht schädlicher Wettbewerb durch Subventionswettlauf gegeneinander, sondern die Stärkung der gemeinsamen Wettbewerbsfähigkeit durch eine intelligente Marktintegration und gemeinsame Investitionen in Zukunftstechnologien und die grüne Transformation sind die richtigen Antworten auf die Herausforderungen, die die Welt gegenwärtig bereithält.

Die sicherheitspolitische Reaktion auf Russlands Krieg in der Ukraine hat bestätigt, dass der Westen nicht mit dem Kalten Krieg gestorben ist. Er ist mit neuer Bedeutung zurück und hat damit den lange vorherrschenden Trend in der Entwicklung der transatlantischen Beziehungen nach einer kurzen Pause nun wieder bestärkt: Die Erweiterung der NATO und die Entwicklung strategischer Doktrinen in Reaktion auf das sich ständig verändernde und gefährlicher werdende internationale Umfeld werden wieder vorangetrieben. Die Solidarität im Bündnis wurde trotz des mitunter schwierigen Umgangs mit der Türkei, etwa in Bezug auf Schwedens NATO-Beitritt, darin sichtbar bekräftigt.

Doch bilaterale Krisen, ausgelöst durch Streit um Subventionen und Zölle oder durch unterschiedliche Auffassungen zu militärischen Engagements oder Verteidigungsausgaben, können immer wieder aufflammen, und dies nicht nur durch US-Politiker, sondern auch, weil europäische Politiker die transatlantische Zusammenarbeit angreifen. Im Gedächtnis bleibt der Kommentar Macrons, der während der Amtszeit Trumps die NATO als »hirntot« bezeichnete und damit die Transatlantiker in der Washingtoner Sicherheitscommunity, die den Bemühungen der Europäer nach einer stärkeren eigenen Verteidigungsidentität wohlgesinnt waren, gegen sich aufgebracht hatte.

Die Koexistenz von Zusammenhalt und Konflikt ist der Normalzustand im transatlantischen Bündnis, vielleicht ist sie sogar Garant dessen Erfolgs: Der zunehmend komplexe und vielschichtige Charakter der Beziehungen schließt Zusammenarbeit und Rivalität ein. Letzteres ist die unvermeidliche Folge davon, dass die amerikanische und die europäischen Demokratien unterschiedliche Sicherheitsinteressen, wirtschaftliche Anliegen und innenpolitische Konstellationen aufweisen, sodass in dem sich verändernden globalen Kontext immer wieder die gemeinsame Basis neu definiert werden muss. Die meisten Krisen haben die transatlantischen Beziehungen über die Jahrzehnte nicht geschwächt, sondern ihre Bewältigung hat die Widerstandsfähigkeit des Verhältnisses erhöht. Entscheidend ist es jetzt, in einer Zeit sich überlappender Krisen und fragiler innenpolitischer Situationen, dass dieses Muster nicht durchbrochen wird. Die strategisch über den Atlantik abgestimmte Reaktion auf den Krieg in der Ukraine zeigt, dass das funktionieren kann. Der Streit um das IRA-Gesetz legt allerdings offen, dass auch der Großmacht USA das Hemd näher ist als die Jacke und die innenpolitische Situation und Entwicklung der eigenen Wirtschaftskraft in Zukunft Priorität haben wird vor der Frage, wie es den Partnern in Europa geht.

Der »Krieg des Westens« und die Taktierer

In ihrer Reaktion auf Russlands Angriff auf die Ukraine waren sich nicht nur die meisten europäischen Staaten über den Atlantik hinweg mit den USA und Kanada einig, dass die Ukraine unterstützt und Russland sanktioniert werden muss. Auch strategische Partner wie Japan und Australien haben sich sofort auf die Seite der transatlantischen Allianz geschlagen. So bewies der – im weiteren Sinne – politische »Westen«, dass es ihn noch gibt und er entschlossen und handlungsfähig seine Prinzipien verteidigt.

Einige Kommentator:innen gingen so weit, anhand der Positionierungen von vielen Staaten gegen Russland eine Spaltung der Welt in »The West and the Rest« festzustellen. Dem lag eine aus westlicher Sicht glasklare Argumentation zugrunde: Russland verletzt mit seinem Angriffskrieg internationales Recht. Nach der vorherrschenden Wertebasis des politischen Westens muss die verletzte Souveränität und angegriffene territoriale Integrität der Ukraine inklusive schlimmster Kriegsverbrechen klar verurteilt und entsprechend geahndet werden. Wer dies nicht tut, ist Team Putin. Zudem werde der Westen dank seiner finanziellen und kommerziellen Stärke Russland wirtschaftlich unter Druck setzen und so weitgehend wie möglich isolieren. So soll die westliche Koalition erweitert werden, denn wer will dann aufseiten eines Ausgestoßenen stehen und möglicherweise Sekundärsanktionen abbekommen?

Zur Überraschung der USA, Deutschlands und Europas zerfiel die Welt jedoch nicht in zwei, sondern in drei Gruppen. In den sechs Voten der UN-Vollversammlung zeigte sich, dass die großen Schwellenländer, wie die vier BRICS-Staaten Brasilien, Indien, China und Südafrika, den Aggressor Russland nicht konsequent verurteilten. Diese Einsicht war nicht nur in Bezug auf Russland und die Ukraine für den politischen Westen erschreckend, sondern insbesondere auch deshalb, weil sich in diesen Entwicklungen erstmals das Ausmaß der sich verschiebenden geopolitischen Machtstrukturen und die Erosion der westlichen, oder besser, der US-amerikanischen Hegemonie zeigten. Der Westen hatte seine Deutungshoheit verloren.

Der Krieg und die Reaktionen unterschiedlichster Staaten und Staatengruppierungen darauf haben Dynamiken im internationalen System sichtbar gemacht, die die internationale Bühne unüberschaubar machen und es dem politischen Westen erschweren, mit den eigenen Ordnungsvorstellungen und Werten zu überzeugen und diese durchzusetzen.

Der Versuch, die Welt in Verurteiler und Unterstützer Russlands einzuteilen sowie in Staaten, die sich durch ihre Enthaltung in der UN-Generalversammlung zumindest vordergründig als gleichgültig positionieren, ist schwieriger, als man erwarten mag. Letztere sind nicht »Unentschiedene«, sondern positionieren sich aus taktischen Gründen zwischen den autoritären Unterstützern Russlands und dem demokratischen Westen. Sie werden immer wieder überprüfen, ob sich ihre Position auszahlt. Und doch zeichnen sich Muster ab.

Die erste Gruppe lässt sich als aufrechte Verteidiger der westlich geprägten internationalen Ordnung charakterisieren. Sie sind Freunde der Ukraine, Demokraten und Verfechter des Selbstbestimmungsrechts souveräner Nationen. Deutschland und alle EU-Staaten gehören dazu, mit Ausnahme von Ungarn, das aber zumindest die EU-Sanktionspakete weitestgehend mitgetragen hat. Genauso verurteilten viele andere Demokratien Russlands Invasion unmissverständlich und sanktionierten das Land hart, während sie die Ukraine humanitär, finanziell oder militärisch unterstützten. Auch der militärische Alliierte der USA, Japan, gehört in dieses Lager: Tokio trägt Sanktionspakete mit, unterstützt die Ukraine und auch Moldau finanziell und hat ukrainische Flüchtlinge auf die Tausende Kilometer entfernte Insel eingeladen. Tokio sieht, dass der Ausgang des Krieges auch die Sicherheitslage Japans betreffen wird, denn sollte Russland gewinnen, wird dies Chinas Vorgehen im Indopazifik und insbesondere Taiwans Zukunft beeinflussen.

Spricht man mit Entscheidern in Tokio, wird sehr schnell klar, dass auch Japan den Punkt erreicht hat, an dem es auf die sich seit Langem anbahnende Zeitenwende im internationalen System reagiert: Der Verteidigungsetat wurde Ende 2022 verdoppelt, das Land rüstet auf und hat umfassende Maßnahmen zum Schutz seiner wirtschaftlichen Sicherheit beschlossen und bereitet weitere vor. Treiber ist China, das seit Jahren als wachsende Bedrohung wahrgenommen wird. Aber Beschleuniger der immer besorgniserregenderen Lage war auch für die japanische Reaktion Russlands Angriff auf die Ukraine. In Tokio ist klar: Japans Sicherheit wird auch in Europa entschieden, und was immer in und um Taiwan oder im Indopazifik passiert, beeinflusst umgekehrt auch die Sicherheit Europas. Durch diese Botschaft will Japan seine europäischen Partner dazu bringen, ihre Präsenz im Indopazifik zu stärken und so gemeinsam mit den USA, die sicherheitspolitisch schon stark investiert haben, ein Gegengewicht aufzubauen, das China von Übergriffen abschrecken könnte.

Wenn Japan, das nach Wirtschaftskraft drittgrößte Land der Welt, mit den anderen Staaten des politischen Westens in den Vereinten Nationen für Resolutionen votiert, die Russlands Angriff aufs Schärfste verurteilen, dann sendet es damit über den konkreten Konflikt hinaus auch ein deutliches Zeichen, dass es um mehr geht. Es geht darum, die »alte Ordnung« aufrechtzuerhalten, in der nationale Souveränität und territoriale Integrität geschützt sind, Konflikte friedlich beigelegt werden und folglich die gewaltsame Verschiebung von Landesgrenzen inakzeptabel ist. Das ist für Japan mit seiner geografischen Nähe zu Taiwan und den seit Jahren anhaltenden Streitigkeiten um Inselgruppen mit China und Nordkorea ein äußerst wichtiges Anliegen. Japan zählt wie viele andere Staaten zu den Unterstützern des amerikanischen und europäischen Engagements für die Ukraine und erkennt die Vormachtstellung der USA im internationalen System an.

Die zweite Gruppe besteht aus den aktiven Unterstützern Russlands: eine kleine Zahl von autoritären Staaten, die traditionell enge Beziehungen zu Moskau pflegen und von denen deshalb niemand erwartet hat, dass sie Putins

Krieg verurteilen würden. Sie kaufen Energie oder Rüstungsgüter voneinander und sind ideologisch klar im Lager der Nicht-Demokratien verankert. Für sie ist die internationale Ordnung der Nachkriegszeit kein schützenswertes Gut, sondern ein zu bekämpfendes hegemoniales Herrschaftssystem unter Führung der USA. Zu dieser Gruppe gehören der Iran und Nordkorea, die in der UN-Vollversammlung konsequent gegen Resolutionen gestimmt haben, mit denen der Angriff auf die Ukraine verurteilt wird. Sie unterstützen Russland aktiv durch Waffenlieferungen und Hilfe zur Umgehung der Sanktionen – ebenso wie sie sich seit Jahren darauf verlassen, dass Moskau ihnen hilft, da sie selbst das Ziel umfassender Sanktionen sind. Auch Belarus und Syrien gehören dazu, beides Staaten, in denen Putin sich längst direkten Einfluss auf die jeweiligen Regierungen gesichert hat. Die Gefahr besteht, dass sich diese Staatengruppe in noch engerer Kooperation zusammenschließt und gegenseitig deckt, und das nicht nur in Bezug auf Russlands Krieg in der Ukraine. Nordkorea etwa könnte Rückendeckung für seine Atomtests bekommen und eine wachsende Gefahr in Asien werden – schon jetzt haben Südkorea und Japan große Sorge vor der Entwicklung im Land. Und je stärker der Iran sich in der Kooperation mit gleichgesinnten Staaten verankert, desto schwieriger wird es für den Westen, gegenüber Teheran die Politik zur Verhinderung von Atomwaffen durchzusetzen oder gegen die massiven Menschenrechtsverletzungen vorzugehen.

Eine dritte Gruppe von Staaten bewegt sich in einer aus westlicher Sicht unerwartet amorphen Grauzone: Sie verurteilen den Angriff Russlands nicht und enthalten sich deshalb bei UN-Resolutionen. Sie haben keine Sanktionen gegen Russland verhängt, unterstützen Moskau aber auch nicht durch Waffenlieferungen.

Ansonsten sind sie hoch pragmatisch und nutzen die Situation für sich, denn es gibt kein Vakuum in der internationalen Politik und im internationalen Wirtschaftssystem, das nicht ein findiger Akteur für sich ausnutzt. So fand Russland im Handumdrehen neue Absatzmärkte für seine fossilen Brennstoffe und seine Seltenen Erden. Moskau verstärkte damit seine Beziehungen mit Gleichgesinnten in der Kritik an der Hegemonie des Westens oder westlichen Werten. So baut sich etwa China eine zusätzliche Pipeline aus Sibirien ins Land. Die Türkei bot sich als neues Drehkreuz für russische Energie in Europa an. Indien kauft gerne überschüssiges Gas aus Russland, von dem es auch einen Großteil seiner Rüstungssysteme bezieht. Derweil sicherten sich die Golfstaaten durch neue Energielieferbeziehungen mit Deutschland und Europa nicht nur Extra-Einkommen, sondern vor allem auch einen engeren Zugang zum politischen Westen, enthielten sich aber in den Resolutionen zur Aussetzung der Mitgliedschaftsrechte Russlands im UN-Menschenrechtsrat sowie zur Förderung von Abhilfe und Wiedergutmachung für die Aggression gegen die Ukraine.

Die Größe und Dynamik dieser Gruppe war ein Schock für den politischen Westen. Als der Umgang mit Russlands Aggression aus dem UN-Sicherheitsrat wegen der dortigen Blockade durch Moskau und Peking in die Generalversammlung wanderte, geriet sie in den Mittelpunkt des Interesses. Seither wird bei jeder Abstimmung in der UN-Vollversammlung gezählt, wie groß die Mehrheit an Stimmen zur Unterstützung der Ukraine ist.

Besonders besorgniserregend aus westlicher Sicht ist,

dass einige aufstrebende geopolitische Schwergewichte zu den Ländern gehören, die sich in den Abstimmungen der UN zu Russland seit Kriegsbeginn nicht immer klar auf die westliche Seite gestellt haben. So vermeiden vor allem die vier BRICS-Länder China, Indien, Brasilien und Südafrika sowie die zentralasiatischen ehemaligen Sowjetrepubliken eine klare Positionierung. Erwähnenswert sind an dieser Stelle auch wirtschaftlich aufstrebende Staaten wie Malaysia, Indonesien und Mexiko, die autoritär regierten Länder am Golf sowie viele afrikanische Staaten, darunter die bevölkerungsreichen Länder Nigeria und Äthiopien. Viele dieser Staaten stimmten in den vier genereller gehaltenen Resolutionen zur Verurteilung der russischen Aggression zusammen mit dem politischen Westen, enthielten sich aber in den Abstimmungen zur Aussetzung der Mitgliedschaftsrechte Russlands im UN-Menschenrechtsrat sowie zur Förderung von Abhilfe und Wiedergutmachung für die Aggression gegen die Ukraine. Sogar Israel, das als klarer politischer Verbündeter der USA und des Westens gilt, enthielt sich zur Förderung von Abhilfe und Wiedergutmachung. Äthiopien und China, die sich in den vier generellen Resolutionen enthielten, stimmten in den konkreten Abstimmungen sogar mit Russland. Fast alle dieser Staaten sind Wahldemokratien, viele weisen aber schwerwiegende Defizite in Bezug auf Menschenrechte, Rechtsstaatlichkeit oder Gewaltenteilung auf. Manche haben ihre gewählte »Neutralität« ausgenutzt, um ihren Handel mit Russland und seinen Freunden auszubauen, Waffen zu liefern oder billiges Öl zu kaufen.

China ist ein besonders relevanter und interessanter Fall. Peking hat sich politisch zunächst klar auf die Seite

Moskaus gestellt, auch wenn es Russland zumindest nicht nachvollziehbar geholfen hat, die Sanktionen zu umgehen, aus Angst vor Sekundärsanktionen seitens der USA oder Europas. Gemeinsame militärische Übungen zwischen Russland und China fanden auch nach Kriegsausbruch statt, aber über Waffenlieferungen lagen trotz einiger Hinweise, dass Lieferungen in Aussicht stehen könnten, ein Jahr nach Kriegsbeginn keine konkreten Belege vor. Seine Energiekäufe von Russland hat China gesteigert, gleichzeitig aber hat der chinesische Staatschef Xi Putin unmissverständlich davor gewarnt, den Krieg durch den Einsatz von Massenvernichtungswaffen auf eine neue Stufe zu heben. Moskau scheint die Botschaft verstanden zu haben – seither sind die nuklearen Drohungen, die im ersten Kriegsjahr Putin selbst und sein Außenminister Sergej Lawrow immer wieder ausgesprochen haben, im Wesentlichen nur noch in polemisch-hasserfüllten Talkshowauftritten seiner Chef-Propagandist:innen zu hören. Zum ersten Jahrestag hat sich China zudem als Vermittler angeboten, dem aber die Ukraine und seine westlichen Unterstützer kaum über den Weg trauen.

Auch Indiens Positionierung ist sehr interessant. In den sechs Abstimmungen über Resolutionen zu Russlands Krieg in der UN-Vollversammlung hat sich die bevölkerungsreichste Demokratie der Welt enthalten. Sanktionen gegen Russland hat Delhi nicht verhängt, der Ukraine hat sie keine Waffen geliefert, und den Import von russischen fossilen Brennstoffen hat Indien nicht etwa reduziert, sondern sogar seit Kriegsbeginn ausgebaut. Premierminister Narendra Modi hat Putins brutale Invasion nicht verurteilt und lediglich einen Waffenstillstand gefordert. Tatsächlich spürt man bei einem Besuch in Delhi deutlich, dass die strategische Aufmerksamkeit hier nicht auf Osteuropa gerichtet ist, denn die aus indischer Sicht viel wichtigeren Machtverschiebungen spielen sich in Asien ab.

China ist auch für Indien die größte Sicherheitsherausforderung. Man macht sich angesichts der 2000 Kilometer langen (und immer wieder umstrittenen) Landesgrenze zu China und den damit verbundenen Risiken, aber auch wegen Chinas zunehmend in Asien demonstrierter Macht große Sorgen. Im Juni 2020 und im Dezember 2022 kam es zu Konflikten und Provokationen zwischen Soldaten beider Länder an der Grenze. Besonders groß ist die Befürchtung, dass sich Russland, je mehr der Westen es isoliert, noch stärker in Richtung des größten Gefährders der eigenen nationalen Sicherheit, Chinas, orientieren könnte.

Angesichts der von Delhi wahrgenommenen Bedrohungslage spielt für Indien die eigene Verteidigungskapazität eine herausragende Rolle. Sein wichtigster Waffenlieferant ist aber Russland, und davor war es die Sowjetunion. Delhi braucht daher Russlands fortlaufende Unterstützung, etwa für die Wartung der zunehmend veralteten Rüstungssysteme. Mittelfristig könnte die Tatsache, dass diese veralteten Systeme dringend ersetzt werden müssen, Delhi in eine andere Richtung blicken lassen – und tatsächlich haben Frankreich, die USA und Israel auch schon Flugzeuge und Artillerie nach Indien geliefert, und weitere Gespräche sind im Gange.

Abgesehen von diesem unmittelbaren Interesse an einer engen Zusammenarbeit mit Russland spielt in Delhi das historische Verhältnis zu Russland eine große Rolle in der Bewertung der russischen Invasion in der Ukraine. Im

November 2022 bezeichnete der indische Außenminister Subrahmanyam Jaishankar bei einem Treffen mit seinem russischen Amtskollegen Sergej Lawrow in Moskau die Beziehungen zwischen den beiden Ländern als beständig und bewährt.[96] Die indische Erinnerung geht dabei in die Mitte des letzten Jahrhunderts zurück: Russland unterstützte Indien in seinem Ringen um Unabhängigkeit gegenüber der Kolonialmacht Großbritannien. »Wir verbinden mit Russland traditionell Antikolonialismus und Selbstbestimmung«, sagt ein indischer Diplomat. Er verweist darauf, dass das westliche Narrativ, Russland führe einen imperialen, neokolonialen Krieg in der Ukraine, in Indien wenig überzeugt. Nationalistische Medien in Indien, von denen es immer mehr gibt, kritisieren so auch eher die USA als Russland dafür, dem Krieg in der Ukraine den Weg bereitet zu haben.

Neben Waffen verbinden auch Öl und Gas Indien mit Russland. Das Land wird bis 2030 nach den USA und China voraussichtlich zur drittgrößten Volkswirtschaft der Welt heranwachsen. Um dieses Wachstum anzukurbeln, muss es fossile Brennstoffe importieren, da Indien nur über wenige eigene Öl- und Gasreserven verfügt. Zwar kauft Indien immer noch mehr Öl aus Ländern des Nahen Ostens als aus Russland. Aber der Anteil Russlands ist kürzlich sprunghaft angestiegen. Im Dezember 2022 lag der Import von russischem Rohöl 33-mal höher als nur ein Jahr zuvor. Russland bietet billig an, was das arme Indien braucht. Der Anteil von russischem Rohöl an den indischen Ölimporten sprang von 0,2 Prozent im Januar 2022 auf 28 Prozent ein Jahr später. Kritisiert man, dass Indien nun zu einem so viel besseren Kunden des Kriegsherrn Putin geworden ist, kann es sein, dass einem Heuchelei vorgeworfen wird. Fordert man Delhi auf, sich der westlichen Kritik und Isolation von Russland anzuschließen, erntet man Unverständnis. »Eure Normen teilen wir vielleicht prinzipiell, und eine regelbasierte Welt- und Sicherheitsordnung ist besser als keine«, sagt ein indischer Diplomat. »Aber ihr solltet anerkennen, dass auch wir harte Interessen haben.« So denken viele Regierungen in der dritten Gruppe der taktischen Grauzonen-Staaten.

Die Betrachtung der drei Gruppen und ihrer Dynamiken zeigt eines deutlich: Die Welt ist seit Kriegsbeginn nicht so einfach strukturiert, wie viele denken und wie dies mitunter die US-Politik seit Joe Bidens Amtsantritt suggeriert. Der Systemkonflikt zwischen autoritären Staaten und Demokratien wurde nach dem Regierungswechsel in Washington im Jahr 2021 zunehmend zur Leitlinie des Handelns der USA und damit zum Ordnungsprinzip des politischen Westens. Biden betont auch aus innenpolitischen Gründen die Spaltung der Welt in Demokratien und Autokratien immer stärker und richtet seine Außenpolitik an dieser Trennlinie aus. Er will die Grauzonen verringern und insbesondere Handels- und Sicherheitspartner der USA klar auf der demokratisch-liberalen Seite des Spektrums verorten. Bidens Initiative, im Laufe seiner Legislatur zwei Demokratiegipfel durchzuführen, war der sichtbarste Ausdruck davon, dass internationale Politik einen zunehmend ausgeprägten normativen Charakter hat. Der während der COVID-Pandemie ins Leben gerufene Demokratiegipfel fand erstmalig virtuell im Dezember 2021 statt und wurde ein zweites Mal in Zusammenarbeit mit den Regierungen von Costa Rica, den Niederlanden, Südkorea und Sambia im März 2023 ausgerichtet.[97] Es ist der derzeit prominenteste Versuch, den politischen Westen zu stärken und eine gemeinsame Arbeitsagenda zu definieren.

Während also die USA und ihre Partner versuchen, im Schatten von Russlands Krieg und, strategisch viel entscheidender, der aufstrebenden Weltmacht Chinas, ihnen gleichgesinnte Regierungen und nicht staatliche Akteure auf Kooperation einzuschwören, nutzen auch die ideologischen Gegner des politischen Westens die Situation aus, um die internationale Ordnung westlicher Prägung weiter zu schwächen, allen voran Peking und Moskau.

Insbesondere das Lavieren der Mittelmächte in der Grauzone zeigt, dass die Versuche des politischen Westens und der autoritären Staaten, die Welt zu sortieren, nur bedingt Erfolg haben werden. Erst in den nächsten Jahren und vielleicht Jahrzehnten werden sich neue Macht- und Einflussstrukturen verfestigen. Die Welt nach dem Ende der amerikanischen Hegemonie lässt sich daher noch nicht ohne Weiteres eindeutig als bipolarer Systemkonflikt, als tripolar oder gar multipolar mit verschiedenen Machtzentren kartografieren. Klar ist allerdings: Es ist eine zunehmend chaotische Welt und definitiv ganz anders als das, was sich der politische Westen während und seit der Blütezeit der amerikanischen Hegemonie nach Ende des Kalten Krieges vorstellte. Um die Volatilität der kommenden Jahre besser zu verstehen und durch eigene Politik mitgestalten zu können, hilft ein Blick auf die Interpretation derjenigen Staaten, die sich weder dem politischen Westen noch der russischen Einflusssphäre zuschreiben lassen.

Das Denken der anderen

Folgt man dem Räsonnement der Europäer und Amerikaner und einiger weiterer westlich-demokratischer Partner, stehen mit dem Krieg in der Ukraine nicht nur das Überleben eines demokratischen Staates und der Schutz seiner Bevölkerung auf dem Spiel. US-Präsident Joe Biden sagte am 26. März 2022 in Warschau, der Westen stehe vor einem »Kampf zwischen Demokratie und Autokratie, zwischen Freiheit und Unterdrückung, zwischen einer auf Regeln basierenden Ordnung und einer, die von roher Gewalt bestimmt wird«.[98] Auf dem Spiel steht ihm zufolge die Zukunft der Weltordnung, für manche gar die Zukunft der Freiheit.

Das sehen viele Menschen in der Welt völlig anders. Zwar verteidigen wenige Regierungen Russlands Angriff proaktiv als legitim. Für die UN-Resolutionen gegen Russland haben immerhin mehrmals über 140 von 193 Nationen gestimmt. Doch viele Politiker und Diplomaten aus Afrika, Asien und Lateinamerika sind nicht bereit, die Ukraine zu unterstützen, und geben dem Westen die Schuld an dem Krieg und seinem Fortgang. Mächte wie Indien, Brasilien oder Saudi-Arabien, die keine Sanktionen gegen Russland verhängt haben, würden die Bedrohung, die von diesem Krieg ausgeht, keineswegs in solche großen Kategorien fassen, wie dies der US-Präsident tut. Gründe für diese Auffassungsunterschiede gibt es viele, und es ist wichtig, sie zu verstehen, um nicht unnötig die scheinbare Spaltung in »the West and the Rest« noch zur sich selbst erfüllenden Prophezeiung zu machen.

Was genau sehen also andere anders? Zum einen gilt

vielen aus anderen Weltregionen dieser Krieg als »Krieg des Westens« oder – noch enger – als »europäischer Krieg«, der die Länder der anderen Kontinente eigentlich nichts angehen müsse. Nur aufgrund der Gegenwehr der Ukraine und der Sanktionen des Westens sei er zum globalen Problem geworden, etwa durch die resultierende globale Ernährungskrise, die aus Sicht vieler Staaten von der Ukraine getrieben wird, nicht von Russland, und der Westen verstärke sie wissentlich. Das Opfer wird zum Täter, die Ukraine und der Westen werden so zum Schuldigen an der Verschärfung von existenziellen Problemen, vor denen die ärmeren Staaten derzeit stehen. Russland schürt diese Fehlwahrnehmung erfolgreich durch Desinformationskampagnen.

Moskau positioniert sich sehr geschickt als antikolonialer Partner des sogenannten Globalen Südens, in dem Regierungsvertreter bei einer Vielzahl von Besuchen, etwa in afrikanischen Staaten, darauf hinweisen, wie wichtig die Unterstützung der damaligen Sowjetunion in den Unabhängigkeitskriegen vieler Staaten war. Dieses Vorgehen ist häufig erfolgreich, obwohl Putin mit seiner Invasion nun die Ukraine in neoimperialer Manier angreift. Der Präsident von Uganda erklärte seine Haltung so: »Wann immer von uns erwartet wird, Position gegen Russland zu beziehen, sagen wir: Diese Leute haben in den letzten 100 Jahren an unserer Seite gestanden. Wie können wir automatisch gegen sie sein?«[99] Die Bereitschaft einiger afrikanischer Staaten, Russlands Erzählung von einem gemeinsamen Kampf gegen den politischen Westen zu übernehmen, hat weniger mit einer neuen Russlandliebe zu tun, sondern viel mehr mit der nach wie vor schmerzhaften Erinnerung an die noch immer nicht aufgearbeitete Kolonialzeit, und damit verbunden mit einem tiefen Misstrauen gegenüber dem politischen Westen.

Die Reaktionen vieler, insbesondere ärmerer Staaten auf den Krieg zeigen, wie sehr sie sich seit Langem von Europa und den USA im Stich gelassen fühlen, während sie ideologische Gegenspieler des Westens wie Russland oder China als Verbündete wahrnehmen. Ganz deutlich wird: Trotz politischer Beziehungen zum Westen und der finanziellen Unterstützung, die sie beispielsweise bei der Bekämpfung der Auswirkungen des Klimawandels erhalten, betrachten sie die Demokratien der Welt nicht als Partner und Gleichgesinnte.

Entscheidungsträger in ärmeren Staaten kritisieren, dass Unterstützung ausbleibt, die ihnen etwa helfen könnte, mit der erdrückenden Überschuldung oder mit den Handelsungleichgewichten umzugehen – also drängenden Problemen, die in vielen Staaten zu politischer Instabilität geführt haben. Sie haben erlebt, wie der Westen dabei versagt hat, ärmeren Staaten ausreichend COVID-19-Impfstoffe zu verschaffen – jetzt aber Milliardenbeträge in die militärische, finanzielle und humanitäre Unterstützung der Ukraine stecken kann. Die Menschenleben, die etwa in Subsahara-Afrika durch immer mehr Hungersnöte, durch die Pandemie und durch Gewalt ausgelöscht werden, scheinen aus ihrer Sicht dem Westen viel weniger zu bedeuten als Patentrechte der Impfstoffhersteller oder als die Ukrainer, die durch den russischen Angriff sterben. Sie wollen zwar auch eine Beendigung des Krieges, aber hauptsächlich damit die Nahrungsmittelknappheit in ihren eigenen Ländern beendet wird. »Eure Abwägungsentscheidung ist nicht akzeptabel. Die

Ukrainer sollten einen Kompromiss mit den Russen über ein bisschen Land machen. Die Leben der Menschen, die verhungern, sind Euch weniger wert als ein paar Quadratmeter Land«, sagt ein südafrikanischer Universitätsprofessor und Regierungsberater. Ob die Ukraine gewinnt, ob sich eine Demokratie gegenüber einem autoritären Staat durchsetzen kann, ist aus dieser Sicht zweitrangig.

Deutlich schwingt in der Diskussion um den Krieg und die Bedeutung der Maßnahmen gegen Russland auch Kritik an den USA mit. Washington wird mit Blick auf seine Interventionen im Irak, in Libyen oder Serbien immer wieder vorgeworfen, mit doppelten Standards zu arbeiten. Das erklärt auch, warum mit dem Krieg in der Ukraine aus Sicht vieler nicht westlicher Staaten nicht das Ende der regelbasierten Ordnung betrauert werden muss: Diese Regeln seien vom Westen gesetzt und vom Westen längst auch selbst verletzt. Wo sei etwa die regelbasierte Ordnung gewesen, als die USA 2003 im Irak intervenierten? Warum dürfe Russland kein Territorium einnehmen, wenn doch Israel die Golanhöhen und die West Bank annektiert habe?[100] Auf diese und ähnliche Fragen müssen insbesondere die USA, aber auch weitere Staaten des politischen Westens Antworten geben, sonst hält sich der Eindruck der unfairen Doppelstandards.

Tanz der Elefanten: Russland und China

Wie China sich gegenüber Russland positioniert, kann nicht nur den Ausgang des Kriegs in der Ukraine entscheiden, die chinesisch-russische Zusammenarbeit wird maßgeblich die Kräfteverhältnisse in der ganzen Welt mitbestimmen. Für China ist seine Positionierung ein heikler Drahtseilakt. Der Auftritt von Chefdiplomat Wang Yi bei der Münchner Sicherheitskonferenz[101] 2023 sprach Bände: Gegenüber den Europäern streckte er die Hand aus, der Ukraine kündigte er einen Vermittlungsversuch an, die USA attackierte er – und im Hintergrund laufen gute Beziehungen mit Moskau, zum Beispiel ein gemeinsames Militärmanöver im Indischen Ozean. Aus europäischer Sicht passt das nicht unter einen Hut. Chinas Versuch, neutral zu erscheinen oder, besser, auf beiden Seiten mitzuspielen, ist durchsichtig. Es versucht, die Beziehungen mit Russland aus geopolitischen und wirtschaftlichen Interessen zu stärken – ohne aber Sanktionen durch den Westen und diplomatische Rückschläge zu riskieren, die seinen Interessen schaden würden. Dies galt ganz besonders zu Beginn des Krieges, als Xi sich vor allem auf die Innenpolitik fokussierte, um beim 20. Parteitag der Kommunistischen Partei Chinas im März 2023 eine dritte Amtszeit bestätigt zu bekommen.

Mit seinem Zwölfpunktepapier[102] zum Ukraine-Krieg versuchte China sich zum ersten Jahrestag nach Kriegsbeginn als Vermittler zu positionieren, eine Rolle, die ihm allerdings weder die Ukraine noch ihre westlichen Unterstützer abnahmen. So ist das Papier nicht etwa ein Friedensplan, sondern eine Zusammenfassung von bekannten chinesischen Positionen und wichtigen Punkten, die internationale Einigung erfordern, ohne allerdings Lösungen zu nennen. Wieso der Aggressor Russland darauf eingehen sollte, bleibt unklar, denn Xi fordert, die Souveränität und territoriale Integrität aller Länder zu respektieren – das würde ebenfalls für die Ukraine gelten. Außerdem fordert China, die Mentalität des Kalten Krieges aufzugeben, den Weg der Blockbildung und Aufrüstung zu verlassen, um gemeinsam an einer europäischen Sicherheitsarchitektur zu arbeiten, was angesichts Chinas globaler Macht- und Einflussstrategie keine Glaubwürdigkeit hat.[103] Schließlich ruft Peking die Kriegsparteien auf, die Kampfhandlungen einzustellen und an den Verhandlungstisch zurückzukehren, ohne aufzuzeigen, was Russland und auch die Ukraine dazu überzeugen könnte. Von den USA, Europa und anderen Staaten des politischen Westens fordert China, dass einseitige Sanktionen fallen gelassen werden – eine für den Westen unhaltbare Forderung, solange die russische Aggression andauert. Wirksamer als dieses Papier war eine andere Intervention Chinas: Xi warnte Putin davor, weiter mit dem Einsatz von Nuklearwaffen zu drohen oder sie gar einzusetzen.[104]

Chinas Bemühungen können nicht kaschieren, dass Peking faktisch auf Moskaus Seite steht. Dies zeigt sich nicht nur daran, dass es den russischen Angriff im Rahmen dreier UN-Resolutionen nicht verurteilt hat. Es hat die NATO und die USA für den Krieg verantwortlich gemacht und die westlichen Sanktionen gegen Moskau kritisiert. Seine wirtschaftliche Unterstützung für Moskau hat es maßgeblich verstärkt, der bilaterale Handel liegt auf Rekordniveau. Dass Peking Moskau gezielt unterstützt, wird auch dadurch offensichtlich, dass China mehr Dual-Use-Produkte, etwa Halbleiter, nach Russland exportiert[105] und die Energieimporte gesteigert hat. Auch die Intensität diplomatischer und politischer Beziehungen ist ein wichtiger Indikator: Im ersten Kriegsjahr gab es 14 Anrufe oder Treffen von chinesischen und russischen Ministern oder auf Ebene der Staatschefs, aber nur drei mit ukrainischen Regierungsvertretern. Xi Jinping und Wolodymyr Selenskyj haben erst im April 2023 das erste Mal miteinander telefoniert.

Autoritäre Weltgestalter

Zur Einordnung des Verhältnisses von Putin und Xi ist es nützlich, die letzte Begegnung der beiden vor Beginn der Invasion in Erinnerung zu rufen. Als der chinesische Staatschef Xi Jinping und der russische Präsident Wladimir Putin am 4. Februar 2022[106] aus Anlass der Eröffnung der Olympischen Winterspiele in Peking zusammensaßen, zelebrierten sie eine »Freundschaft ohne Grenzen« und verkündeten triumphierend eine neue Ära in den internationalen Beziehungen. Inmitten des diplomatischen Boykotts der olympischen Wettbewerbe durch den Westen und einer sich abzeichnenden Krise in der Ukraine veröffentlichten die beiden mächtigsten Diktatoren der Welt ihre Vision einer neuen Weltordnung. Zwei Punkte sollte der Westen im Gedächtnis behalten: Russland und China wollen die Interessen ihrer Länder besser berücksichtigt sehen und fordern das Ende einer westlich dominierten Weltordnung.

Die »Gemeinsame Erklärung der Russischen Föderation und der Volksrepublik China zu den internationalen Beziehungen auf dem Weg in ein neues Zeitalter und zur globalen nachhaltigen Entwicklung« beschreibt einen »tiefgreifenden Wandel« der Welt und die notwendige »Veränderung der globalen Governance-Architektur und der Weltordnung«.[107] So soll die NATO sich nicht weiter vergrößern und die Souveränität, Sicherheit und Interessen anderer Länder respektieren – ein Aspekt, der sich ein Jahr später auch im chinesischen Zwölf-Punkte-Plan zur Beendigung des Krieges wiederfand. Putin und Xi kritisierten zudem die verstärkte militärische Zusammenarbeit zwischen den USA, Australien und dem Vereinigten Königreich im indopazifischen Raum im Rahmen der sogenannten Aukus-Allianz. Die Kooperation plant einen engen Austausch über Technologie zum nuklearen Antrieb für U-Boote. Der Ankündigung der verstärkten militärischen Zusammenarbeit ging der Kauf von US-amerikanischen Atom-U-Booten durch Australien voraus.

Putin und Xi weisen die Kritik an Menschenrechtsverletzungen und Demokratiedefiziten in ihren Ländern rundheraus zurück und bekräftigen das Recht souveräner Staaten, ihre »eigene Form der Demokratie« zu wählen, was Modelle einschließt, die westlichen Demokratiestandards nicht entsprechen. Die Erklärung ist als geopolitischer Schulterschluss Russlands und Chinas, knapp drei Wochen vor Russlands Invasion der Ukraine, zu bewerten. Die beiden Staatschefs zeigten nicht nur ihre Entschlossenheit, sich gegen westliche Einmischung in eigene Angelegenheiten zu wehren, sondern formulierten auch harsche Kritik an den bestehenden internationalen Ordnungsstrukturen. Dass beide Staaten mit dem westlich-geprägten Ordnungsrahmen nicht mehr einverstanden sind, haben sie seit Jahren nicht nur ausgesprochen, sondern auch durch Taten unterstrichen: Russland durch den Angriff auf die europäische Sicherheitsordnung schon vor dem umfassenden Angriff auf die Ukraine (siehe Kapitel zwei) und China unter anderem durch die Umsetzung der Belt-and-Road-Initiative, eines sich über Asien und Europa erstreckenden Infrastrukturprojekts, mithilfe dessen es versucht, sich in einzelnen Staaten und ganzen Regionen Einfluss zu verschaffen. In diesen Rahmen gehört auch die extreme (insbesondere maritime) Aufrüstung. Neu ist, dass die beiden Staaten erstmals einen gemeinsamen Gestaltungsanspruch formulieren.

Bislang sind die beiden autoritären Mächte ihren Zielen jedoch nicht näher gekommen. Für Putin war zwar der Einmarsch in die Ukraine ein erster Schritt, um Russland aus der internationalen Ordnung nach dem Zweiten Weltkrieg und nach dem Kalten Krieg herauszuziehen und – wie in seinen Reden angekündigt – diese Ordnung zu zerstören. Tatsächlich hätte ein schneller russischer Sieg in der Ukraine der NATO einen Schlag versetzt und Moskaus Einflussbereich erweitert. Darauf hätte Russland aufbauen können, um die Machtverhältnisse in Europa weiter zu seinen Gunsten zu verschieben und aus einer Position der Stärke heraus mit China eine globale Agenda voranzutreiben. Doch die Ukraine bewies eine unerwartet starke Widerstandskraft. Die von den USA geführte, auf Abkommen basierende Sicherheitsordnung in Europa, die Russland einst einschloss, ist durch die Invasion zerstört worden. Aber der russische Angriff hat gleichzeitig den Westen geeint, die NATO gestärkt und die transatlantischen Beziehungen gefestigt. Russland ist seit Kriegsbeginn wirtschaftlich, finanziell und militärisch zunehmend geschwächt, was sein Verhältnis zu China immer asymmetrischer macht.

Chinas Interessen am russischen Krieg

Peking hat angesichts seiner langfristigen Agenda, China zur weltweit führenden Macht zu entwickeln, ein direktes Interesse am Ausgang des Krieges. Ein maßgeblich geschwächtes oder besiegtes Russland wird den Westen stärken und in Chinas eigener Rivalität mit den USA weniger nützlich und verlässlich werden. Ein geschwächtes Moskau würde es überdies Washington erlauben, sich stärker auf die Rivalität mit Peking zu konzentrieren.

Schlimmer noch für Xi wäre folgender, aus heutiger Sicht noch eher unwahrscheinliche Fall: Ein geschwächtes, aber politisch erneuertes Moskau wendet sich wieder stärker dem Westen zu. China würde einen seiner sehr wenigen Partner verlieren, und seine Angst vor einer Einkreisung durch die USA und den Westen würde wachsen. China möchte Russland an seiner Seite wissen, und so erklärt es sich, dass Peking zwar Neutralität vorgibt und nicht offensichtlich gegen westliche Sanktionen verstößt, sich aber wirtschaftlich, durch den Export von strategisch wichtigen Gütern, und diplomatisch intensiv für Russland engagiert. So kann es seinen Zugang zum Weltmarkt erhalten, denn eine Entkopplung wäre in einer wirtschaftlich wie politisch schwierigen Phase für das Land eine enorme zusätzliche Belastung. Angesichts Pekings Interesses, mit Russland trotz der Asymmetrie im Verhältnis der Weltmacht mit einer Regionalmacht enger zusammenzuarbeiten, muss angenommen werden, dass China einer eventuellen Westorientierung Moskaus nach einem Führungswechsel im Kreml entgegenarbeitet. Daher sollte das russisch-chinesische Verhältnis dahingehend analysiert werden, welche Abhängigkeiten, Druckmittel und Anreize das sehr viel größere und ressourcenreichere China gegenüber Russland aufbaut.

Ende März 2023 reiste Xi für drei Tage nach Moskau und lud Putin zu einem Gegenbesuch nach China ein, nur wenige Tage nachdem der Internationale Strafgerichtshof einen Haftbefehl gegen diesen erlassen hatte. Während der Besuch keine öffentliche Kommunikation zu neuen Zusagen in Bezug auf Chinas Unterstützung für Russland zur Folge hatte und Xis Zwölf-Punkte-Friedensplan ihn eher als Vermittler denn als entschiedenen Unterstützer Putins inszenieren soll, sind sein ausgedehnter Besuch in Moskau, der erste seiner dritten Amtszeit außerhalb Asiens, sowie die Einladung zum Gegenbesuch von hoher symbolischer Bedeutung. Insbesondere zu einer Zeit, in der Putin durch den internationalen Haftbefehl einmal mehr zum Paria erklärt worden ist.[108]

Für China hat seine Haltung gegenüber Russland einen Preis. Seine Weigerung, Russlands Angriff zu verurteilen, hat in den zentralasiatischen Ländern, unter anderem in Kasachstan und Kirgistan, Unbehagen ausgelöst. Dies könnte Chinas Bemühungen um den Aufbau engerer Beziehungen zu seinen zentralasiatischen Nachbarn behindern, ein Unterfangen, in das China seit zwei Jahrzehnten stark investiert hat. Insgesamt wiegt der Preis aber die potenziellen Vorteile der ambivalenten Haltung gegenüber Russland nicht auf.

China hat außer Russland keine großen Partner, im Vergleich zu den Vereinigten Staaten, die neben den NATO-Partnern auch viele Verbündete im Indopazifik haben. Russland ist der bei Weitem mächtigste Staat, der mit China in den vergangenen Jahren einen Schulterschluss gesucht hat. Zudem haben Russland und China ihre Beziehungen mit dem Iran vertieft und seit 2019 drei gemeinsame Marineübungen abgehalten. Der Iran hat Drohnen an Russland geliefert und seine Ölexporte nach China steigern können, welches nun sein größter Handelspartner ist. Teheran hat überdies seine regionale Position im Nahen Osten gestärkt, insbesondere durch die seit Langem erfolgte Unterstützung schiitischer Gruppen wie der Hisbollah im Libanon und der Huthi im Jemen. Der Iran hat zudem seine Beziehungen zum Irak ausgebaut, einem wichtigen Pufferstaat gegenüber Saudi-Arabien. Insgesamt hat der Iran politisch und wirtschaftlich von der Unterstützung für Russland, dem intensivierten Verhältnis zu China und dem Ausbau seiner regionalen Beziehungen wirtschaftlich und politisch profitiert. Dies stärkt seine Position gegenüber den USA und anderen westlichen Staaten, während es sein Atomprogramm voranbringt, den wirtschaftlichen Effekt der westlichen Sanktionen durch stärkere Exportbeziehungen, etwa mit China und Russland, abfedert und vergleichsweise ungehemmt und brutal die Proteste gegen die Unterdrückung der Frauen und gegen die Einschränkung von Grundfreiheiten niederschlägt. Für die Frage, mit welchen Partnern Russland und China ihre Allianz der Autokraten weiterentwickeln, sind die Entwicklungen im Iran hoch relevant: Das Risiko besteht, dass China, Russland und der Iran ihre trilateralen Beziehungen weiter ausbauen und sich stärker gegenseitig unterstützen. Die erfolgreiche Vermittlung Chinas zwischen Iran und Saudi-Arabien im Februar 2023 ist ein Beispiel dafür.

Deshalb würde eine maßgebliche Schwächung Russlands einen Rückschlag für Xis Pläne bedeuten. Es kann also davon ausgegangen werden, dass Peking Moskau weiterhin dazu drängen wird, den Krieg nicht durch Massenvernichtungswaffen zu eskalieren und stattdessen eine gewisse Kompromissbereitschaft zu zeigen, um den Krieg zu beenden. Denn wichtiger als die Frage, wie genau der Krieg ausgeht und was aus der Ukraine wird, ist für Xi die Möglichkeit, seine globale Agenda mithilfe einiger Partner, auch wenn sie kleiner und schwächer sind, umzusetzen. Aus chinesischer Sicht bleibt der Wettstreit mit den USA um Platz eins der Welt das wichtigste politische Ziel. Auf dem Weg dorthin stört ein lang anhaltender russischer Krieg, und ein stark geschwächtes Russland wäre der Sache nicht förderlich.

Deutschland in der neuen Weltordnung

Deutschland muss sich, wie andere Länder auch, an die neuen politischen Rahmenbedingungen und die sich verändernden Kräfteverhältnisse und Beziehungsmuster in der Welt anpassen. Bis zum Beginn des Krieges war das große globalpolitische Thema die Verschiebung des Kraftzentrums in wirtschaftlicher, demografischer, politischer und verteidigungspolitischer Sicht in Richtung Asien und insbesondere der Aufstieg Chinas.[109] Diese Trends halten an, aber hinzu kommt nun ein grundlegend verändertes Verhältnis zu Russland und Entwicklungen in China, die gleichzeitig von langfristigen Zielsetzungen und Dominanzstreben, Aggressivität und innerer Schwäche zeugen und fortlaufend analysiert werden müssen. Deutschland muss die Risiken, die von einer übermäßigen Abhängigkeit von China ausgehen, weiter minimieren und gleichzeitig die Zusammenarbeit im Umgang mit globalen Risiken und zur Vermeidung regionaler Krisen und Konflikte ausweiten. Darüber hinaus brauchen Deutschland und Europa angesichts des zunehmenden Rückzugs der USA und weltweit wachsender Spannungen dringender denn je ausgefeilte Strategien, wie sie mit aufstrebenden Regionalmächten umgehen. Letzteres dürfte eine der großen neuen Herausforderungen für die deutsche Außenpolitik werden.

Die kurzfristige strategische Frage unter diesen neuen internationalen Rahmenbedingungen ist indes, welche Bedingungen gegeben sein müssen, damit die Ukraine die russische Invasion abwehren und in Europa Stabilität einkehren kann. Denn geschieht dies nicht, werden sich alle anderen Entwicklungen verschärfen und der Rahmen, der in der Vergangenheit Stabilität gebracht hat, wird weiter auseinanderbrechen. In Bezug auf die Ukraine ist die dringendste Aufgabe, das Land weiterhin militärisch und finanziell zu unterstützen. Was die Waffenlieferungen angeht, bleibt die wichtigste Frage, ob die westlichen Unterstützer der Ukraine schnell genug liefern können und bereit sind, Rüstung zu liefern, die derjenigen Russlands technisch überlegen ist.

Neben der Unterstützung des militärischen Kampfes der Ukraine ist es entscheidend, mit der ukrainischen Zivilgesellschaft und in Zusammenarbeit mit der Regierung sicherzustellen, dass trotz des lang anhaltenden Kriegszustands demokratische und gesellschaftliche Strukturen so geschützt werden, dass die Ukraine nach Ende des Krieges zu einer funktionsfähigen Demokratie zurückkehren und die heftige Korruption im Land bekämpft werden kann. Die später ins Land fließende Aufbauhilfe muss transparent und effizient verwendet werden. Darüber hinaus sind enge Beziehungen und ein Vertrauensverhältnis zur ukrainischen politischen Führung auch deshalb so wichtig, weil diese enge Partner brauchen wird, sollte es im Falle eines Waffenstillstands mit Russland zu einer Situation kommen, in der Verhandlungen möglich werden. Da sich derzeit kein einzelnes Land oder keine bestimmten Personen als mögliche Vermittler herauskristallisiert haben, die für die Ukraine ebenso wie für Russland akzeptabel wären, könnte es nötig sein, auf eine Vermittlergruppe zurückzugreifen. Die Bereitschaft zur Unterstützung der Ukraine wird aber nur bestehen bleiben, wenn die Politik und die Gesellschaft in Europa wie in Deutschland dies weiterhin mittragen, was mit fortschreitender Kriegsdauer immer schwieriger werden wird. Europa wird vor einer besonders schwierigen Situation stehen, sollten die USA im Vorfeld oder nach der Präsidentschaftswahl im November 2024 nicht mehr bereit sein, die Ukraine so intensiv wie bisher zu unterstützen.

Die langfristigen Fragen, vor denen die deutsche Außen- und Sicherheitspolitik steht, müssen immer wieder überprüft werden, weil sich die internationalen Beziehungen, Allianzen und Partnerschaften, aber auch der weltwirtschaftliche Kontext noch einige Jahre lang dynamisch verändern werden. Um diese Entwicklungen mitgestalten zu können, ist es essenziell, dass die deutsche Außen-, Wirtschafts- und Sicherheitspolitik ein differenziertes Bild der Treiber der Entwicklungen sowie der Interessen und Perzeptionen von Drittstaaten haben. Die Tatsache, dass einige Staaten des sogenannten Globalen Südens die USA und Europa mit ihrer Positionierung »im Zwischenraum« überraschen konnten, sollte Grund genug sein, in Zukunft möglichen Partnern viel besser zuzuhören. Es ist notwendig, sich ein klareres Bild über die harte Interessenlage, die normative Perspektive und schließlich die geschichtliche Verankerung der Beziehungen zu Staaten des politischen Westens, zu China, Russland und anderen Regionalmächten zu verschaffen. Auch die Strategie und Wirkung russischer und chinesischer Einflussnahme im sogenannten Globalen Süden muss im Detail verstanden werden, um Gegenstrategien zu entwickeln. Insgesamt ist die Aufgabe, in den bi- und multilateralen Beziehungen Ansatzpunkte für positive Kooperation zu finden und den Aufbau eines neuen Vertrauensverhältnisses und Beziehungen auf Augenhöhe zu ermöglichen. Das gilt auch für das Verhältnis zwischen den Regionen, etwa der EU und der Afrikanischen Union (AU) sowie in globalen Formaten wie dem der G 20. Dazu gehört auch, dass die Europäer gemeinsam mit Regierungen und gesellschaftlichen Vertretern des sogenannten Globalen Südens die koloniale Vergangenheit und ihre bisherige postkoloniale Herangehensweise in einer ehrlicheren und produktiveren Art und Weise aufarbeiten, als dies bislang geschehen ist. Ein größeres Engagement in den humanitären Krisen infolge der Konflikte in Mali, Sudan, Südsudan und der Zentralafrikanischen Republik ist nötig, denn sie verursachen nicht nur menschliche Katastrophen, sondern bedrohen die regionale Stabilität. Die Auswirkungen auf Europa sind absehbar, etwa weil mehr Menschen flüchten, weil Sicherheitsrisiken zunehmen oder auch weil der Zugang zu wichtigen Rohstoffen auf dem afrikanischen Kontinent, den Europa im Rahmen seiner Diversifizierungsstrategie braucht, immer schwieriger wird.

Entscheidend nicht nur für den Konfliktverlauf in der Ukraine und für Europas Beziehungen zu Ländern des sogenannten Globalen Südens, sondern grundsätzlich für die internationale Ordnung wird die Positionierung Chinas sein. Für den Umgang mit Peking brauchen Deutschland und seine europäischen Partner eine ausgefeilte und abgestimmte Strategie, die es erlaubt, die Wirtschafts- und Sicherheitsrisiken zu minimieren, die von China in zwei Fällen ausgehen können. Zum einen dann, wenn China sich selbst vom politischen Westen abwendet beziehungsweise wirtschaftliche Zwangsinstrumente einsetzt, um gegenüber Europa und Deutschland politische Ziele zu erreichen, zum zweiten, wenn die Situation zwischen China und den USA eskaliert und Washington von Europa einfordert, sich klar auf seine Seite zu stellen und etwa umfangreiche Sanktionspakete mitzutragen. Neben dieser Risikominimierung muss Deutschland gleichzeitig politische Kooperationsanreize so weit wie möglich ausbauen, denn die Welt braucht China etwa zur Bekämpfung des Klimawandels und zur Unterstützung der ärmeren Staaten bei ihrer Klimatransformation und dem Umgang mit den bereits bestehenden Klimaschäden.

Die Fähigkeit der Amerikaner und ihrer Verbündeten, ihre wirtschaftliche Macht durch Sanktionen und Exportkontrollen strategisch einzusetzen, hat sicherlich dazu beigetragen, dass Peking in den ersten eineinhalb Jahren des Krieges Moskau militärisch nicht unterstützt hat. Der Westen dürfte sich allerdings in Zukunft schwerertun, Chinas Verhalten durch Sanktionen zu beeinflussen. Denn zum einen verfolgt auch China, entschiedener noch als Europa, eine wirtschaftspolitische Agenda, die die eigene Abhängigkeit von Importen und Kooperationen in kritischen Bereichen reduzieren soll. Zum anderen werden die Mittelmächte in dem Zuge, in dem sie wirtschaftlich und politisch an Gewicht gewinnen, zu immer wichtigeren außenpolitischen Akteuren und zu möglichen wirtschaftlichen Diversifizierungspartnern für China. Das gilt insbesondere für diejenigen, die sich nicht im westlichen Lager verorten und Offenheit in alle Richtungen pflegen. Ein Indikator, der Aufschluss darüber geben wird, wie sich die Wirtschaftsbeziehungen außerhalb des politischen Westens diversifizieren, ist die schrittweise Zunahme von Handelsgeschäften, die nicht in US-Dollar oder (in weit geringerem Maße) Euro abgewickelt werden. Die Macht der USA durch die Hegemonie des Dollars und die dominante Stellung des Westens in den Finanzkreisläufen wird schwinden.

Unter den aufstrebenden Regionalmächten ist die Türkei eine besondere Herausforderung für Deutschland. Den Konflikt zwischen Russland und dem Westen hat das NATO-Mitglied genutzt, um seinen regionalen Einfluss auszubauen und seine strategischen Beziehungen zu Russland zu stärken. Immer wieder positioniert sich die Türkei als Vermittler im Konflikt zwischen Russland und der Ukraine und hat tatsächlich das Abkommen über Getreideexporte mit Russland ermöglichen können.[110] Deutschland, das wie die anderen EU-Staaten davon abhängig ist, dass die Türkei das Migrationsabkommen mit der EU weiter aufrechterhält, ist vor eine besondere Aufgabe gestellt: Es geht darum, mit der Türkei enger zusammenzuarbeiten, auch dort, wo das durch den Krieg auf die Ukraine fokussierte Russland Lücken hinterlässt, wie etwa in Syrien, und gleichzeitig die eigene Menschenrechtsagenda gegenüber der Türkei nicht aufzugeben, was beispielsweise den Umgang mit den Kurden und politischen Gefangenen anbelangt.

Europa ist zudem besonders durch das sich wandelnde russisch-chinesische Verhältnis herausgefordert. Seit Jahren schon bildet sich eine russisch-chinesische Achse heraus, mit unterschiedlichen Interessen auf beiden Seiten. China und Russland waren nach dem Zweiten Weltkrieg verfeindet, und es waren die Amerikaner unter Präsident Richard Nixon, die dem von Mao geführten kommunistischen China wirtschaftliche Kooperation angeboten haben, die zum Grundstein des heutigen Erfolgs Chinas und der wirtschaftlichen Verbindung mit dem Westen wurde.

Heute besteht zwischen den USA und China die gefährlichste Rivalität der Welt, während Moskau und Peking an ihrer Partnerschaft feilen. Europa befindet sich in einer Mittelposition, normativ eindeutig im westlichen Lager mit den USA und den europäischen und außereuropäischen Verbündeten wie Japan und Australien. Aber hinsichtlich seiner Wirtschaftsbeziehungen und Rohstoffabhängigkeiten, aufgrund seiner geografischen Nähe zu Russland und seinem zunehmenden Wettbewerb mit Moskau und Peking um Einfluss in Osteuropa, Zentralasien und auch Afrika befindet sich Europa in einer gänzlich anderen Position als die USA. Solange China sich »im Zwischenraum« zwischen dem politischen Westen und Russland aufhält und solange China nicht Taiwan militärisch angreift oder mit dem Iran eine hochgefährliche Allianz eingeht, kann Europa Schritt für Schritt seine Strategie gegenüber China umsetzen, mit der eine neue Balance zwischen Kooperation und Einbindung bei gleichzeitiger Risikominimierung gefunden werden muss. Allerdings müssen sich Deutschland und Europa auf das Szenario einer Allianz der gewaltbereiten Nicht-Demokraten China, Russland und Iran einstellen, die versuchen würden, andere Staaten auf ihre Seite zu ziehen.

6
Weltwirtschaft im Umbruch

Die geopolitische Neuordnung der Welt spielt sich vor dem Hintergrund einer schwierigen Weltwirtschaftslage ab, die mit einer angespannten Versorgungslage vieler Staaten, sei es in der Nahrungsmittelgrundversorgung, dem Zugang zu Energie oder zu anderen Rohstoffen einhergeht. Der Krieg in der Ukraine und seine Auswirkungen verschärfen auch den geoökonomischen Wettbewerb. In der heutigen Welt garantiert die internationale Vernetzung der Wirtschaft keine Stabilität und schon gar keine Transformation mehr, sondern ist in vieler Hinsicht zur Gefahr geworden.

Deutschlands Wirtschaftsmodell ist herausgefordert – von der digitalen und grünen Transformation ebenso wie vom Ende der preiswerten Energielieferungen aus Russland, der sinkenden Verlässlichkeit der Zulieferbeziehungen und dem erschwerten Zugang zu Absatzmärkten. In diesem veränderten internationalen Umfeld müssen sich nicht nur Unternehmen auf immer neue Risiken und Verwerfungen einstellen. Auch die Politik wird ständig angepasst werden müssen, denn Deutschland kann seine Interessen allein immer weniger wirkungsvoll vertreten. Es braucht in politischer und wirtschaftlicher Hinsicht die EU und die Gemeinschaft des politischen Westens mehr als je zuvor seit Ende des Kalten Krieges. Und das, obwohl Deutschland immer noch die viertgrößte Volkswirtschaft der Welt ist.

De-Globalisierung und Re-Globalisierung

Spätestens seit der ehemalige US-Präsident Trump ein »Decoupling«, eine Entkopplung, von China ankündigte, wird das »Ende der Globalisierung« diskutiert. Er begann auch, die Welt mit extraterritorialen Sanktionen zu überziehen, um andere Staaten zur Unterstützung der von den USA gewählten Politiken, etwa zur Isolation des Irans, zu zwingen. Die Tatsache, dass in den letzten Jahren weniger Handelsabkommen geschlossen wurden, scheinen diese These der De-Globalisierung zu stützen.

In der Tat wächst der Welthandel schon seit Jahren nicht mehr rasant zu immer neuen Höhen auf, wie etwa noch in den 1990er-Jahren. Die Ära der sogenannten Hyperglobalisierung, während der die wirtschaftlichen Verflechtungen rund um den Globus Jahr für Jahr deutlich zunahmen, ist vorüber. Diese Entwicklung verlangsamte sich nicht erst unter Donald Trump als US-Präsident oder zum Zeitpunkt des Angriffs Russlands auf die Ukraine. Bereits während und nach der Wirtschafts- und Finanzkrise von 2008/09 nahm der Welthandel langsamer zu als zuvor. Sogar das ebenso prominente wie strategisch wichtige Projekt TTIP, das transatlantische Handels- und Investitionsabkommen, das die EU und die USA wirtschaftlich stärker integrieren sollte, scheiterte. Dieses transatlantische Schlüsselprojekt der Präsidentschaft von US-Präsident Barack Obama (2009 – 2017) hätte beiden Seiten erhebliche Wettbewerbsvorteile verschafft, zu einem Zeitpunkt, als der Aufstieg Chinas bereits auf beiden Seiten des Atlantiks für Nervosität sorgte.

Die COVID-19-Krise ab 2020 bremste den internationalen Handel weiter ab und verdeutlichte, wie fragil globale Produktionsketten sein können. Als die Pandemie ausbrach, führten Lieferengpässe und Unterbrechungen der Lieferketten weltweit zu massiven Störungen in der Produktion und dem Handel von Waren und Dienstleistungen. Unternehmen waren gezwungen, Produktionsstätten zu verlegen. Die große Abhängigkeit vieler Unternehmen von globalen Lieferketten belegte, wie schwer es ist, auf unvorhergesehene Ereignisse wie eine Pandemie zu reagieren, wenn man vorher die Stabilität von Lieferbeziehungen und Produktionsketten als selbstverständlich angenommen hat und mit grenzüberschreitenden Geschäftsmodellen gearbeitet hat.

In den weltweiten Handelszahlen kann man, zumindest was den internationalen Austausch von Waren und Dienstleitungen anbelangt, allerdings keine De-Globalisierung erkennen. Der Anteil der weltweiten Güter- und Dienstleistungsexporte im Verhältnis zum globalen Bruttoinlandsprodukt (BIP) hält sich seit vielen Jahren bei rund 30 Prozent. Allerdings sortieren sich die Handelsströme neu. Die verschiedenen Krisen und die Angst vor zu großen Abhängigkeiten, insbesondere von China, haben zu einer stärkeren Diversifizierung der Beschaffungsmärkte und auch der Investitionsziele geführt. Das gilt nicht allein für Deutschland und Europa. Auch Japans

Importe wandeln sich – Vietnam und Indonesien werden immer wichtiger, China als Bezugspartner verliert relativ an Gewicht.

Auch ausländische Direktinvestitionen erlebten während der Pandemie einen starken Rückgang, mitbedingt durch die umfangreichen Reisebeschränkungen, aber auch aufgrund des ungewissen Ausgangs der US-Wahlen.[111] Das weltweite grenzüberschreitende Investitionsvolumen sank nach Angaben der Konferenz der Vereinten Nationen für Handel und Entwicklung (UNCTAD) im Jahr 2020 im Vergleich zum Vorjahr um 42 Prozent von 1,5 Billionen US-Dollar auf 859 Milliarden US-Dollar, wobei der Rückgang noch um fast ein Drittel stärker ausfiel als während der Finanzkrise 2009.[112] 2021 sprang das Volumen wieder auf 1,6 Billionen US-Dollar, ein Anstieg um 64,3 Prozent gegenüber dem außergewöhnlich niedrigen Niveau von 2020. Das Wachstum der ausländischen Direktinvestitionen betraf alle Regionen der Welt, wenn auch in unterschiedlich starker Ausprägung.[113]

In Deutschland erholte sich das Volumen ausländischer Investitionen im Jahr 2021 fast vollständig, mit einem Zuwachs von sieben Prozent im Vergleich zum Vorjahr. Insgesamt haben sich im Jahr 2021 über 1800 Unternehmen in Deutschland neu angesiedelt oder ihre Standorte ausgebaut, wobei die USA, Schweiz, China, Großbritannien, die Niederlande und Frankreich die wichtigsten Herkunftsländer sind. Besonders bemerkenswert ist der starke Anstieg der Investitionsprojekte aus Großbritannien, den Niederlanden und aus Frankreich. Chinesische Investitionen sind deutlich zurückgegangen. Europäische Länder schnitten vergleichsweise besser ab als asiatische, und die meisten Investitionsprojekte kamen aus der Informations-

und Kommunikationstechnologie und Unternehmensdienstleistungen. Die Investitionen in die Konsumgüter-Branche und den Kfz-Bereich haben deutlich zugelegt, während die Zahl der Investoren im Maschinenbau und in der Chemie-Branche zurückgegangen ist.[114] Die betriebs- und volkswirtschaftlichen Vorteile von grenzüberschreitendem Handel und von Direktinvestitionen im Ausland sind aus unternehmerischer Sicht offensichtlich so groß, dass 2021 zumindest ein Nachholeffekt auftrat. Die nächsten Jahre werden zeigen, ob der negative Trend der Vorjahre tatsächlich gebrochen ist.

Denn im Zuge der wachsenden Großmachtkonkurrenz führen geopolitische Risiken und geoökonomisch motivierte Politiken zu weiteren Veränderungen, da Regierungen und Unternehmen ihre Handels- und Investitionsbeziehungen diversifizieren. Obwohl sich die Wirtschaft nach dem pandemiebedingten Einbruch wieder erholt hat, fokussieren sich viele Unternehmen nun verstärkt darauf, das Risiko von Störungen zu minimieren. Robuste, lokal orientierte Produktionsnetzwerke gewinnen auch aus europäischer Sicht daher an Attraktivität, sofern weitere Fortschritte in der Automatisierung von Produktionsprozessen Arbeitslöhne zu einem weniger wichtigen Faktor werden lassen. Nicht nur aus betriebswirtschaftlicher, auch aus geopolitischer Sicht ist das eine interessante Entwicklung, kann sie doch dazu beitragen, Chinas wachsendem Einfluss als Investitions- und Handelspartner in der östlichen und südlichen EU-Nachbarschaft etwas entgegenzusetzen. Die EU sollte Anreize für die Unternehmen schaffen, ihre Produktion in die Nachbarschaft der Gemeinschaft zu verlagern, sollte ihren Nachbarn einen besseren Zugang zum EU-Markt gewähren, einen partnerschaftlichen Ansatz bei der Festlegung von Standards und der Regulierung verfolgen, mit dem Ziel, hohe Standards durchzusetzen, um fairere, intensivere und nachhaltigere Handelsbeziehungen zu gewährleisten.[115]

Near-Shoring und Re-Shoring

Viele Unternehmen arbeiten seit Jahren daran, Geschäftsprozesse oder Dienstleistungen eher in nahe gelegene Länder oder Regionen anstelle von weit entfernten Standorten auszulagern. Sie wollen Kosten senken, die Effizienz verbessern und gleichzeitig die Nähe zu ihren Zielmärkten wahren, um politische Risiken sowie zunehmende Unwägbarkeiten im Transport zu minimieren. Mittel- und Osteuropa sind seit den 1990er-Jahren beliebte Nearshoring-Ziele und noch verstärkt seit dem Beitritt vieler mittel- und osteuropäischer Staaten zur EU. Auch Marokko, Tunesien und Ägypten sind aufgrund ihrer Nähe zu Europa, niedriger Kosten und qualifizierter Arbeitskräfte zu attraktiven Outsourcing-Standorten aufgewachsen.

Unternehmen konzentrieren sich zunehmend auf Qualität und Innovation, was dazu führt, dass Outsourcing-Ziele neu bewertet werden. So investieren auch Nearshoring-Anbieter in neue Technologien wie künstliche Intelligenz und Automatisierung, um ihren Kunden höherwertige Dienstleistungen zu bieten, – und in besser qualifizierte Arbeitskräfte. Im Dienstleistungssektor tritt dabei vor allem Mehrsprachigkeit in den Vordergrund. So können der Maghreb oder auch der Westbalkan zur Alternative zu traditionellen weiter entfernten Outsourcing-Destinationen wie Indien und den Philippinen werden.

Ein wichtiges Thema ist seit einigen Jahren auch das Re-Shoring: Zuvor ausgelagerte Geschäftstätigkeiten oder -abläufe werden in das Heimatland oder den europäischen Binnenmarkt zurückgeholt, anstatt sie weiterhin im Ausland zu betreiben. Dies ist kein rein europäisches Phänomen, sondern betrifft genauso die Regionen Asien/Pazifik (ohne China), Afrika sowie den Nahen und Mittleren Osten.[116] Als Gründe für Re-Shoring-Entscheidungen werden steigende Arbeitskosten im bisherigen Land des Outsourcings, Bedenken hinsichtlich des Schutzes des geistigen Eigentums und der arbeits- und menschenrechtlichen Grundbedingungen im Produktionsprozess genannt. Weitere Gründe sind die Sorge vor Unterbrechungen der Lieferketten oder auch der Wunsch, Arbeitsplätze in die lokale Wirtschaft zurückzubringen. Eine Befragung der Deutschen Industrie- und Handelskammer zeigt auf, dass deutsche Unternehmensvertreter:innen aber auch zunehmend Gründe anführen, die mit der politischen Rahmensetzung zu tun haben: die Erfüllung von »Local Content«-Vorschriften, Nachhaltigkeitspflichten und die Umgehung von Handelshemmnissen.[117] Dem Re-Shoring sind betriebs- und volkswirtschaftliche Grenzen gesetzt: Die Spezialisierung und Produktivität in Deutschland und auch der Regionen und Staaten, mit denen Deutschland viel kooperiert, würde sinken, da eine größere Anzahl von Unternehmen in weniger produktiven Sektoren tätig sein würde. Notwendige Ressourcen, etwa Arbeitskräfte, sind begrenzt, und eine Produktion vor Ort hat sehr hohe Kosten. So werden der bereits bestehende Mangel an qualifizierten Arbeitskräften und die demografische Entwicklung Europa und andere Staaten des politischen Westens weiterhin dazu ermutigen, arbeitsintensive Produktionen in andere Regionen auszulagern. Dies gilt auch für den Dienstleistungssektor, wobei hier insbesondere die Digitalisierung helfen wird: Die digitale Geschäftsabwicklung und die immer besser automatisierten Übersetzungen helfen dabei, dass Dienstleistungen auch grenz- und sprachüberschreitend erbracht werden können. Die kontinuierliche Auslagerung von Güterproduktion und von Dienstleistungen ist auch deshalb nötig, weil die hohe Inflation mehr internationalen Wettbewerb erfordert, um die Preissteigerungsraten zu reduzieren. Das bedeutet: Mehr, nicht weniger internationale Arbeitsteilung braucht die europäische, braucht die deutsche Wirtschaft.

Die Globalisierung wird nicht stoppen, es sei denn, dass die Politik in einem oder mehreren Staaten entscheidet, gezielt Barrieren zu errichten, die zu einer Entkopplung führen. Ändern werden sich aber Unternehmensstrategien: Viele CEOs passen ihre Einkaufs-, Partnerschafts- und Investitionsentscheidungen den neuen politischen Rahmenbedingungen an. Risikodiversifizierung spielt eine viel größere Rolle als früher, und auch die Frage, unter welchen Bedingungen die Politik, etwa durch Hermesbürgschaften, Investitionen im und Handel mit dem Ausland absichert, hat einen Einfluss auf Geschäftsmodelle. Die Zunahme von Strafzöllen, beziehungsweise allein die Androhung davon, führt manche Unternehmen dazu, ihre Produktion zu verlagern, statt auf Export zu setzen. Die im Ausland produzierten Waren und Dienstleistungen tauchen dann nicht mehr in der Handelsbilanz auf. Je stärker dieser Trend wird, desto wichtiger ist es, zur

Einschätzung der internationalen Verflechtungen genau in die Zahlungsbilanzen zu schauen.

Die Beziehungen zu China

Die Wirtschaftsbeziehungen Deutschlands und der EU zu China zeigen, wie stark unternehmerische Logiken und politische Maßnahmen in Zeiten des geopolitischen Wettbewerbs ineinandergreifen. Ähnlich wie im Falle Russlands und der Energieversorgung haben die engen Wirtschaftsbeziehungen zu China dazu geführt, dass Deutschlands außenpolitischer Handlungsspielraum gegenüber Peking eingeschränkt ist. Für einen souveränen Staat ist das eine risikoreiche Situation. Gleichzeitig sind die engen Wirtschaftsbeziehungen von großem Nutzen für Deutschland. Daher wird hierzulande sehr stark vor den Trump'schen »Decoupling«-Diskussionen gewarnt – und sehr klar gemacht, dass dieses Konzept der US-China-Politik, das die USA selbst im Übrigen gar nicht umsetzen, für Deutschland aus wirtschaftlichen und aus politischen Gründen unklug und risikobehaftet ist: Zu hoch sei der Preis eines Rückzugs deutscher Unternehmen aus China oder auch der einer Absage an chinesische Investitionen in Deutschland.

Grundsätzlich ist die Warnung sicherlich richtig – die Nachteile einer abrupten Abwendung vom chinesischen Markt und von China als Investor wären enorm. Die eigentliche strategische Frage ist allerdings eine andere: Es geht nicht um Entkopplung – die niemand will –, es geht um ein besseres Risikomanagement für Unternehmen und den Staat und um eine Erweiterung des politischen Handlungsspielraums. Aus dem »Wandel durch Handel«-Debakel mit Russland lernen, heißt unternehmerische und politische Risiken differenziert bewerten lernen.

Deshalb sollten beispielsweise die Diskussionen um eine Beteiligung des chinesischen Telekommunikationsanbieters Huawei am Bau des deutschen 5-G-Netzes weitsichtig hinsichtlich möglicher Abhängigkeiten, Erpressbarkeiten und Sabotagerisiken geführt werden. Auch die Frage, was es bedeutet, wenn der deutsche Chemiekonzern BASF seinen größten und modernsten Standort nicht in Europa oder den USA, sondern in China aufbaut, muss unter Berücksichtigung der politischen Entwicklung beantwortet werden. Ebenso das Risiko, wenn der China Ocean Shipping Konzern (COSCO) ein Terminal im Hamburger Hafen kauft. Und für die Frage, ob VW ein Werk in der Provinz Xinjiang unterhalten sollte, in der die chinesische Regierung in einem unfassbaren Ausmaß Menschenrechtsverletzungen an den Uiguren begeht, ist nicht nur die betriebswirtschaftliche Analyse relevant.

Im Falle Russlands hat Deutschland aus wirtschaftlicher Sicht Glück gehabt. Die Entkopplung von russischem Gas im Jahr 2021 war wider Erwarten möglich und gelang dank eines beherzten Umsteuerns der Politik sogar zu einem vertretbaren Preis. Noch im Frühjahr 2021 wurden diejenigen, die aus außen- und sicherheitspolitischen Gründen ein europäisches Embargo auf fossile Brennstoffe aus Russland forderten, in der deutschen Diskussion auch von Regierungsvertreter:innen als unverantwortlich und leichtfertig kritisiert.

Konstruktiver als Kritik an Kritik ist die Auseinandersetzung darüber, welche Politik dafür verantwortlich ist, dass in Deutschland zunächst das Gefühl vorherrschte, gegenüber Russland bei den wirksamsten Instrumenten, nämlich einem Stopp der fossilen Energieimporte, keinen Handlungsspielraum zu haben. Die Antwort ist einfach: Die Beendigung einer übermäßigen Abhängigkeit drohte Deutschland mehr zu schaden, als das Ziel eines möglichen Embargos Russland geschadet hätte.

Dieser Gedanke sollte auch die neue Chinapolitik leiten: Wirtschaftliche Zusammenarbeit, Handel und Direktinvestitionen oder auch Forschungskooperationen können entwickelt werden, solange sie kein Sicherheitsrisiko darstellen und nicht den Gestaltungsraum der deutschen Außen-, Sicherheits- und Außenwirtschaftspolitik gegenüber China einschränken. Die Abhängigkeiten dürfen nicht zu einer Situation führen, in der die deutschen und europäischen Partner Chinas unter enormen Druck geraten, weil ihr Ausstieg aus der Zusammenarbeit nur zu nicht vertretbaren volkswirtschaftlichen oder politischen Kosten möglich wäre.

Das bedeutet für Europa oder Deutschland keineswegs, dass eine Entkopplung von China vorangetrieben werden soll. Im Gegenteil: Es mag sogar sinnvoll sein, in einigen Bereichen enger mit China zusammenzuarbeiten, etwa im Bereich der grünen Transformation, nicht nur in Europa und China, sondern auch in einem gemeinsamen Engagement für eine verträgliche Klimatransition im sogenannten Globalen Süden. Ein strategischeres Nachdenken über China bedeutet aber sehr wohl, dass keine Abhängigkeit so groß sein darf, dass man sie nicht von heute auf morgen beenden könnte. Von diesem Zustand ist Deutschland noch weit entfernt, und Xi Jinping setzt längst die Abhängigkeit westlicher Partner vom großen chinesischen Markt als Waffe bei der Durchsetzung nationaler Interessen ein.

Darüber hinaus verfolgt Xi seit Jahren eine eigene Version von Entkopplungspolitik. Er will umgekehrt Chinas Abhängigkeit vom Westen sowohl von den dortigen Märkten als auch bei den Schlüsseltechnologien durch eine aggressive Forschungs- und Entwicklungspolitik und enorme Modernisierungsinvestitionen reduzieren. In dem Maße, in dem China an Wettbewerbsfähigkeit gewinnt, steigt das Risiko, dass China seine Beziehungen zu Deutschland und Europa selbst einschränkt.

Auch die USA differenzieren ihre Decoupling-Politik mit Blick auf China: Sie forcieren den Handelskrieg um kritische Güter wie Mikrochips, während in nicht sicherheitsrelevanten Bereichen weiter Geschäfte gemacht werden. Für die USA wie für Europa gilt: Die Kosten einer wirtschaftlichen Entkopplung von China wären sehr hoch. Ein Szenario für Deutschland skizziert eine Studie des ifo-Instituts: Eine Rückverlagerung der Produktion nach Deutschland und eine Rückabwicklung der internationalen Wertschöpfungsverflechtungen würde zu einem Einbruch des realen Bruttoinlandsprodukts (BIP) von 9,68 Prozent führen. Ein Re-Shoring hätte ebenfalls negative Auswirkungen auf China, allerdings mit einem BIP-Verlust von 0,17 Prozent in weitaus geringerem Maße. In einem Nearshoring-Szenario, bei dem die Produktionsschritte aus China in die EU-27, die Türkei und Nordafrika rückverlagert würden, wäre der Rückgang des realen BIPs deutlich geringer für Deutschland, mit 4,17 Prozent aber dennoch sehr relevant. In beiden Szenarien würden die Spezialisierung und Produktivität in Deutschland und der EU, der Türkei und Nordafrika sinken, da eine größere

Anzahl von Unternehmen in weniger produktiven Sektoren tätig sein würde.[118]

Rein ökonomisch betrachtet wäre eine breit angelegte Re- und Nearshoring-Offensive also wenig sinnvoll. Der erhebliche Wohlstandsverlust macht dies auch aus kurzfristiger politischer Sicht zu keiner guten Option. Die Umgestaltung globaler Lieferketten ist weitaus komplizierter, als die Debatte mitunter vermuten lässt.

Welche politischen Optionen gibt es also sonst für ein Land wie Deutschland, das international im besonderen Maße wirtschaftlich eingebettet ist? 95 Prozent des deutschen Güterhandels entfallen auf Unternehmen, die sowohl importieren als auch exportieren. Neben Near- und Re-Shoring können Risiken, die sich aus internationaler Verflechtung ergeben, dadurch reduziert werden, dass der regelbasierte Rahmen, in dem Handel stattfindet, wieder glaubwürdiger und verlässlicher wird. Allerdings ist es seit Jahren nicht gelungen, die regelbasierte multilaterale Handelsordnung zu reformieren, sodass mittlerweile eine Regionalisierung und Bilateralisierung von Handelsabkommen eingesetzt hat. Eine wichtige Aufgabe der Europäischen Union, die von ihren Mitgliedstaaten die Kompetenz für die Aushandlung von Freihandelsabkommen übertragen bekommen hat, ist es daher, möglichst robuste bi- und multilaterale Abkommen mit unterschiedlichen Partnern auszuhandeln und gleichzeitig eine starke Stimme für die notwendige Reform der internationalen Handelsordnung zu werden.

Für die offene deutsche Wirtschaft hat die Zunahme von macht- und geoökonomischem Kräftemessen, haben transnationale Gefahren wie Pandemien und Krieg auf dem europäischen Kontinent einen hohen Preis. Und damit auch für die Politik. Hier hält sich die Einschätzung: China ist nicht Russland – eine Entkopplung wie mit den fossilen Brennstoffen aus Russland geschehen ist nicht möglich. Zwei Fragen müssen dazu beantwortet werden: Was macht Deutschland, wenn China selbst die Entkopplung vorantreibt? Auch bei Russland lagen schließlich diejenigen falsch, die annahmen, dass Putin sich einen Krieg wegen der zu erwartenden Exporteinbrüche russischer Energie und weitreichender Sanktionen nicht würde leisten können. Die Rationalität liberaler Demokratien und Marktwirtschaften ist eben nicht die gleiche wie die, mit der imperial denkende Diktatoren ihre Optionen bewerten.

Die zweite Frage betrifft eine zunehmend wichtige interne Abwägungsentscheidung: Was sollte uns ein größerer Handlungsspielraum in der deutschen Außenpolitik wert sein? Wie viel Prozent des BIPs darf es uns kosten, durch eine Reduzierung der Abhängigkeit von Diktatoren Freiheit und nationale Sicherheit besser zu schützen? Im Falle Russlands 2022 hat Deutschland unter dem Eindruck des Krieges nach einigen Monaten zunehmend klare Antworten gefunden. In Bezug auf China stehen die endgültigen Antworten noch aus, aber die Politik hat bereits Fortschritte darin gemacht, die eigenen Abhängigkeiten klar zu identifizieren und Schutzmechanismen zu entwickeln. Dazu gehört etwa das Screening von ausländischen Direktinvestitionen in kritischen Industrien, das in allen EU-Staaten umgesetzt werden muss – auch wenn sich manch ein CEO ärgern mag, dass es so viele Hürden gibt, bis etwa chinesisches Geld in ein Unternehmen fließt. Um zu verhindern, dass die Gesellschaft zu hohen Kosten risikoreicher Unternehmensentscheidungen ausgesetzt ist, sind Präventionsmaßnahmen seitens des Staates nur allzu gerechtfertigt.

Gegen die Blockbildung

Die Notwendigkeit, zu autoritären Regimen eine größere Distanz zu gewinnen, um nationale Handlungssouveränität und Resilienz zu schützen, führt aber nicht automatisch zu einer Welt, die in zwei konkurrierende Blöcke aufgeteilt ist. Tatsächlich haben viele europäische Regierungen und auch Bevölkerungen heute anders als die USA die Vision einer Welt, die nicht in zwei ideologisch aufgeteilten Gruppen organisiert ist. Von der unipolaren Welt kommend, ist der Blick aus Washington vor allem nach Peking gerichtet, Europa wird von Washington im westlichen Block quasi mit eingemeindet. Europas geografisch größere Nähe zu Russland und auch zu China, die vielfältigen Abhängigkeiten und die historischen Beziehungen mit Moskau und Peking sind mit dafür verantwortlich, dass das Bild, das viele Europäer:innen von der Welt haben, nicht mit einem genauso dicken Pinselstrich gemalt ist wie das vieler US-Amerikaner:innen. Im transatlantischen Verhältnis dürfte dies zu intensivsten Diskussionen führen, etwa wenn es darum geht, China für einen möglichen Übergriff auf Taiwan zu sanktionieren. Während es wegen der wirtschaftlichen Kosten auch für die USA unwahrscheinlich ist, dass Washington eine Extremposition einnimmt, könnte der Sanktionsansatz aber doch stärker ausfallen, als Europa beziehungsweise Deutschland dies wollen.

Europas Skepsis gegenüber der Idee, dass die Welt in

zwei Blöcke zerfällt, die zunehmend politisch und wirtschaftlich voneinander abgeriegelt sind, führt bereits zu einem intensiveren Dialog mit einzelnen Staaten des sogenannten Globalen Südens und stärkeren politischen und wirtschaftlichen Beziehungen. Keineswegs aber dürfen alle Staaten des Globalen Südens über den gleichen Kamm geschert werden. Nicht einmal die Gruppe der aufstrebenden BRICS ist in sich homogen und muss differenziert betrachtet werden. Ein Blick auf Indien und China illustriert dies klar: Beide sind politisch unterschiedlich verfasst. China ist ein autoritäres Regime, Indien bezeichnet sich gerne als die größte Demokratie der Welt, wenngleich Premierminister Modi einen Personenkult betreibt, der aus Sicht mancher Analysten die Funktionsfähigkeit der indischen Institutionen beschränkt.[119] China und Indien stehen für ganz unterschiedliche Werte, haben politisch-inhaltliche Divergenzen und befinden sich durch vergangene Kriege und laufende Konflikte über die Jahrhunderte immer wieder in einer akuten Auseinandersetzung. Ihre Positionierung gegenüber dem politischen Westen und gegenüber Russland ist von unterschiedlichen Gründen bestimmt.

Jeder Staat des Globalen Südens kann mit Recht erwarten, dass er von Deutschland, Europa und den USA zunächst als eigenständiger Akteur betrachtet wird, dessen Interessen und Zwänge verstanden und berücksichtigt werden. Nicht länger haben Staaten des Globalen Südens Verständnis dafür, wenn Vertreter des politischen Westens mit zweierlei Maß messen. »Europa und Deutschland haben offensichtlich kein Problem damit, Länder wie Indien über Demokratie, Umweltschutz und Menschenrechte zu belehren und ihre Unterstützung für die Ukraine und andere noble Anliegen einzufordern – und gleichzeitig die eigenen Geschäftsbeziehungen mit China zu vertiefen, trotz des chinesischen Abenteurertums in der Region und Chinas schrecklicher Bilanz in Bezug auf Menschenrechte«, sagt die Präsidentin des GIGA-Instituts in Hamburg.[120]

Versteht etwa Deutschland die Zwänge der Partner im Globalen Süden besser, kann es dazu beitragen, ihre Abhängigkeiten zu verringern. Indien könnte seine globalen Lieferketten über tiefere wirtschaftliche Integration mit Europa neu ausrichten. Das ist auch aus geopolitischer Sicht sinnvoll, damit sich für Indien Schritt für Schritt eine Alternative zu Russland auftut und das Land gegenüber China gestärkt wird. Erfordern würde dies von Europa nicht nur wirtschaftliches und finanzielles Engagement, sondern Offenheit und Neugierde auf einen Megastaat, der mit 1,3 Milliarden Menschen in diesem Jahr China den Rang des bevölkerungsreichsten Landes der Welt abgelaufen hat und dabei immer noch mit mitunter chaotischen, wenngleich demokratischen Prozessen funktioniert.

Geduld und Vorgabe, dem anderen auf Augenhöhe zu begegnen, sind die Mindestanforderungen für Erfolg. Unbedingt sollte die Kooperation Verteidigung und Rüstung einschließen, ebenso wie die digitale und grüne Transformation und Energiekooperationen. Hilft man Indien dabei, diese Transformationsagenda zu bewältigen und dabei seine Abhängigkeiten zu reduzieren und stärker zu diversifizieren, kann sich dies auch positiv in globalen Fragen auswirken. Denn Indien würde Handlungsspielraum gewinnen und könnte Entscheidungen souveräner fällen. Solange dies nicht so ist, wird sich Delhi in Fragen von Krieg und Frieden nicht gegen Moskau positionieren und vermutlich auch nicht einer Reform der internationalen Ordnung zustimmen, die Russlands Interessen entgegensteht.

Reform des Multilateralismus

Immer deutlicher wird, dass der Westen, sofern er an seinen alten Regeln und Normen ohne Konzessionen gegenüber dem Globalen Süden festhält, die Staaten der Grauzone in die Arme autoritärer Groß- und Regionalmächte treibt. Das hätte eine rasante Zersplitterung der Welt in Sphären und daraus folgend eine weitere Schwächung internationaler Organisationen zur Folge – im schlimmsten Fall bis hin zu deren Bedeutungslosigkeit. In diesem Fall würde die Welt in noch deutlich größere Unordnung geraten, als sie derzeit schon ist. Aufgabe des politischen Westens ist es also, mit den Staaten des Globalen Südens, den Golfstaaten und auch den autoritären Großmächten China und Russland über internationale Ordnungsstrukturen zu sprechen, die deren Interessen besser berücksichtigen, als dies derzeit der Fall ist.

Immer deutlicher zeichnet sich ab, dass das internationale System in seiner Form der Nachkriegszeit zwar formal möglicherweise noch eine Weile fortbestehen kann, aber immer eingeschränkter funktioniert und bereits von innen untergraben wird, etwa durch die Finanzierungs- und Personalpolitik Chinas.

In den internationalen Ordnungsstrukturen spielt sich nicht nur ein Machtkampf, sondern ein anhaltender strategischer und ideologischer Wettbewerb ab. Aus europäischer Sicht ist es wichtig, dass die Tendenz zur Blockbildung nicht in einen neuen Kalten Krieg mündet, in dem Entkopplung, Konfrontation und Unsicherheit zunehmen. Vor diesem Hintergrund bleibt die ebenso schwierige wie erstrebenswerte Option, die Weltordnung so umzugestalten, dass es in einer multipolaren Welt mit mehreren Machtzentren und aktiven Regionalmächten Strukturen gibt, die Transparenz und Verlässlichkeit ebenso wie gegenseitige Kontrolle und kontrollierte Konfliktbeilegung schaffen. Darüber hinaus ist es unbedingt notwendig, die Mechanismen für das transnationale Krisenmanagement zu verbessern und Solidaritätsmechanismen zu schaffen, sodass etwa die nächste Pandemie oder die Folgen des Klimawandels keine so tiefen Risse zwischen Staaten und Vertrauensbrüche entstehen lassen, wie sie die Reaktionen der internationalen Staatengemeinschaft auf COVID-19 oder der bisherige Umgang mit den Kosten des Klimawandels verursacht haben.

7
Aufgaben in der Welt der Unsicherheit

Deutschland und Europa befinden sich an einem neuen historischen Wendepunkt nach Ende des Zweiten Weltkriegs, vergleichbar in seiner Bedeutung mit den Umbruchjahren 1989/90. Allerdings war das Ende des Kalten Krieges ein Moment, als eine existenzielle Bedrohungslage wegfiel. Das westliche Modell, das Deutschland voll angenommen hat, schien den Systemwettbewerb gewonnen zu haben. Jetzt aber ist Deutschland grundlegend herausgefordert: im nationalen Kontext, in der Region und global. In der neuen Zeit der Unsicherheit muss es sich auf eine lange Auseinandersetzung mit autoritären Regimen einstellen, die in viele Bereiche der Gesellschaft, Politik und Wirtschaft hineinreichen wird. Deutschland braucht eine nationale und eine europäische Strategie, um die eigenen Interessen in einer dauerhaft unfriedlichen Welt durchzusetzen.

Es geht jetzt darum, für den Kontinent in der neuen konflikthaften Zeit eine Sicherheitsordnung zu entwickeln, in der die europäischen Staaten schon bald viel mehr Verantwortung und damit auch Kosten und Risiken übernehmen müssen. Es geht darum, unser Wirtschaftsmodell in einem Zeitalter des geoökonomischen und geopolitischen Wettbewerbs neu aufzustellen: Abhängigkeiten müssen weiter reduziert werden, und in der digitalen und grünen Transformation muss in besonderer Weise die Innovationskraft und Wettbewerbsfähigkeit gesteigert werden, ebenso wie die Resilienz. Denn die Welt und Europa werden weiterhin von Krisen erschüttert werden, und es geht darum, in schwierigen Phasen nicht nur auf Schocks reagieren zu können, sondern permanent an der eigenen Weiterentwicklung zu arbeiten, im Inneren wie im Äußeren. Nur so werden unser Lebens- und Gesellschaftsmodell, unsere Demokratie und unsere soziale Marktwirtschaft in einer härteren Welt Bestand haben können.

Epochenwechsel

Die neuen globalen und regionalen Ordnungen und damit der Kontext und die Rolle, aus der Deutschland künftig heraus handelt, werden sich erst in den nächsten fünf Jahren entwickeln. Gegenwärtig bewerten Regierungen ihr sich wandelndes Umfeld neu und werden entscheiden, wie sie sich an die Veränderungen anpassen und Optionen nutzen, um ihre Macht zu erweitern, ihren Ressourcenzugang und einige eventuell auch ihr Territorium. In einer immer weniger regel- und zunehmend machtbasierten Ordnung wird die Interaktion von Staaten konfliktreicher und potenziell disruptiver werden, denn das Recht des Stärkeren wird in militärischer, wirtschaftlicher oder digitaler Hinsicht immer entscheidender. Die Akteure mit dem größten Macht- und Gestaltungsanspruch werden jedes Vakuum füllen, das die an Bedeutung verlierenden Global-Governance-Strukturen oder auch sich zurückziehende Groß- und Regionalmächte hinterlassen. Damit perpetuieren sich die Herausforderungen für die bestehenden internationalen Ordnungsstrukturen, deren Glaubwürdigkeit ohnehin bereits ausgehöhlt worden ist.

Die Kooperationsdynamik zwischen Peking und Moskau, die der Ukraine-Krieg stark verändert hat, illustriert die internationalen Umbrüche. Wie oben beschrieben, hat sich die chinesisch-russische Zusammenarbeit vertieft, ebenso wie die Russlands mit dem Iran – allesamt derzeit teilsanktionierte Staaten. Indien pflegt seine strategische Unentschiedenheit zwischen Russland und dem Westen. Die geopolitische Lage radikal verändern würde eine Annäherung zwischen China und Indien, die heute weit entfernt scheint, aber nicht für alle Zeit ausgeschlossen ist. Gleichzeitig verschärft sich der Wettbewerb um die nicht eindeutig positionierten Staaten dadurch, dass eine Isolation Russlands trotz der umfassenden Sanktionen durch den Westen in der Realität nicht funktioniert. Denn Russland exportiert seine fossilen Brennstoffe zu Sonderpreisen in andere Länder, wo es auch ohne größere Probleme Abnehmer findet, die wiederum auf diese Weise vom Leid der Ukraine profitieren während sie in der geopolitischen Grauzone verharren beziehungsweise sich Russland sogar annähern.

Wenn in der neuen Welt der Machtverschiebungen und des Systemkonflikts immer weniger die Stärke des Rechts gilt, wächst der Druck auf Deutschland, sich selbst möglichst gut aufzustellen und enge Allianzen mit Gleichgesinnten zu schmieden. Für Deutschland bedeutet das:

Stärken der eigenen Gesellschaft, Wirtschaft und Demokratie zu schützen und weiter zu stärken, Schwächen zu beheben und die Europäische Union sowie die transatlantische Partnerschaft so weiterzuentwickeln, dass gemeinsam bestehende Handlungsfähigkeit bewahrt wird und größere Handlungsfähigkeit entsteht.

Darüber hinaus muss Deutschland, muss Europa, müssen die transatlantischen Partner andere Staaten zur Kooperation einladen, denn die drängendste globale Krise, der Klimawandel, erfordert sofortiges Handeln. Es ist deutlicher denn je, dass trotz systemischen Wettbewerbs und manifester Konflikte das Überleben des Planeten in den Händen aller Staaten gemeinsam liegt und dass schnell agiert werden muss.

Also muss mit großem Engagement ein Narrativ gegen Abschottung und Konflikt entwickelt und glaubwürdig vertreten werden: Es gibt etwas noch Größeres und Wichtigeres als den derzeit alles dominierenden Machtwettbewerb. Es geht um öffentliche Güter, globale und europäische, die nur gemeinsam bereitgestellt und gesichert werden können. Der Preis des Nichthandelns trifft jede und jeden von uns. In diesem Sinne und vor dem Hintergrund einer sich fundamental verändernden Welt bietet das letzte Kapitel Denkanstöße zur Frage, was Deutschland jetzt tun kann.

Gestaltungskraft in der Polykrise

Es ist keine ausgemachte Sache, dass Europa und die transatlantischen Partner auch in Zukunft zusammenhalten im Hinblick auf die weiterreichenden Herausforderungen, vor die sie durch autoritäre Staaten gestellt werden. Die Welt verändert sich schneller, als den meisten Entscheiderinnen und Entscheidern in Politik und Wirtschaft bewusst sein dürfte. Russlands Krieg beschleunigt bereits laufende Entwicklungen wie in einem Zeitraffer, nicht nur die der regionalen Sicherheitsordnung in Europa. Regionale und globale Wirtschaftssysteme befinden sich in einem Umbruch, der mit einer Aushöhlung der globalen Finanz- und Wirtschaftsinstitutionen einhergeht. Wirtschaftsmodelle müssen umgestaltet werden, da sich Handels- und Investitionsbeziehungen ebenso wie Rohstoff- und Energiepartnerschaften gemäß der geopolitischen Konfliktlinien neu sortieren. Technologien entwickeln sich rasant, und ihr Einsatz verändert sich: Zum einen zeigt der Krieg in der Ukraine, wie variabel zivile Technologien heute in einem militärischen Konflikt eingesetzt werden können. Parallel dazu gibt uns ChatGPT, die erste KI-Anwendung, die der Öffentlichkeit zugänglich ist, einen Eindruck davon, wie massiv sich unsere Lebens-, Lern- und Arbeitswelten noch verändern werden. Ebenso betroffen sind unsere Demokratien. Neue KI-Anwendungen wie ChatGPT können die desaströse Wirkung von Desinformation vergrößern und das Vertrauen in Politiker, Parteien, Wahlen und Medien weiter untergraben. Vor allem so genannte Deepfakes, also mit Hilfe von KI veränderte Fotos, Videos oder Audio-Dateien, sind eine äußerst gefährliche Form der Manipulation von Medieninhalten, die zunehmend im Kontext von Wahlen eingesetzt werden dürften. Dabei nimmt die externe Einflussnahme die inneren Spannungen und Polarisierung innerhalb politischer Gemeinschaften und Gesellschaften auf und vertieft sie. Dies alles geschieht vor dem Hintergrund der größten Bedrohung der Menschheit: des Klimawandels. Hieran wird die Bitterkeit der aktuellen politischen Lage und die bewusste Gefährdung des Zusammenhalts in unserer Gesellschaft besonders deutlich: Die Bekämpfung des Klimawandels erfordert eigentlich besonders schnelles, gemeinsames und solidarisches Handeln – über die Grenzen der Nationalstaaten und Europas hinweg. Die politische Realität ist allerdings, dass gerade Klimaschutzmaßnahmen, die von Einzelnen eine Verhaltensänderung erfordern oder Kosten verursachen, besonders stark für politische Polarisierung durch radikale Kräfte im In- und Ausland genutzt werden. Der Heizungsstreit in Deutschland ist ein Beispiel dafür, das für große Verunsicherung sorgt und gar als Kulturkampf bezeichnet wird, wobei es nicht um »das Vermitteln von Inhalten und das Erreichen von Zielen« gehe, sondern »immer nur um den Kampf als Selbstzweck«, wie der Grünenpolitiker Heiko Sachtleben feststellte.[121]

Während die Politiker:innen mit akuten Konflikten und zunehmenden Krisen umgehen müssen, müssen sie gleichzeitig immer wieder unter großer Unsicherheit grundlegende Entscheidungen treffen, die ihrerseits den geopolitischen und gesellschaftlichen Gesamtrahmen verändern. Oftmals besteht daher schon allein aus Zeitgründen nicht die Möglichkeit, einen systemischen Blick auf die bestehenden Herausforderungen zu werfen. Das Problem dabei ist aber: Viele der Entscheidungen, die kurzfristig getroffen werden müssen, haben langfristige Konsequenzen. Sie wirken zudem über die zunehmende Überlappung von Krisen in andere Bereiche hinein. Und sowohl die Krisen als auch Antworten, die national gefunden werden, haben in einem so eng verflochtenen System, wie die EU es ist, Folgen nicht nur für Deutschland, sondern auch für alle europäischen Partner. Die Serien politischer Entscheidungen gleichen einem permanenten Drahtseilakt. »Wir wissen, dass wir Fehler machen. Manche, weil es zu schnell geht, andere, weil sich die Zukunft nicht wirklich einschätzen lässt. Wichtig ist, dass wir schnell merken, wenn wir korrigieren müssen und dann die Kraft und den politischen Rückhalt haben, das zu tun«, sagt ein Regierungsmitarbeiter.

Wirksame Ansätze zur Bewältigung der aktuellen Ungewissheit und Komplexität müssen erst noch weiterentwickelt werden. Das gilt vor allem für die Politik und die sie beratenden Organisationen, aber auch für die Wirtschaft. Zudem müssen der private und der öffentliche Sektor in vielen Bereichen enger und anders als früher Hand in Hand arbeiten, da sich etwa die Sicherheitslage maßgeblich verschärft hat und Transformationsaufgaben sich mit höherer Dringlichkeit stellen.

Es ist eine der großen Herausforderungen unserer Zeit, die Unsicherheit über die Zukunft und die vielfältigen Umbrüche in flexibles, politisches Handeln zu übersetzen. Mit weniger Transparenz über tatsächliche Umsetzungschancen und mit höheren Risiken muss dabei umgegangen werden, und mit nicht direkt beabsichtigten Auswirkungen, deren Auftreten zu Anpassungen führen muss. Mit der gewachsenen Unsicherheit haben sich die Voraussetzungen für erfolgreiches politisches Handeln verändert. Aus der Erfahrung des Krieges in der Ukraine sollten die europäischen Gesellschaften grundlegende Lehren ziehen: zum Beispiel die Erkenntnis, dass sie externen Bedrohungen viel besser standhalten werden können, wenn die Grundfunktionen des öffentlichen Lebens auch in Krisen und Konflikten gewährleistet werden können. Dies wird eine Verstärkung vieler Infrastrukturen erfordern. All diese Anstrengungen werden einen finanziellen, aber auch politischen Preis haben, den die Gesellschaften bereit sein müssen zu zahlen. Darüber hinaus ist andauernde und klare Kommunikation nötig, um die permanente Transformation, etwa in den Bereichen Energie, Sicherheit, Digitalisierung, Bildung und Infrastruktur, und ihre jeweiligen Ziele zu erklären.

Eine weitere Herausforderung ist, Politik ohne ein realistisches, gutes Zukunftsszenario zu gestalten. Die größten Themen unserer Zeit haben weniger mit positiven Zukunftsvorstellungen denn mit Gefahrenabwehr zu tun, vom Klimawandel über Pandemien, vom Konflikt der Großmächte China und USA zur russischen Gefahr. Auch deshalb ist die unabsehbare Dauer des Konflikts in der Ukraine und der Mangel an Perspektiven für einen konstruktiven Umgang mit Russland ein großes Problem. So ist es beispielsweise absehbar, dass die Ukraine und ihre Nachbarn über sehr lange Zeit unterstützt werden müssen. Die Dauer des Krieges ist ungewiss, und der Wiederaufbau der Ukraine wird, insbesondere weil mit Rückschlägen zu rechnen ist, eine Mammutaufgabe. Die Motivation für das Engagement kann derzeit noch daraus gezogen werden, dass man den schlimmsten Fall verhindern will, etwa eine überregionale Ausweitung des Krieges oder eine nukleare Eskalation, die Zerstörung der Ukraine und anderer souveräner Staaten, denen Russland die Existenzberechtigung abspricht. Wie lange sie halten kann und wie sich die Auswirkungen der geopolitischen Weltlage, insbesondere in Asien, auf Deutschland, Europa und den Umgang mit Russland auswirken, ist heute noch nicht absehbar.

Es ist nachvollziehbar, dass sich die politische Energie derzeit auf den Umgang mit Krisen und Gefahren, auf rasante Anpassungen an neue Situationen konzentrieren muss. Aber gleichzeitig hat Deutschland, hat Europa so viel an Positivem, so viel an Zukunftsträchtigem zu bieten, sei es im Bereich der Innovation, der Bildung, der Kultur – oder schlichtweg im erfolgreichen politischen Umsteuern in einer Ausnahmesituation seit Beginn des Krieges in der Ukraine. Die politische, die mediale und die gesellschaftliche Aufmerksamkeit sollten bewusst immer wieder auf Erfolge in verschiedensten Lebensbereichen gerichtet werden. »Gute Nachrichten sind keine Nachrichten«, heißt es oft in Medienredaktionen. Was für die Nachrichtenauswahl nachvollziehbar ist, sollte nicht für die politische Kommunikation und das gesellschaftliche Selbstverständnis gelten. Gerade in Krisenzeiten und in Umbrüchen, in denen positiver Wandel nur durch sehr vorausschauendes Handeln und die Bereitschaft, in die lange Frist zu investieren, möglich ist, sind positive Zielvorstellungen und Erfolge auf dem Weg dringend notwendig. Mit dieser Kraft ist Gestaltung auch in der Polykrise möglich.

Im Systemkonflikt zusammenhalten

Russlands Krieg in der Ukraine kann man als die jüngste und brutalste Form eines immer schärfer werdenden Systemkonflikts zwischen liberalen Demokratien und autoritären Regimen sehen. Nimmt man Chinas und Russlands Schulterschluss hinzu, wird das Ausmaß der gewaltigen Herausforderung deutlich. Zwar geht es in dem Krieg zunächst um die Existenz der Ukraine. Doch gelingt es dem Westen nicht, der Ukraine zum Sieg zu verhelfen, gefährdet dies wie gezeigt auch Europa und die regelbasierte internationale Ordnung, die nach dem Zweiten Weltkrieg maßgeblich von den USA nach Vorstellungen der westlichen Welt geschaffen und abgesichert wurde.

Darüber hinaus zeigt sich der Konflikt durch gezielte Eingriffe in anderen Staaten: Mit vielfältigen Formen der hybriden Kriegsführung versuchen China und Russland, aber auch andere Akteure wie der Iran, in westlichen Staaten gesellschaftlichen Zusammenhalt und politische Stabilität zu untergraben. Der Westen investiert bereits mehr, aber nicht an allen Stellen wirkungsvoll in den Schutz seiner liberalen Gesellschaften gegen diese Angriffe. Im Gegenzug wird in den autoritären Staaten die Tätigkeit westlicher Organisationen, Stiftungen und anderer Akteure als Ausprägung des Systemkonflikts gewertet und verboten, um freie Diskussionen zu unterbinden.

In der Folge dünnen die Beziehungen zwischen Staaten, die in systemischer Konkurrenz zueinander stehen, immer weiter aus. Da der gesellschaftliche, wissenschaftliche und kulturelle Austausch um ein Vielfaches schwieriger geworden ist oder gar abreißt, bestehen Beziehungen oftmals, wenn überhaupt, nur noch aus diplomatischen und Unternehmenskontakten, hinter denen aufseiten der autoritären Regime allerdings auch häufig in erster oder zweiter Reihe der Staat steht. So ist der Zusammenbruch der Dialogformate mit Russland ebenso nachvollziehbar wie nachteilhaft. Anders als nach der Annexion der Krim wurden nach Beginn der Invasion die meisten informellen Dialoge, etwa zwischen Sicherheitsexperten, Organisationen der Zivilgesellschaft oder kulturellen Institutionen erst einmal ersatzlos eingestellt, mit Ausnahme von einigen Begegnungen mit exilierten Russinnen und Russen. Begegnungen mit Europäern, Russen und Ukrainern gleichzeitig sind fast unmöglich geworden, und wenn Teilnehmende aus Russland oder der Ukraine zusammentreffen, setzen sie sich im eigenen Land starker Kritik bis hin zu Drohungen aus. Im militärischen Bereich ist der einst rege Austausch zwischen Russland und den USA sehr viel dünner geworden, was die USA und ihre NATO-Alliierten sehr besorgt. Die Gefahr besteht, dass ein Mangel an Austausch, und damit ein fehlendes Auseinandersetzen mit den Perspektiven und Interessen des Gegenübers, Unverständnis wachsen und viel Raum für Interpretationen lässt. Nicht intendierte militärische Konfrontationen sind nie auszuschließen, und das Fehlen eines Ordnungshorizonts und eines direkten Gesprächskanals stellt ein enormes Risiko dar. Jede nicht beabsichtigte Konfrontation, die Verletzung eines Luftraums oder ein anderer Fehler, läuft Gefahr, als intendierte Tat interpretiert zu werden und kann sofortige Gegenmaßnahmen hervorrufen, die wiederum Gegenmaßnahmen und damit eine ungewollte Eskalation auslösen können. Das Vertrauen ist durch die derzeitigen kriegerischen Handlungen ohnehin auf einem Nullpunkt angelangt. Wenn dann selbst zwischen nicht militärischen Segmenten der Gesellschaft kein Dialog mehr möglich ist, erschwert dies spätere Versuche der Wiederannäherung, etwa nach einem Waffenstillstand bei Verhandlungen, und schließlich einer Aussöhnung.

Je stärker sich die Welt polarisiert und entlang ideologischer Trennlinien organisiert, desto schwieriger wird es auch, überhaupt noch eine Vertrauensbasis dafür zu haben, an gemeinsamen Aufgaben zu arbeiten. Europa, die USA und andere Partner im politischen Westen haben die essenziell wichtige politische Aufgabe, gerade mit China – und nach Ende der Kampfhandlungen auch mit Russland – ärmere Staaten im Kampf gegen den Klimawandel, im Umgang mit dessen Folgen sowie bei ihrer grünen Transformation gemeinsam zu unterstützen. Gleiches gilt für andere globale oder transnationale Themen, etwa den Kampf gegen Pandemien, nicht staatliche Sicherheitsrisiken oder auch den Umgang mit globalen Migrationsbewegungen. Daher ist es so wichtig, auch in Zeiten von Konflikt und tiefster Polarisierung zu versuchen, den Blick auf nur gemeinsam zu bewältigende Herausforderungen zu halten und immer wieder zu versuchen, den Dialog darüber voranzubringen, wie globale Güter gesichert werden können. Diese Aufgabe sollte nicht allein in Regierungshand liegen. Nicht staatliche Akteure und Unternehmen können sehr wichtige Beiträge leisten und sind genauso in der Pflicht, immer wieder das große Ganze in den Blick zu nehmen und Brücken zu schlagen, wo andere Verbindungen abfackeln.

Demokratien müssen liefern

Eine weitere Dimension des Systemkonflikts hat durch die COVID-19-Pandemie an Bedeutung gewonnen und wirkt in nationalen Debatten nach: die Effizienz sehr unterschiedlicher Systeme in der Bekämpfung des Virus und seiner umfassenden Folgen für Wirtschaft und Gesellschaft. Aufschlussreich war das erste Jahr der Pandemie: Die Diskussionen darüber, dass autoritäre Regime erfolgreicher in der Pandemiebekämpfung gewesen seien, weckten im politischen Westen Stimmen, die die Handlungsfähigkeit der Demokratien angesichts der pandemischen Bedrohung anzweifelten. Die Einschätzung, nur streng hierarchische Systeme mit größerer Durchgriffskraft seien in der Lage, Pandemien effektiv zu überwinden, führte gar zu Zweifeln an der Legitimität demokratischer Regierungsformen. Dieser Debattenstrang ist auch trotz des offensichtlichen Scheiterns der chinesischen Null-Covid-Politik nicht abgerissen.

Denn auch in Bezug auf die Bekämpfung des Klimawandels und seiner Folgen gibt es Stimmen, die demokratische Entscheidungsprozesse für zu langwierig, zu wenig fokussiert und zu durchgriffsschwach halten. Andere sprechen der EU und all denjenigen Regierungen, die für ambitionierte Klimaschutzziele weltweit eintreten, die Fähigkeit oder das Interesse ab, die sozialen Folgen der grünen Transformation abzufedern. Die Klimaschutzmaßnahmen und die digitale Transformationsagenda können bei unzureichender sozialer Unterstützung und fehlenden begleitenden Bildungsmaßnahmen zutiefst spaltend wirken und werden von rechts- wie linksradikalen Kräften innerhalb der EU schon jetzt gegen gemäßigte Parteien und auch gegen die EU selbst instrumentalisiert. Das liberale Credo, dass Demokratien am besten in der Lage sind, Krisen durch kreative Lösungen, Innovationen und enge Kooperation zu überwinden, wird mittlerweile von vielen Seiten infrage gestellt. Die Lage ist 2023 deutlich anders als 1989, als der Systemwettbewerb zwischen Sozialismus und Kapitalismus mit einem scheinbar eindeutigen Sieger endete: Es gibt heute mit etwa Singapur Beispiele für politische Systeme, die grundlegend anders und trotzdem erfolgreich sind. Liberale Demokratien werden nicht mehr als alternativlos und ihre Wertebasis nicht mehr als universell angesehen. Demokratische Systeme – und auch die Europäische Union als supranationale Gemeinschaft mit 27 Mitgliedern – müssen sich neu begründen und an ihrer Leistungskraft arbeiten. Denn angesichts ihrer inneren und äußeren Offenheit sind sie durch transnationale Bedrohungen und neue Formen der Auseinandersetzung angreifbarer. Wachsende Ungleichheit, politische Polarisierung und zunehmender Extremismus bis hin zu gewaltsamen Protesten und zur Infragestellung des Systems betreffen auch bisherige Leuchtturmdemokratien wie die USA oder Frankreich, wo sich mittlerweile ganze Bevölkerungssegmente entkoppelt und verraten fühlen.

Wenn der demokratische Prozess an sich und die bestehenden Beteiligungsmöglichkeiten nicht ausreichend Legitimität garantieren, und wenn politische Systeme für den Erhalt ihrer Legitimität »liefern müssen«, richtet das den Fokus auf die Frage, an welchen Herausforderungen sich unsere liberalen Demokratien in Zukunft messen lassen müssen. Die Liste der Themen ist lang seit Beginn der 2020er-Jahre, denn Herausforderungen im Inneren unserer politischen Systeme, unserer Gesellschaften und unserer Wirtschaftsmodelle fließen zusammen mit globalen, transnationalen Risiken und Aufgaben ungekannten Ausmaßes. Liberale Demokratien müssen Antworten auf den Klimawandel und seine Folgen finden, die digitale Revolution gestalten, zunehmende transnationale Migration regeln und die wachsenden Ungleichheiten in unseren Gesellschaften effektiv bekämpfen – und im positiven Sinne eine Zukunftsvision mit ihren Bürgerinnen und Bürgern entwickeln. Dabei müssen Selbstverantwortung und Teilhabe, Solidarität und Sicherheit neu austariert werden.

Die Debatten darüber, wie in einer zunehmend von Unsicherheit geprägten Welt eine Erneuerung des Liberalismus möglich ist, beschränken sich häufig auf den nationalen Rahmen. Die Europäische Union gehört jedoch mit in die Betrachtung – und dies nicht als Problem, sondern als möglicher Lösungsraum.

Europäische freiheitliche Demokratie stärken

Die Europäische Union und ihre Mitgliedstaaten bauen seit ihrer Gründung auf liberale Prinzipien als Grundprinzip aller Parteien der politischen Mitte: Der Liberalismus hat Demokratie und Rechtsstaatlichkeit, Freihandel und eine aktive Zivilgesellschaft gefördert. Er ist so tief eingedrungen, dass in der EU lange die Begriffe »liberale Demokratie« und »Demokratie« fast synonym verwendet wurden.[122]

Dieses gemeinsame Werteverständnis verankert der Lissabonner Vertrag in der Europäischen Union: Sie gründet sich auf der Achtung der Menschenwürde, Freiheit, Demokratie, Gleichheit, Rechtsstaatlichkeit und der Wahrung der Menschenrechte, einschließlich der Rechte von Minderheiten. Diese Werte sind den Gesellschaften gemeinsam, die sich durch Pluralismus, Nichtdiskriminierung, Toleranz, Gerechtigkeit, Solidarität und Gleichberechtigung auszeichnen.

Der Liberalismus ist als ökonomisches Fundament der offenen Gesellschaft ein ebenso fester Bestandteil der europäischen Marktwirtschaft. Die Europäische Union hat sich in besonderer Weise liberaler Offenheit verschrieben: Sie basiert auf Marktintegration, die Wohlstand und politische Stabilität durch den freien Verkehr von Waren, Dienstleistungen, Arbeitskräften und des Kapitals sichern soll.

Trotz seiner tiefen Verankerung in der EU ist der Liberalismus, verstanden als eine breite, überparteiliche Strömung des politischen Denkens, auch hier in der Defensive, zum Teil sogar in der Rückentwicklung. In Ungarn hat der Rechtspopulist Viktor Orbán seit 2010 die Gewaltenteilung, die Unabhängigkeit der Justiz sowie die Freiheit von Medien und Wissenschaft so weit eingeschränkt, dass die Nichtregierungsorganisation Freedom House den ungarischen Staat nicht mehr als Demokratie, sondern als »hybrides Regime« kategorisiert.[123] Orbán ficht explizit für eine »illiberale Demokratie«. Seit 2018 ist gegen Ungarn ein Verfahren nach Artikel 7 des EU-Vertrags anhängig, welches die Einhaltung demokratischer und rechtsstaatlicher Prinzipien überprüft und die Nichteinhaltung ahndet. Auch gegen Polen läuft ein derartiges Verfahren. Besonders problematisch ist hier eine Justizreform, durch die die regierende Partei politisch Einfluss auf die beiden wichtigsten Einheiten des Justizsystems nehmen kann, auf Richter:innen und Staatsanwält:innen. Ungarn hat wiederholt Urteile des Europäischen Gerichtshofes missachtet. Auch Polen wird von Freedom House nicht mehr als voll funktionsfähige Demokratie gesehen. Im Demokratie-Index V-Dem rangiert es auf Platz 78, noch hinter Kosovo, Kolumbien und Georgien. Ungarn steht mit Platz 94 noch schlechter da.[124]

Von außen werden diese Entwicklungen zusätzlich verstärkt, denn demokratiefeindliche Kräfte wie Russland und China untergraben die Stabilität unseres liberalen Systems. Cyberangriffe und Datendiebstahl werden strategisch vor Wahlen eingesetzt, um die Ergebnisse zu beeinflussen. China oder Staaten der Golfregion finanzieren universitäre Lehrstühle, Thinktanks und NGOs in Europa. Auf den ersten Blick erscheint mit der großzügigen angebotenen Finanzierung unabhängige Arbeit möglich, die subtile oder auch offene Einflussnahme wird erst nach einiger Zeit spürbar. Es rächt sich an dieser Stelle, dass die Spendenbereitschaft seitens der deutschen und europäischen Wirtschaft, von Einzelspendern oder auch Stiftungen etwa für die Grundförderung von unabhängigen Thinktanks in Europa um ein Vielfaches geringer ist als in den USA, was den Aufbau und Unterhalt einer pluralistischen Fachcommunity in Europa erschwert.

Europa ist dabei bei Weitem nicht nur passives Opfer undemokratischer Kräfte. Im Gegenteil: Manche Politikerinnen und Politiker und Parteien suchen gezielt die Zusammenarbeit mit autoritären Staaten. China wurde für viele Regierungen, auch in der EU, über die letzten Jahrzehnte hinweg zum rettenden Investor. Ein Beispiel dafür ist Griechenland, das zu einem Zeitpunkt, als es infolge hoher Staatsverschuldung auf Geheiß seines Geberkonsortiums aus EU und IWF weitreichende Privatisierungen umsetzen musste, das Land für chinesische Investitionen öffnete, und dies sogar in strategisch überaus wichtigen Bereichen wie dem Hafen von Piräus. Dass damit politische Einflussnahme einhergeht, hat nur in manchen Ländern die Herangehensweise verändert. Der hohe Preis der aus wirtschaftlicher Sicht interessanten Kooperationen zeigt sich an den mittlerweile offengelegten Methoden, mit denen sich die Kommunistische Partei

Chinas Unterstützung erarbeitet. Besonders erschreckend war für viele in Europa die Erkenntnis, dass die Versuche, europäische Demokratie zu destabilisieren, nicht nur aus China oder Russland kamen. Sie gingen auch von US-Präsident Donald Trump und seinem Team aus, die zum Partner antidemokratischer und antieuropäischer Politiker:innen und Parteien in der EU wurden.

Demokratie und Rechtsstaatlichkeit sind fundamentale Prinzipien der EU, die jedes Mitglied bei seinem Beitritt unterzeichnet hat. In den ersten 50 Jahren der Integration war kaum vollstellbar, dass ein Staat sich so weit davon entfernt, dass Sanktionsmechanismen nötig sind, um ihre Einhaltung sicherzustellen. Dass nationale Regierungen und auch die EU-Institutionen zu der Untergrabung dieser Prinzipien so lange geschwiegen haben, war ein großer Fehler. Besonders Deutschland, der größte EU-Mitgliedstaat mit sehr engen politischen und wirtschaftlichen Beziehungen nach Ungarn und nach Polen, hat es versäumt, sein Gewicht etwa gegenüber Viktor Orbáns Politik einzusetzen, um früh genug klarzumachen, dass das Abdriften Ungarns in ein semiautoritäres Herrschaftssystem innerhalb der EU inakzeptabel ist. Kritik, die erst nach demokratieschädigenden Gesetzes- oder Verfassungsänderungen ausgesprochen wird, ist weit weniger wirksam, als es eine klare Ansage mit Androhung von Konsequenzen vor dem Vollzug hätte sein können. Die Antwort auf den Rückbau von Demokratie und Rechtsstaatlichkeit muss auch eine politische sein und kann eben nicht von den Hauptstädten einfach an die Europäische Kommission nach Brüssel delegiert werden, denn diese steht ohnehin in den Staaten, in denen Probleme mit der Rechtsstaatlichkeit und Demokratie anwachsen, unter Druck und wird oftmals öffentlich angegriffen. Mit Artikel 7 des EU-Vertrags und der Konditionalität der Finanzierung durch EU-Mittel verfügt die EU mittlerweile über zwei Mechanismen zur Verteidigung der Rechtsstaatlichkeit. Sie müssen konsequent mit voller politischer Unterstützung der Regierungen angewendet werden. Zudem muss mittlerweile sogar auch in der EU darauf geachtet werden, dass nationale und regionale Wahlen ordnungsgemäß durchgeführt werden. Neben der Organisation für Sicherheit und Zusammenarbeit in Europa (OSZE) spielen etwa in der Wahlbeobachtung auch zivilgesellschaftliche Gruppen eine wichtige Rolle. Um die Grundwerte der Europäischen Union und die Demokratien zu schützen, die sich in ihr zusammengeschlossen haben, muss die Union intern so weit wie möglich zusammengeführt, modernisiert und gestärkt werden, denn nur größere Resilienz, Wettbewerbs- und Handlungsfähigkeit können sicherstellen, dass wir uns als Demokratien mit offenen Gesellschaften im zunehmenden Systemkonflikt behaupten können. Dafür muss sich die EU neu erfinden.

Eine Zukunftsagenda für Europa

Jeder Staat, von den USA über China, von Japan bis zu Deutschland, überprüft angesichts der tektonischen Veränderungen im globalen System seine strategischen Ziele, seine Partnerschaften und Allianzen und auch sein Wirtschaftsmodell. Für die Europäische Union ergibt sich aus einer solchen Überprüfung eine besondere Aufgabe, denn die Mitglieder der Staatengemeinschaft sind von den Entwicklungen unterschiedlich stark betroffen, was sie im schlimmsten Fall auseinandertreiben kann. Deutschland hat als größter EU-Mitgliedstaat mit einer über Jahrzehnte entwickelten wirtschaftlichen Offenheit ein besonderes Interesse und auch eine besondere Verantwortung. Es braucht sowohl den Binnenmarkt, in den im Jahr 2022 54 Prozent der deutschen Exporte gingen[125], als auch den Euro. Die Gemeinschaftswährung ist der Anker für die deutsche Wettbewerbsfähigkeit, denn gerade in den 15 vergangenen Krisenjahren in Europa hätte eine starke, nationale Währung wie die D-Mark einen großen Aufwertungsdruck erlebt, der Deutschland sehr belastet hätte. Deutschland hat von der Stabilität und dem großen Markt, den die EU bietet, maßgeblich profitiert.

Nun aber befindet sich die EU an einem Scheideweg. In der Staatsverschuldungs- und Bankenkrise ab 2010 war dies schon einmal so: Die EU musste marktgetriebene Krisen managen, die den Euro bedrohten, und gleichzeitig ihre Struktur und letztendlich ihre Identität als Währungsunion überarbeiten. Es galt anzuerkennen, wie tief und nützlich die Schicksalsgemeinschaft schon ist, dass es aber stärkerer Instrumente und einer intensiveren politischen Zusammenarbeit bedarf, um den gemeinsamen Währungsraum auch durch stürmische Zeiten navigieren zu können.

Der hoch konfliktreiche internationale Kontext, die Klimakrise und die von beidem ausgehenden Herausforderungen für das europäische Wirtschafts- und Demokratiemodell stürzen die EU in eine Situation, in der sie ihre Prioritäten und ihre Handlungsfähigkeit überarbeiten muss. Ob Europa als regionaler Raum der Freiheit, Wohlfahrt und Demokratie relevant bleibt und es schafft, als Akteur die globale Politik mitzugestalten, hängt davon ab, wie es auf eine noch nie da gewesene Häufung von Notlagen reagiert.

Eine vor dem Hintergrund der inneren Entwicklungen der USA wichtigsten Fragen ist, ob Europa sich angesichts des zunehmenden Konflikts zwischen China und den USA vollständig an die Seite der USA stellt oder gezielt daran arbeiten sollte, ein gewisses Maß an politischer Autonomie zu bewahren.[126] Europas Ziel sollte sein, sich als »drittes Gravitationszentrum« zu positionieren, als attraktiver Partner für die USA, der enge Bindungen über den Atlantik unterhält und auch zu anderen Partnern aufbaut. Die USA, Kanada und Europa sind gemeinsam mit gleichgesinnten Staaten wie etwa Japan, Südkorea und Australien die tragenden Pfeiler des politischen Westens. Sie würden sehr gezielt und engagiert Beziehungen mit den Staaten auf- und ausbauen, die sich gegenüber Russland und dem Krieg in der Ukraine nicht klar positioniert haben, ihre Logiken verstehen und an gemeinsamen Perspektiven arbeiten (siehe in Kapitel fünf: Der »Krieg des Westens« und der neutrale Zwischenraum).

Europa hat sich bereits mehrmals neu erfunden, aber der Wendepunkt, den wir gerade erleben, ist bedeutend und zwingend genug für eine nächste Neuerfindung. Mitte der 1980er-Jahre war in Europa die sogenannte »Eurosklerose« diagnostiziert worden, kritische Beobachter in der Gemeinschaft und vor allem auch in den USA sagten einen schrittweisen politischen und wirtschaftlichen Verfall voraus. Der damalige Präsident der Europäischen Kommission, Jacques Delors, begann mit der Ausarbeitung von Plänen für einen wirtschaftlich integrierten Kontinent, um aus dem damaligen Stillstand herauszukommen. Diese Pläne wurden zum Binnenmarktprogramm und legten den Grundstein für die Schaffung der Eurozone.

Die Globalisierung stellte einen weiteren Wendepunkt dar, denn je stärker sich die Weltwirtschaft integrierte, desto weniger schien das regionale Integrationsprojekt bedeutsam zu sein. Als Russland und China in die Weltwirtschaft ein- und dem Internationalen Währungsfonds und der Welthandelsorganisation (WHO) beitraten, schien die regionale Integration passé. In Großbritannien begann zu diesem Zeitpunkt eine Debatte über den Sinn der EU, die in ihren Grundzügen noch ein Jahrzehnt später in der Brexit-Diskussion wiederzufinden war. Die Antwort der EU auf die rasante Globalisierung war, sich als Gestalter globaler Standards neu zu erfinden. In den letzten 20 Jahren hat die EU eine führende Rolle bei der Entwicklung der regelbasierten internationalen Ordnung übernommen und ihre Regulierungsstandards für Datenschutz, Rechnungslegung, Sicherheit und Verbraucherschutz exportiert. In einer regelbasierten Welt hat das sehr gut funktioniert. In der veränderten Welt von Machtspielen und Systemkonflikt haben sich die Voraussetzungen nun aber sehr verändert.

Das ist genau der Grund, warum sich Europa jetzt erneut weiterentwickeln muss. In einer Welt, in der sich Autokraten und ihre Anhänger zunehmend über die Regeln der westlich dominierten liberalen Ordnung hinwegsetzen, kann sich die EU bei der Verfolgung ihrer strategischen Ziele nicht mehr auf die Festlegung von Regeln als wichtigstem Hebel verlassen. Als einer der größten Wirtschaftsräume der Welt muss sie ihre komparativen Vorteile und ihre Machtbasis ausbauen. Das gilt etwa für die Aufholjagd im Technologiebereich oder in der Sicherheits-

und Verteidigungszusammenarbeit, um in Zeiten größerer Risiken Synergien auszuschöpfen und notwendige Entwicklungssprünge gemeinsam zu erringen.

Immer deutlicher wird, dass die Mitgliedstaaten allein bestimmte öffentliche Güter nicht mehr zur Verfügung stellen können – im Bereich der Sicherheit ebenso wie im Bereich der Wohlfahrt. Der Systemkonflikt zwischen Demokratien auf der einen und autoritären Regimen auf der anderen Seite und die zunehmende Spaltung auch der Weltwirtschaft sind starke Argumente dafür, die EU als Gemeinschaft zu stärken, damit sie die Interessen ihrer Bürgerinnen und Bürger besser schützt, als es die Nationalstaaten allein könnten.

Um effizient handeln zu können, müssen ihre Entscheidungsmechanismen auf den Prüfstand gestellt werden: Sie muss – auch im Falle einer Erweiterung – Handlungsfähigkeit gewährleisten, etwa durch mehr Entscheidungen mit qualifizierter Mehrheit und, falls nötig, Zusammenarbeit in handlungswilligen kleinen Gruppen. Eine stärkere Demokratisierung und ein neues Verständnis davon, was es heißt, EU-Bürgerin und -Bürger zu sein, gehören dazu. Dabei müssen die Europäerinnen und Europäer auch eine zentrale Schwäche beheben: Anders als etwa China oder Russland hat die Europäische Union keine starke und positive Zukunftsvision für sich selbst, sondern definiert sich gerade im Systemkonflikt vor allem aus der Defensive heraus. Das kann und muss sie aber leisten, um die vor ihr liegenden Reformaufgaben zu bewältigen: Es geht um einen dreifachen Wandel, nämlich die grüne, die digitale und die soziale Transformation. Und diese muss einhergehen mit einer Politik, die den inneren Zusammenhalt verbessert, mit einer Stärkung von Europas Rolle in der Welt – und, um all dies zu leisten, mit einer zweckmäßigen Gestaltung der Führungsorganisation der Gemeinschaft.

Das bedeutet nicht, dass die EU zum föderalen Koloss werden sollte. Im Gegenteil, der Ansatz muss flexibel sein, sodass es den politischen Entscheidungsträgern ermöglicht würde, bei Bedarf von zentralisierten Instrumenten auf lokale Initiativen umzuschalten, und könnte als praktischer Maßstab für die Einschätzung darüber dienen, was als übermäßige Zentralisierung von Macht gilt. Außerdem wäre es für die Bürgerinnen und Bürger verständlich, warum einige Maßnahmen in die Zuständigkeit der EU fallen, während andere in der Verantwortung der Mitgliedstaaten bleiben. Die größte und heikelste Frage in diesem Zusammenhang ist, welche Rolle die gemeinsame Sicherheits- und Verteidigungspolitik in Europa spielen sollte. Die neue internationale Sicherheitslage legt ihre Stärkung nahe, aber das Vertrauen zwischen den Mitgliedstaaten und zu den EU-Institutionen ist derzeit zu gering. In ähnlicher Weise erkennen die europäischen Länder, dass eine gemeinsame Energiepolitik in ihrem kollektiven Interesse liegt. Aber weil ihre nationalen Prioritäten sehr unterschiedlich sind, konnten sie sich bislang nicht auf eine solche einigen.

Als einzigartiger Zusammenschluss westlich-liberaler Demokratien, der es über sechs Jahrzehnte geschafft hat, Frieden, Freiheit und Wohlstand zu sichern, mit einer erfolgreich integrierten Wirtschaft, die heute der wichtigste Exportmarkt für die USA, Russland oder China ist, kann und muss die EU ihre internationale Rolle ausbauen. Gemeinsam mit gleichgesinnten Partnern in der Welt, die unsere Werte teilen, sollten die Europäer eine Zukunftsagenda definieren, um illiberalen und autoritären Kräften entgegenzuwirken. Dazu gehört eine Politik auf Augenhöhe mit Staaten in Afrika, die gemeinsame Interessen in den Mittelpunkt stellt und einen offenen Umgang mit der kolonialen Vergangenheit findet. Instrumente wie die europäische Global-Gateway-Initiative, die der chinesischen Belt-and-Road-Initiative eine Alternative entgegensetzen sollen, müssen ausgebaut und angepasst werden. Dabei müssen die Chancen Europas und der Investitionsbedarf, der nötig sein wird, realistisch betrachtet werden: China als Wirtschafts- und Einflussfaktor zu verdrängen, wird schwierig, denn das Land investiert seit Langem massiv in sein internationales Einflussnetz. Europa, das viel zu lange zugesehen hat, muss Schwächen in den entstandenen Beziehungen, die oft mit einer erstickenden Verschuldungsproblematik für Chinas Partner einhergehen, identifizieren und neue Optionen eröffnen. Für die EU sollte das Ziel sein, im Inneren Frieden, Wohlstand, Demokratie und selbstbestimmtes Handeln zu schützen, kurz: unser westliches liberales Lebens- und Wertemodell und im Äußeren verlässliche Partnerschaften zu stärken. Wie viel Unterstützung Europa dabei hat, hängt maßgeblich davon ab, in welche Richtung sich die USA entwickeln.

Prämissen überprüfen: Partnerschaft mit den USA

Die USA sind Deutschlands und Europas Sicherheitsgarant und ein entscheidender Wirtschaftspartner. Auch wenn China die USA 2021 als wichtigster Handelspartner der EU abgelöst hat, ist der US-Markt mit 18 Prozent der europäischen Exporte noch mit Abstand der wichtigste Absatzmarkt. Angesichts geopolitischer Verwerfungen liegt es nahe, die Beziehungen zum Alliierten USA in den nächsten Jahren weiter zu vertiefen. Doch es ist offen, inwieweit die USA daran Interesse haben werden. Drei Entwicklungen werden die transatlantische Zusammenarbeit künftig bestimmen.

Da ist *zum Ersten* die Tatsache, dass sich die US-Regierung stärker nach Asien orientieren wird. Präsident Barack Obama hat bereits vor zehn Jahren die sicherheitspolitische Bedeutung des indopazifischen Raumes erkannt und China als größte strategische Herausforderung benannt. Die US-amerikanische Präsenz dort und engere Beziehungen zu Partnern in der Region werden in Zukunft noch wichtiger werden. »Russland ist die Herausforderung von gestern. Worum es eigentlich geht, ist der Aufstieg Chinas zur Weltmacht«, urteilte im Herbst 2022 ein US-Diplomat, obwohl der US-Kongress gerade wieder ein milliardenschweres Unterstützungspaket für die Ukraine geschnürt hatte und weitere Milliarden, etwa aus dem USAID-Budget, in die östliche Nachbarschaft der Europäischen Union flossen. Daraus folgt, dass sich die Europäerinnen und Europäer selbst um die Stabilität und Sicherheit in ihrer Nachbarschaft kümmern müssen, insbesondere falls die US-Wahlen 2024 einen republikanischen Präsidenten und eine Europa weniger zugewandte Konstellation im US-Kongress hervorbringen. Bislang verlässt sich die EU darauf, dass die USA die Ukraine wesentlich finanziell und militärisch mitversorgen und geheimdienstlich unterstützen und dass ihr (nukleares) Abschreckungspotenzial Russlands Handlungsoptionen stark einschränkt.

Zweitens darf nicht geschlussfolgert werden, dass amerikanische Außenpolitik vornehmlich von übergeordneten Zielen und einer gewissen »Weltverantwortung« geleitet wird. Wie in jedem Staat ist auch die US-amerikanische Außenpolitik innenpolitisch motiviert. Joe Bidens »Foreign Policy for the Middle Class« soll – auch wenn sie die Unterstützung der Ukraine, den Umgang mit dem Iran oder die Aufstockung der US-Militärpräsenz im fernen Indopazifik betrifft – am Ende der Familie in Texas oder dem Automechaniker in Michigan ein paar Dollar mehr in ihre Taschen bringen. Die explizite Rückbindung von Außenpolitik an das Interesse der Wählenden ist in einer Demokratie, die Hunderte von Milliarden für Verteidigung, Außen- und Entwicklungspolitik ausgibt, zunächst einmal naheliegend. Doch könnte die Zahlungsbereitschaft für langfristig wirkende Engagements und die Unterstützung von Ordnungsstrukturen, die man insbesondere dann braucht, wenn Krisen eintreten, sinken. Europa muss sich darauf einstellen, dass die USA ihre Interessen enger definieren und im besten Fall ihr eigenes Engagement an mehr Engagement der Partner knüpfen. Nach Joe Biden könnte wieder ein US-Präsident ins Weiße Haus einziehen, der ähnlich wie Donald Trump denkt und handelt, denn dieser war ein Symptom tiefer liegender Verschiebungen. Europa wird sich mehr um sich selbst und globale Aufgaben kümmern müssen.

Drittens wächst der wirtschaftliche Protektionismus in den USA, auch als Antwort auf den Aufstieg Chinas. Die Verabschiedung des Inflation Reduction Act (IRA), der die grüne Transformation in den USA voranbringen soll, erschütterte das transatlantische Verhältnis, da Europa von dem massiven Förderprogramm Wettbewerbsnachteile und Unternehmensabwanderungen befürchtet – so positiv es auch ist, dass die Biden-Administration in die grüne Transformation der USA investiert. Zum IRA fand ähnlich wie zum US-amerikanischen und zum europäischen Chips Act keine transatlantische Abstimmung statt, bevor die Gesetze verabschiedet wurden, was eigentlich der Idee einer engeren wirtschaftlichen und technologischen Zusammenarbeit entsprochen hätte.

So hat neben der bröckelnden Sicherheitsordnung also auch die Weltwirtschaftsordnung Risse bekommen. Wenn die führende wirtschaftliche und damit politische Macht der Welt sich selbst aus dem multilateralen Handelssystem ausklinkt, wird dieses System Schritt für Schritt zerstört. Eine härtere US-Handelspolitik – auch gegenüber den Europäern – belastet derweil insbesondere ohne multilateralen Rahmen und Streitschlichtungsmechanismus die politischen Beziehungen deutlich, und das zu einer Zeit, in der strategische Schulterschlüsse dringend notwendig wären.

Deutschland und Europa müssen mit der Situation in den USA vorausschauend umgehen. So ist es offensichtlich, dass die europäischen Staaten künftig mehr für ihre eigene Sicherheit und die ihrer Nachbarschaft tun müssen. Um die Amerikaner dauerhaft als Sicherheitsgarant zu bewahren, müssen die Europäer zudem ihren Beitrag zur kollektiven Sicherheit im Rahmen der NATO erhöhen. Die USA werden stärker hinterfragen, inwiefern sie in den Feldern, die sie als größte sicherheitspolitische Herausforderungen sehen, von der Zusammenarbeit mit den Europäern profitieren. Das bedeutet für Europa ein stärkeres Engagement auch über den transatlantischen Raum hinaus in Asien.

Im wirtschaftspolitischen Bereich besteht das Risiko, dass europäische Staaten ähnlich protektionistisch auf den wachsenden Selbstschutz der USA und auch Chinas Abschottung reagieren. Die EU sollte versuchen, eine relevant große Gruppe von Staaten zusammenzuführen, aus dem Norden wie aus dem Süden der Welt, die nicht nur offenen Handel fördert, sondern wirtschaftliche Offenheit mit ambitionierten politischen Zielen verbindet, wie etwa Standards für Klima- und Umweltschutz. Je erfolgreicher diese Allianz ist, desto attraktiver könnte es auch für die USA werden, sich ihr zumindest in einigen Bereichen anzuschließen.

Für Deutschland und Europa gilt in der Wirtschaftspolitik ebenso wie in der Verteidigungspolitik: Die USA müssen den Nutzen einer vertieften Partnerschaft erkennen. Deshalb sollte sich die transatlantische Wirtschaftszusammenarbeit auch stark auf die Themen konzentrieren, die die strategischen Interessen beider Seiten berühren, etwa die bedenkliche Abhängigkeit der US-Wirtschaft von Schlüsseltechnologien, die der geostrategische Rivale China liefert. Für die USA wird die Reindustrialisierung im Gleichschritt mit der Umstellung auf grüne Technologien auch nach Verabschiedung des IRA weiterhin zentral bleiben.

Sicherheit und Verteidigung anders denken

Die europäische Sicherheitsordnung vor 2022 basierte auf konkreten Regeln für das nachbarschaftliche Miteinander und sah eine friedliche Konfliktbeilegung vor. Eine solche Sicherheitsordnung kann nur funktionieren, wenn alle Beteiligten die Bedeutung des internationalen Rechts prinzipiell anerkennen. Über die Unterstützung der Ukraine hinaus haben die deutsche und auch viele andere europäische Regierungen mit deutlich höheren Investitionen in die eigene Verteidigung reagiert, weil ein Konflikt mit Russland und möglicherweise anderen Staaten nicht mehr in geordneten Bahnen und rechtsbasiert beigelegt werden könnte. Die NATO hat mit Finnland und dem im Frühjahr zunächst noch von der Türkei ausgebremsten Schweden zwei neue Mitglieder, die EU mit der Republik Moldau und der Ukraine zwei neue Beitrittskandidaten, die zunehmend, auch vor dem Beitritt, in EU-Politiken eingebunden werden. Der Krieg verändert also die Strukturen der NATO und Europas – und dies in einer Art, die der russische Präsident Putin nun gerade nicht intendiert hatte.

Nicht nur Russlands Krieg in Europa, auch der Aufstieg des technologiebasierten autoritären China, das weltweit Autokraten unterstützt und solche, die es werden wollen, sowie die strategische Neuausrichtung der USA auf Asien verändern die Art und Weise, wie die Europäer internationale Chancen und Bedrohungen wahrnehmen. Ihre Aufmerksamkeit muss sich zunehmend darauf richten, wie sie in einer krisengeprägten, konfliktreicheren Welt ihre gemeinsame Handlungsfähigkeit stärken können. Das ist umso dringender als die EU relativ an Gewicht verliert, in wirtschaftlicher, verteidigungspolitischer und demografischer Hinsicht.

Die Trennung zwischen inneren und äußeren Herausforderungen muss angesichts der neuen Bedrohungslage und insbesondere bei so offenen und tief integrierten Staaten als überholt angesehen werden. Es geht nicht mehr nur darum, Gefahren zu antizipieren und abzuwehren. Da wir um unsere Verwundbarkeit wissen, muss es auch in Deutschland das Ziel sein, die generelle Widerstandsfähigkeit von Infrastruktur, Wirtschaft und Gesellschaft zu stärken. Es gilt dafür zu sorgen, dass sich ein System, eine Organisation oder auch einzelne Menschen möglichst schnell von Schocks erholen und zu einem funktionierenden Zustand zurückkehren. Ungewissheit ist zur Norm geworden, mit Störungen und Katastrophen muss jederzeit gerechnet werden. Insbesondere Cyberangriffe können massive Auswirkungen auf die Sicherheit der Bevölkerung und die Funktionsfähigkeit ziviler Infrastruktur haben.

Das gilt zum Beispiel für den Aufbau resilienter Systeme in der kritischen Infrastruktur, wie etwa die Wasserversorgung oder die Krankenhäuser, und für ihren Schutz vor Sabotage, besonders im Angriffsfall. Nicht nur dort ist vernetztes Vorausdenken nötig. Und es muss nun ein neuer, viel höherer Preis für Sicherheit gezahlt werden als bisher angenommen wurde. In den nächsten Jahren kommen auf Deutschland kriegs- und sicherheitsbedingt neue Abwägungsentscheidungen zu: Der Wohlstand im eigenen Land ist bereits durch den Krieg in der Ukraine beeinträchtigt, aber der Krieg wird Deutschland auch darüber hinaus weitere Kosten auferlegen. Nach seinem Ende gilt dies zunächst für den Wiederaufbau der Ukraine, wofür öffentliche Unterstützung aller Partner erforderlich ist. Die innere Widerstandsfähigkeit muss auch nach Beendigung der Kampfhandlungen aufrechterhalten werden. Die inländische Resilienz, einschließlich der zivilen Infrastrukturen, wird auch der Schlüssel für ein erfolgreiches Abschreckungs- und Verteidigungskonzept sein – und dafür, die Attraktivität des Westens für den Rest der Welt wieder zu erhöhen

Dem Zerfall von Ordnung steht die Konsolidierung des westlichen Lagers gegenüber. Die NATO hat ihre Krisenreaktionsfähigkeit deutlich bewiesen und bildet das Rückgrat der politischen und militärischen Antwort des Westens an Russland. Der Zusammenhalt im politischen Westen ist in Reaktion auf Russlands Angriff stärker und umfassender geworden – über die Grenzen der transatlantischen Gemeinschaft aus USA, Kanada und Europa hinweg. Auch Japan, Australien und Südkorea sehen den Krieg in Osteuropa als relevant für ihre eigene Sicherheit an und unterstützen die Ukraine entsprechend. Die Zusammenarbeit Europas und der USA mit diesen drei Staaten hat sich bereits intensiviert und dürfte dies in den kommenden Jahren weiter tun – allerdings nicht ausschließlich wegen des Kriegs in Europa.

Eine realistische Chinapolitik

Die asiatischen Partner der USA und Europas senden unmissverständliche Signale, dass die transatlantische Gemeinschaft sich auch mit anderen Problemen als der Ukraine beschäftigen muss, insbesondere mit dem Schutz Taiwans, der Sicherung der Wasserstraßen im südchinesischen Meer sowie der Sicherheit Südkoreas angesichts zunehmender Machtdemonstrationen des nordkoreanischen Nachbarn. Tatsächlich gilt: Auch wenn Russlands Krieg in der Ukraine und die Lehren daraus nur bedingt auf die Situation Taiwans und Chinas übertragbar sind, da für die Stabilität, Sicherheit und Souveränität asiatischer Staaten andere Logiken am Werk sind, sind die Entwicklungen auf beiden Kontinenten doch eng verknüpft. Gründe dafür sind die verstärkte Aufrüstung in Europa und Asien und, noch grundlegender, Russlands Bruch internationaler, sicherheitsrelevanter Abkommen, etwa desjenigen zur Nichtverbreitung von Atomwaffen, das durch die Stationierung von taktischen Nuklearwaffen im Frühjahr 2023 in Belarus faktisch ausgesetzt wird. Eine derartige Schwächung des Regelwerks zur Nonproliferation wird weltweit Auswirkungen haben. Zudem ist der Schulterschluss Xi Jinpings mit dem Aggressor und per Haftbefehl des Internationalen Strafgerichtshofs gesuchten Kriegsverbrechers Putin relevant, denn je näher beide zusammenrücken, desto stärker sind Stabilität, Sicherheit und letztendlich Demokratie in Europa und Asien bedroht. Ein weiterer Verknüpfungspunkt ergibt sich durch den globalen Gestaltungsanspruch der beiden autoritären Herrscher: Obwohl Xi sich in einer sehr viel stärkeren Position befindet, braucht er die Partnerschaft mit Russland. Die Durchsetzung seiner globalen Agenda hängt maßgeblich mit davon ab, wie der Krieg in der Ukraine entschieden wird und wie Russland aus der Situation herausfindet. Aus chinesischer Sicht wäre eine Niederlage Putins eine sehr negative Entwicklung, nicht nur aufgrund der globalen Symbolik eines Sieges des Westens, sondern auch, weil Russland Chinas wichtigster Energielieferant ist. Als zunehmend wichtiger politischer und militärischer Partner ist Russland auch geografischer Dreh- und Angelpunkt für Chinas Outreach-Strategie nach Zentralasien und nach Osteuropa, die durch eine Niederlage Russlands destabilisiert werden könnte. Wenn Putin den

Krieg verliert, ist seine innenpolitische Zukunft mehr als unsicher. So hat Chinas stetige Unterstützung für Russland während des Kriegs in der Ukraine wohl wenig mit der Ukraine an sich zu tun, sondern viel mehr mit den innerrussischen Entwicklungen – und letztendlich mit Chinas globaler Vorherrschaftsstrategie, in der ein von Putin regiertes, unbesiegtes Russland einen wichtigen Baustein darstellt.

China schränkt nach und nach die Offenheit seines Marktes ein, während seine subventionierten und staatlich kontrollierten Unternehmen weiterhin enorme Herausforderungen für den EU-Binnenmarkt darstellen. Es setzt die staatlich gelenkte Wirtschaft und enorme finanzielle Mittel für die Verfolgung geopolitischer und geoökonomischer Ziele ein. Der Technologie- und Verteidigungssektor wird massiv ausgebaut und dabei werden Export- und Investitionsbeziehungen gerade im Bereich der Technologie und anderer souveränitätskritischer Bereiche für den Auf- und Ausbau von Abhängigkeiten genutzt. Xi arbeitet seit Jahren daran, die Abhängigkeit des Auslands von China zu erhöhen und gleichzeitig die Abhängigkeit Chinas von Importen zu verringern. Im April 2020 sagte er: »Wir müssen die Abhängigkeit der internationalen Produktionsketten von China verstärken.« Gleichzeitig müsse China »abschreckende Maßnahmen« entwickeln, damit es keine Versuche gäbe, die Versorgung Chinas künstlich zu unterbrechen.[127]

China nutzt seinen riesigen geschützten Heimatmarkt, erzwungene Technologietransfers und Subventionen, um seinen Unternehmen unfaire Vorteile im Wettbewerb mit europäischen Firmen zu verschaffen. Europa muss sich dem so schnell wie möglich entgegenstellen, sonst nimmt seine Abhängigkeit in Schlüsselbereichen weiter zu. Genau das Gegenteil sollte Deutschlands und Europas Ziel sein, nämlich weniger Abhängigkeit von China in Schlüsselbereichen, wie etwa bei der Umsetzung der grünen Energiewende. Dies erfordert ein energisches Umsteuern, denn die momentane Ausgangssituation erscheint hierfür eher ungünstig: Im Bereich der Solartechnologie hat China die europäische Konkurrenz über die gesamte Wertschöpfungskette hinweg nahezu ausgeschaltet, sodass Europa zu 95 Prozent von Importen aus China abhängig ist.[128] Auch bei der Batterietechnologie ist Europa zu sehr von China abhängig. Eine ähnliche Markt- und Wertschöpfungskettendominanz droht ebenfalls bei der Windenergie. Deutschland muss sich bewusst sein, dass Peking wirtschaftliche Abhängigkeiten nutzt, um die europäischen Staaten politisch unter Druck zu setzen. Dabei schreckt es nicht davor zurück, auch den europäischen Binnenmarkt anzugreifen, was deutschen Interessen diametral entgegenläuft. Litauen erlebte dies aus erster Hand: Bisher bestehende Repräsentationen Taiwans in europäischen Ländern und in den USA wurden stets unter dem Namen »Taipeh« geführt, um China nicht zu brüskieren. Als 2021 die Repräsentanz Taiwans in Vilnius als erster neuer diplomatischer Außenposten der Insel in Europa unter dem Namen »Taiwan« eröffnete, sanktionierte Peking nicht nur Warenimporte aus Litauen, sondern auch solche, die lediglich litauische Komponenten enthielten, was auch deutsche Hersteller traf.[129]

Deutschland braucht eine realistische Chinapolitik – und sollte seine europäischen Partner davon überzeugen, mitzuziehen. Berlin kann wichtige Lehren aus dem Schock seiner gescheiterten Russlandpolitik ziehen und sollte die Erkenntnisse an seine europäischen Partner weitergeben.

Die *erste* Aufgabe ist dabei, die Entwicklungen in China und den Zustand und die Ziele des chinesischen Regimes fortlaufend realistisch zu analysieren. Im Inneren kommt China heute einer digitalen Diktatur gleich, begeht bekanntermaßen massive Menschenrechtsverletzungen und geht gegen chinesische Erfolgsunternehmer vor, um Xis Kontrolle zu erweitern. Die Kommunistische Partei Chinas hat er fest im Griff, noch viel eindeutiger, nachdem er die kollektive Führung und jegliche Amtszeitbegrenzung für sich als Präsidenten abgeschafft hat.

Nach außen hin formuliert Peking expansive Machtansprüche, verfolgt dabei aber gleichzeitig eine höchst protektionistische und machtausbauende Wirtschaftspolitik im Inneren und hat dem politischen Westen einen ideologischen Kampf angesagt.[130] Aus dem Fall Russland lernend, sollte die deutsche Politik und Wirtschaft jegliche eventuell noch bestehende »Wandel durch Handel«-Illusionen ablegen. Diese werden trotz der Erfahrungen mit der deutschen Russlandpolitik immer wieder, gerade von Unternehmenslenkern, die stark im chinesischen Markt präsent sind, formuliert.[131]

China selbst bringt sich für die Auseinandersetzung mit den USA in Stellung, von denen es sich etwa durch Sanktionen im Halbleiterbereich massiv unter Druck gesetzt fühlt. Im März 2023 sagte Xi: »Westliche Länder, angeführt von den Vereinigten Staaten, haben China in allumfassender Weise eingedämmt und unterdrückt, was für die Entwicklung unseres Landes beispiellose Herausforderungen gebracht hat.«[132] Das bedeutet für Xis Strategie: Das Militär wird weiter gestärkt, und die Wirtschaft wird von außen unabhängiger gemacht, gerade in sicherheitsrelevanten Bereichen. Die Beziehungen zu Russland werden enger, weil China Moskau gegenüber Washington an seiner Seite wissen will. Deutschland ist aus chinesischer Sicht ein interessanter Markt und in manchen Bereichen auch noch ein Technologiepartner, wobei China Deutschland in vielen Bereichen gezielt abgehängt hat, mit einer Mischung aus enormer Investition in Forschung und Entwicklung und einem schützenden, staatskapitalistischen System, dass deutschen und europäischen Unternehmen im chinesischen und etwa im Falle der Elektromobilität zunehmend auch im heimischen Markt nun sogar gefährlich werden kann. Mit der neuen eigenen Stärke im Rücken versuchen chinesische Politik und Diplomatie Deutschland und anderen Europäern mehr oder weniger verdeckt zu signalisieren, dass es Alternativen zu einem Schulterschluss mit den USA gibt.

Die *zweite* Priorität ist, Abhängigkeiten zu reduzieren, damit deutsche Unternehmen und die deutsche Volkswirtschaft insgesamt weniger verwundbar sind und die Bundesregierung den eigenen Handlungsspielraum gegenüber China wieder erweitern kann. Dies hebt auch die erste deutsche Sicherheitsstrategie von Juni 2023 hervor.[133]

Geschichten über unfaire Wettbewerbsbedingungen und den Diebstahl geistigen Eigentums gibt es zuhauf. Die Bundesregierung sollte gemeinsam mit Unternehmen die eigene wirtschaftliche Sicherheit steigern und hierfür die Abhängigkeiten der gesamten Volkswirtschaft klar erfassen. Sie sollte mit der Industrie weiter ausarbeiten, welche Branchen, welche Unternehmen, welche kritische Produktversorgung zusammenbrechen oder stark geschädigt würden, sollte sich China von Europa abkehren oder die USA Europa im Rahmen von Sanktionsregimen vor die Entscheidung stellen, mit China oder den USA in bestimmten Segmenten zu handeln.

Wenn Unternehmen im chinesischen Markt investieren, sollten sie das Risiko der Investitionen grundsätzlich selbst tragen. Der Einsatz von Hermesbürgschaften sollte nur im Einklang mit außen- und sicherheitspolitischen Zielen erfolgen. Bei Rohstoffen und industriellen Vor- und Zwischenprodukten sollte sichergestellt werden, dass Unternehmen Abhängigkeiten reduzieren und alternative Bezugsquellen erschließen, auch wenn dies mit höheren Kosten verbunden ist. Es geht dabei nicht um eine völlige Entkopplung von China, es geht um eine Reduzierung des Risikos, wie dies auch EU-Kommissionspräsidentin Ursula von der Leyen am 30. März 2023 vor ihrer Pekingreise in einer viel beachteten Rede[134] unterstrich. Im Inneren sollte die Bundesregierung noch entschiedener gegen Versuche chinesischer Einflussnahme vorgehen und Unternehmen wie Universitäten, Lokal- und Regionalpolitiker ebenso wie die Zivilgesellschaft darüber aufklären, welche Unsicherheiten und Gefahren von China auch in unserem Land ausgehen können.

Die *dritte* Aufgabe ist, gemeinsam mit den europäischen Partnern zu verhindern, dass sich die Konkurrenzsituation zwischen China und den USA zuspitzt und möglicherweise in einen Krieg mündet. Aus europäischer Sicht ist das Szenario, dass China Taiwan angreift oder es mit anderen Mitteln unter seine Kontrolle bringt, höchst bedrohlich. Die militärische Dimension des Krieges zwischen China und Taiwan wäre – insbesondere im Falle eines Eingreifens der USA – weitaus größer als im Ukraine-Krieg, da das chinesische Militär aufgrund der massiven Investitionen der letzten Jahre sehr viel moderner und effizienter ausgestattet ist als das russische Militär. Die Wirtschaftsbeziehungen zwischen China und den westlichen Alliierten würden einbrechen, was Deutschland und Europa aufgrund der bestehenden Abhängigkeiten vor enorme Probleme stellen würde: Sollte Europa Taiwan als Halbleiterlieferant verlieren, hätte dies desaströse Effekte auf Europas Wirtschaft und Sicherheit. Zahlreiche Rohstoffe und industrielle Vorprodukte würden wegfallen, was in Deutschland unter anderem die Energiewende stark gefährden würde.

Um einen heißen Krieg mit Peking zu vermeiden, sollte zum einen weiter in glaubwürdige Abschreckung investiert werden, wozu auch eine geringere Verwundbarkeit beiträgt. Gleichzeitig sollten, wo immer möglich, politische und militärische Kommunikationskanäle offengehalten werden. Der gesellschaftliche Dialog zwischen China und dem Westen ist – zumindest mit Chinesen in China – geradezu unmöglich geworden, kann aber zumindest zu einem Teil noch über die Diaspora aufrechterhalten beziehungsweise entwickelt werden. Zusammenarbeit sollte mit China in für beide Seiten wichtigen Fragen gesucht werden, die keine Seite allein regeln kann – etwa in der Bekämpfung des Klimawandels.

Der Ukraine zum Sieg verhelfen

Die unmittelbarste außenpolitische Herausforderung wird noch viele Jahr die Unterstützung der Ukraine sein, durch finanzielle Hilfe, Waffenlieferungen, geheimdienstliche

Zusammenarbeit, durch Hilfen für die ersten Etappen des Wiederaufbaus und auf vielen anderen Wegen. Dabei geht es um weit mehr als um die Beendigung der russischen kriegerischen Invasion. Es besteht aufseiten der westlichen Unterstützer die konkrete Sorge, dass Putin den Krieg auf andere Länder ausdehnt, sollte er in der Ukraine siegen. Freiheit und Sicherheit auf dem europäischen Kontinent sind daher bedroht. So sagte Bundesverteidigungsminister Boris Pistorius: »Russland führt einen brutalen Krieg der Aggression und der Eroberung gegen die Ukraine«, und dies sei »nur der Anfang«.[135] Er habe dem ukrainischen Präsidenten Wolodymyr Selenskyj zugesagt, dass Deutschland der Ukraine so lange helfen werde, wie es nötig sei.

Das ist ein großes und sehr langfristiges Versprechen. Der Ukraine zum Sieg zu verhelfen, ist bei Weitem nicht nur militärisch gemeint. Es geht auch darum, das Land auf dem Kurs einer sich konsolidierenden Demokratie zu begleiten, die dem politischen Westen voll zugehörig ist. Nach Ende der heißen Kriegsphase wird der Wiederaufbau des Landes in den Mittelpunkt rücken, was nicht nur bedeutet, dass Milliarden Euro für das Land mobilisiert werden müssen, sondern dass durch Sicherheitsgarantien berechenbare Investitionsbedingungen und durch die Bekämpfung der Korruption im Land akzeptable Finanzierungsbedingungen geschaffen werden müssen. Bereits jetzt werden Wiederaufbaumaßnahmen finanziert, von zerstörter kritischer Infrastruktur, etwa im Energie- und Transportbereich, Krankenhäusern und Schulen. Das ist allerdings nur ein kleiner Anfang.

Hunderte von Milliarden Euro werden nötig sein, damit die Ukraine die in Putins Angriffskrieg zerstörten

Brücken, Schulen, ihre Energieversorgung, Wohnraum, Straßen, Eisenbahnlinien, ihr Gesundheitssystem und vieles mehr wieder aufbauen kann. Öffentliches Geld wird dafür allein nicht ausreichen. Gleichzeitig müssen private Investitionen fließen, aber dies erfordert Sicherheitsgarantien und Investitionsversicherungen. Die Frage der Einbindung der Ukraine in eine zukünftige europäische Sicherheitsordnung ist deshalb mit der Frage des Wiederaufbaus und der Rückkehr der ukrainischen Demokratie untrennbar verbunden. Darüber hinaus muss die Unterstützung der Ukraine Hand in Hand gehen mit einer kohärenten Russlandpolitik der Europäer und Amerikaner (siehe nächster Abschnitt).

Für die Bundesregierung ist es eine wichtige Aufgabe, das langfristige und große Engagement für die Ukraine immer wieder zu erklären. Nach dem ersten Kriegsjahr stand die öffentliche Meinung in Deutschland hinter der Unterstützung für das kriegsgebeutelte Land. Im ZDF Politbarometer im April 2023 sprachen sich 45 Prozent aller Befragten für eine unveränderte militärische Unterstützung der Ukraine durch den Westen aus, 28 Prozent forderten sogar ein stärkeres Engagement und 22 Prozent plädierten für eine Verringerung.[136] Der ARD DeutschlandTrend von April 2023 zeigte auf, dass der Ukraine-Krieg ein Jahr nach Beginn der umfassenden russischen Invasion neben Fragen des Umwelt- und Klimaschutzes nach wie vor ganz oben auf der Prioritätenliste der Bevölkerung stand.[137] Deutlich gewachsen war in der Zeit auch die Zufriedenheit mit dem Kurs der Bundesregierung im Ukraine-Krieg. Sie stieg zwischen Februar und April 2023 um zehn Prozentpunkte auf 46 Prozent.[138] Auch die Solidarität der EU-Bürger:innen mit der Ukraine war nach einem Jahr Krieg anhaltend hoch: Nach den Zahlen des EU-Barometers von Februar 2023 unterstützte die große Mehrheit der Befragten (91 Prozent) die Bereitstellung von humanitärer Hilfe, 88 Prozent sprachen sich für die Aufnahme von Kriegsflüchtlingen in der EU aus. Finanzielle Unterstützung für die Ukraine befürworteten 77 Prozent, und 74 Prozent sprachen sich für Wirtschaftssanktionen gegen die russische Regierung und Einzelpersonen aus.[139]

Die vergleichsweise robuste Unterstützung der Bevölkerung darf aber nicht darüber hinwegtäuschen, dass die Befragten durchaus sorgenvoll auf die Situation schauen: Ein Jahr nach Kriegsbeginn zeigte eine Umfrage des ARD-DeutschlandTrends, dass 49 Prozent der Befragten befürchteten, dass die Waffenlieferungen die Gefahr eines russischen Angriffs auf westliche Staaten erhöhen (45 Prozent glaubten das nicht).[140]

Je länger der Krieg andauert, desto schwieriger ist es für alle unterstützenden Regierungen, die Bevölkerung bei der Stange zu halten. Damit die Ukraine die Grundlagen für eine konsolidierte Demokratie schaffen kann, braucht sie nicht nur militärische Unterstützung, Friedensgarantien und Aufbauhilfe. Sie braucht auch Gerechtigkeit, das heißt, die Ahndung der fürchterlichen Kriegsverbrechen, die auf ihrem Territorium gegenüber ihrer Bevölkerung begangen wurden, und finanziellen Ausgleich für die Zerstörungen im Land. Ein bedeutsamer erster Schritt war, dass der Internationale Strafgerichtshof in Den Haag am 17. März 2023 einen Haftbefehl gegen Wladimir Putin und die russische Kinderrechtsbeauftragte Maria Lwowa-Belowa erließ. Beide werden verantwortlich dafür gemacht, dass Tausende von ukrainischen Kindern aus besetzten Gebieten nach Russland, fernab von ihren Familien, deportiert wurden, wo sie zu Russinnen und Russen gemacht werden und ihre Heimat und ihre Familie vergessen sollen. Obwohl Russland die vertragliche Grundlage des Internationalen Strafgerichtshofes, das Römische Statut, nicht anerkennt, schränkt der Haftbefehl Putins Bewegungsfreiheit maßgeblich ein, da die 124 Staaten, die die Kompetenz des Internationalen Strafgerichtshofes anerkennen, ihn festnehmen und ausliefern müssen, sollte er ihr Staatsgebiet betreten.

Für die Ukraine ist es essenziell, dass das unfassbare Leid im Land – 35 000 Kriegsverbrechen wurden allein im ersten Kriegsjahr dokumentiert – anerkannt wird und die internationale Gemeinschaft bereitsteht, die Verbrechen gemeinsam mit der Ukraine zu ahnden. Für die Zukunft der Ukraine und ihr künftiges Auskommen mit ihrem Nachbarn, dem Aggressor Russland, ist es maßgeblich, dass die Täter vor Gericht gebracht werden. Nationale Gerichtsverfahren in der Ukraine, hybride Gerichte und internationale Mechanismen und Institutionen müssen gewährleisten, dass die Verbrechen Russlands nicht ungestraft bleiben.

Ein Verhandlungsfrieden, egal wie er im Hinblick auf die territoriale Integrität der Ukraine aussehen mag, kann nur Bestand haben, wenn die Ukraine westliche Sicherheitsgarantien bekommt, durch die die Angst vor und die Gefahr eines erneuten Angriffes zumindest eingedämmt werden. Um die Nachkriegszeit vorzubereiten, hat die Ukraine bereits eine klare NATO-Beitrittsperspektive eingefordert und ist Kandidat für eine Mitgliedschaft in der EU. Bevor es zu Friedensverhandlungen kommen kann, muss auch bereits ein Waffenstillstand international begleitet und abgesichert werden, und schon jetzt sollten für die notwendigen europäischen und internationalen Missionen gemeinsam mit Kiew Pläne entwickelt werden.

Eine europäische Russlandpolitik

Deutschland und Europa brauchen für sich und gemeinsam mit den USA eine regelmäßige Verständigung und ein regelmäßiges Update über eine koordinierte Russlandpolitik. Solange der Krieg tobt, ist die Priorität des Westens die Unterstützung der Ukraine und die Aufrechterhaltung einer harten Sanktionspolitik gegenüber Russland. Für Europa ist durch den Krieg das Thema der eigenen Verteidigungsfähigkeit und der Abschreckung zentral geworden – ein größeres Engagement in Verteidigungsfragen ist bereits gesetzt und Bestandteil der künftigen Russlandpolitik, die darüber hinaus zusätzliche Prioritäten einschließen sollte.

Kurzfristig und solange der Krieg andauert, oder auch falls er in einen eingefrorenen Konflikt übergeht, sollte im Zuge des Krisenmanagements sichergestellt werden, dass Gesprächskanäle zum russischen Regime bestehen bleiben. Während Kampfhandlungen andauern, kommt dem Kontakt mit dem Militär eine besondere Bedeutung zu. Direkte, regelmäßige Austausche auch zwischen Russland und den USA beziehungsweise der NATO sind wichtig, um im Falle einer Eskalation, sei sie intendiert oder unbeabsichtigt, direkten Zugang zueinander zu haben. Darüber hinaus können niedrigschwellige, diplomatische Versuche gemacht werden, etwa im Kontext der Vereinten Nationen, mit Russland an drängenden Themen, auch nicht kriegsbezogenen, zu arbeiten. Einige Erfolge gab es während des Krieges: Ohne Verhandlungen hätte es keinen Getreideexport durch die Schwarzmeerhäfen gegeben, ohne direkte diplomatische Kontakte keine Gefangenenaustausche zwischen Russland und der Ukraine, und hinsichtlich der gefährlichen Situation im von Russland besetzten Atomkraftwerk Saporischschja konnte im ersten Kriegsjahr zumindest der Zugang von Experten der Internationalen Atomenergie-Organisation (IAEA) herbeiverhandelt werden.

Ein Waffenstillstand und Friedensverhandlungen sind leider erst nach einem harten und langen Abnutzungskrieg zu erwarten. Das überaus brutale Vorgehen von Putin und auch die Tatsache, dass Russland selber so hohe Verluste in seinen Truppen und bei seinem militärischen Material verzeichnet, legen die Einschätzung nahe, dass Putin an einem Frieden und Waffenstillstand nicht interessiert ist. Während zu Recht immer wieder gefragt wird, wie der blutige Krieg beendet werden kann, erscheint es gleichzeitig so, als hielte der russische Präsident, der im Konzert der Weltmächte seinen Platz haben will, immer verbissener an seinem Kampf fest.[141] Wann und unter welchen Bedingungen Verhandlungen über die Koexistenz zweier souveräner Staaten, nämlich der Ukraine und Russland, zum Erfolg kommen könnten, ist nicht absehbar. Möglich ist ein nachhaltiger Frieden zwischen der Ukraine und Russland erst, wenn die russische Politik sich grundlegend neu ausrichtet, was Russlandexperten mit Putin im Kreml für sehr unwahrscheinlich halten. Echte Friedensverhandlungen werden also extrem voraussetzungsreich sein.

Deutschlands Russlandpolitik muss Teil eines umfassenden Versuchs sein, eine neue europäische Sicherheitsordnung zu entwickeln. Das Scheitern Russlands in der Ukraine ist Voraussetzung dafür, was wiederum die Unterstützung der Ukraine so bedeutsam macht. Russland wird mit dem Konzept von gemeinsamen Landgrenzen mit NATO-Ländern leben lernen müssen, die durch den Beitritt Finnlands bereits ausgeweitet wurden und die ein NATO-Beitritt der Ukraine noch verlängern würde. Die NATO muss weiterhin ihren Verteidigungscharakter unterstreichen.

Die deutsche und europäische Russlandpolitik sollte auch Akteure einbeziehen, die unabhängig vom Putin-Regime sind. Dazu gehört die fortlaufende Unterstützung von geflüchteten Russinnen und Russen, insbesondere solcher, die in Wissenschaft, Journalismus, in der Kunst und Lehre oder in ähnlichen Berufen außerhalb des Landes arbeiten und die von Russland als regimekritisch eingestuft werden. Während eine Politik, die auf einen Regimewechsel in Russland durch direkte Intervention abzielt, weder legitim wäre noch Aussicht auf Erfolg hätte, ist die Arbeit mit der Diaspora und denjenigen Russinnen und Russen entscheidend, die künftig in ihrem Land nach einem möglichen Ende der Diktatur eine Rolle spielen können und wollen. Ihre Sicherheit zu garantieren und in diese Beziehungen zu investieren, ohne genau wissen können, wie lange dies nötig sein wird, ist auch deshalb so wichtig, weil sich die Situation innerhalb Russlands auch kurzfristig ändern kann, zum Guten wie zum Schlechten.

Deutschlands künftige Russlandpolitik muss in engster Art und Weise mit den europäischen Partnern, vor allem in Mittel- und Osteuropa und im Baltikum, sowie mit den

USA abgestimmt werden. Sie sollte ebenso immer wieder die russisch-chinesische Beziehung in den Blick nehmen. Denn sosehr der politische Westen eine Niederlage Putins in der Ukraine wünscht, so sehr hat China ein Interesse daran, Putin an der Macht zu halten, damit es seinen wichtigsten Alliierten in Sachen autoritärer Weltumbau nicht verliert. Ein mögliches Szenario ist gerade im Falle einer drohenden Niederlage Russlands und einer damit einhergehenden internen Schwächung Putins, dass Peking im Ringen um ein Ende des Krieges seinen Einfluss in Russland ausbaut, indem es seine Unterstützung ausbaut und möglicherweise sogar daran mitwirkt, Putin an der Macht zu halten. In dieser Konstellation wird noch einmal klar: Um ihre Interessen auf dem europäischen Kontinent möglichst effektiv verfolgen zu können, müssen Deutschland und Europa ihren politischen Handlungsspielraum gegenüber zweien ihrer ehemals engsten wirtschaftlichen Partner, Russland und China, deutlich erweitern. Das bedeutet im Falle Chinas keine Abkehr, aber eine Reduzierung der Abhängigkeiten – auch mit Blick auf Deutschlands und Europas spätere Optionen gegenüber Russland.

Ein krisenresilientes Wirtschaftsmodell

Vor diesem Hintergrund ist nur allzu deutlich, warum der Umbruch in der Weltordnung Deutschland in Europa besonders stark betrifft. Er geht mit einer geoökonomischen Wende einher, die das deutsche exportbasierte Wachstumsmodell besonders trifft. Seine Volkswirtschaft lebt von Verflechtung, von der internationalen Arbeitsteilung, von stabilen, niedrigpreisigen Energiezulieferungen, vom Zufluss von ausländischem Kapital in deutsche Unternehmen. Nun aber ist die Zeit vorbei, in der sich Deutschland auf eine Versorgung mit billiger Energie aus Russland und auf die Verteidigung des Landes durch die USA verlassen konnte und in der es einen Teil seiner industriellen Produktion nach China auslagern konnte und gleichzeitig mit Seltenen Erden aus Asien versorgt wurde. Russland ist als Energielieferant weggefallen, den Handels- und Investitionsbeziehungen mit China haftet ein erhöhtes Risiko an, und die USA erwarten von den europäischen Staaten einen sehr viel größeren Beitrag zur eigenen europäischen Sicherheit. Die COVID-Pandemie, gefolgt von den geballten geopolitischen Veränderungen, hat die Anfälligkeiten von Deutschlands internationalen Lieferketten offengelegt. Das auf Globalisierung ausgerichtete Geschäftsmodell steht daher analytisch auf dem Prüfstand: Wie belastet die Fragmentierung der Weltwirtschaft unsere Wirtschaftsleistung? Mit welchen Wertschöpfungsverlusten müssen wir, aber auch unsere Handelspartner rechnen?

Für die Politik und für Unternehmen wird es weiter darum gehen, Abhängigkeiten und damit Verwundbarkeiten zu reduzieren, insbesondere von politisch unsicheren Staaten. Für manche Unternehmen mag das heißen, dass sie ihr China-Geschäft in eigenständigen Unternehmen organisieren, mit dem Risiko, dass China die Kontrolle darüber übernimmt. Die vergangenen Jahre haben gezeigt, dass autoritäre Herrscher bereit sind, wirtschaftliche Verflechtungen als Waffen einzusetzen – und dafür auch hohe Kosten in Kauf zu nehmen. Eine stärkere Diversifizierung der Liefer- wie auch der Absatzmärkte ist dringend nötig, was jedoch nicht einer Entkopplung der deutschen Wirtschaft von internationalen Handels- und Investitionsströmen gleichkommen muss. Es erscheint am sichersten, den wirtschaftlichen Austausch mit marktwirtschaftlich orientierten Demokratien zu stärken. Im Bereich etwa der Importe von Energie und Seltenen Erden mag dies indes nicht ganz ausreichen. Deutschland wird dennoch seine Beziehungen weg von China und Russland und hin zu anderen Staaten lenken müssen, auch wenn einige davon unentschieden oder sogar auf der anderen Seite des Spektrums im globalen Systemkonflikt stehen. Dabei gilt: Eine »bipolare Welt«, die entlang des Konflikts zwischen den USA und China strukturiert ist, würde das deutsche Geschäftsmodell ernsthaft unterminieren, auch wenn Unternehmen die unbestreitbare Fähigkeit haben, sich an die Unwägbarkeiten des Wirtschaftslebens anzupassen.

Deutschland wird seine Interessen allein immer weniger wirkungsvoll vertreten können, obwohl es vorerst immer noch die viertgrößte Volkswirtschaft der Welt ist. Es braucht in politischer und wirtschaftlicher Hinsicht die EU und die Gemeinschaft des politischen Westens mehr als je zuvor seit Ende des Kalten Krieges. Eine strategisch wichtige Frage ist, wie Deutschland und Europa auf massive industriepolitische Eingriffe in China und den USA reagieren. Zwei Risiken bestehen dabei für Europa. Das *erste*: Die EU und ihre Mitgliedstaaten könnten auf die amerikanischen und chinesischen Programme ihrerseits mit Protektionismus und einem unproduktiven Subventionswettlauf antworten, der viel kosten und gleichzeitig nicht unbedingt positive Effekte auf die Wettbewerbsfähigkeit haben würde. Die Geschichte der erfolglosen staatlichen Subventionierung »nationaler Champions« in einigen EU-Mitgliedstaaten bietet dafür einige Negativbeispiele. Die Wirksamkeit klassischer Industriepolitik ist begrenzt. Gerade wenn Unternehmen in Krisenzeiten nach Subventionen rufen, geht es oftmals um die Erhaltung des Status quo und nicht unbedingt um Innovation. Es hat sich zudem gezeigt, dass eine strukturerhaltende Industriepolitik schmerzhafte, aber notwendige Anpassungsprozesse teilweise verhindert und so der Attraktivität des Standortes mittel- und langfristig eher schadet, als sie zu unterstützen.

Die *zweite* Gefahr betrifft die Dynamik zwischen den Mitgliedstaaten: Wenn nationale Subventionsoffensiven gestartet werden, kann dies die Wettbewerbsordnung im Binnenmarkt untergraben. Zudem schaffen sie – das gilt auch für Maßnahmen, die mit dem EU-Recht kompatibel sind – politische Verwerfungen zwischen den EU-Mitgliedern. Berlin sieht sich immer wieder dem Vorwurf ausgesetzt, dass es aufgrund seines haushaltspolitischen Spielraums nationale Ausgaben- und Unterstützungsprogramme aufsetzt, die andere Staaten im gemeinsamen Binnenmarkt regelrecht an die Wand drücken und die internen Verwerfungen verstärken. Das haben die Reaktionen auf den »Doppel-Wumms« gezeigt, das von Bundeskanzler Olaf Scholz im September 2022 angekündigte Energie-Entlastungspaket in Höhe von 200 Milliarden Euro. Andere EU-Länder und auch die Europäische Kommission kritisierten, dass diese außergewöhnliche Maßnahme den EU-Binnenmarkt verzerren würde, da viele der Mitgliedstaaten nicht denselben fiskalischen Spielraum haben und nicht in der Lage sind, in gleichem Maße finanzielle Mittel aufzubringen.[142]

Statt nationaler Subventionswettläufe sollte die EU daher eine gemeinsame Investitionsoffensive in Forschung und Entwicklung starten, mit dem vordringlichen Ziel, die Wettbewerbsfähigkeit und die Innovationskraft Gesamt-Europas zu stärken, was im Zuge der digitalen und ökologischen Transformation sehr wichtig ist und dabei hilft, den Binnenmarkt und seine Resilienz zu steigern. Dabei kann sie an einige bestehende Programme anknüpfen, die natürlich im ersten Schritt erst einmal ausgeschöpft werden sollten: So unterstützt das in COVID-Zeiten auf den Weg gebrachte 750 Milliarden Euro teure Programm Next Generation EU (NGEU) den wirtschaftlichen Aufschwung der EU-Staaten durch die Finanzierung von ökologischer Transformation. Den Ausbau von Energieinfrastruktur und die Ausschöpfung von Einsparpotenzialen unterstützt zudem das Programm Repower EU.

Bei aller Kritik, die man, wie beschrieben, am amerikanischen Unterstützungsprogramm IRA formulieren kann, sollten dabei folgende Punkte bedacht werden, die auch für Europa relevant sind: Mit dem IRA geht es Joe Biden nicht nur um eine Antwort auf die Subventionierung grüner Technologie in China. Es geht genauso um Sicherheitsrisiken, da China den Sektor zunehmend beherrscht, und es geht um eine Re-Industrialisierung der USA. Im Bereich der für die grüne Energiewende so entscheidenden Solar- und Windenergie dominiert China den Markt mit Anteilen von teilweise über 80 Prozent. Der Aufbau eigener Kapazitäten ist daher sicherheitsrelevant und verspricht Wachstum und Beschäftigung. Das ist auch für Europa und die transatlantische Zusammenarbeit relevant.

Die EU braucht eine Industriepolitik, die den Schutz von Klima und Umwelt in den Mittelpunkt stellt, Europas

Wettbewerbsfähigkeit und Innovationsfähigkeit stärkt und die zunehmend relevanten Sicherheitsinteressen nicht aus dem Blick lässt. Der Hauptfokus sollte auf besseren Rahmenbedingungen für private Investitionen liegen, wie moderne und effiziente Infrastruktur, eine weitreichende Digitalisierung, exzellente Forschungsbedingungen, die Verfügbarkeit von Fachkräften und flexible Rahmenbedingungen für die Anwerbung derselben sowie möglichst wenig Bürokratie und Regulierung. Unternehmen sollten dazu angehalten werden, ihre Lieferketten zu diversifizieren und die mit ihnen verbundenen politischen Risiken zu minimieren. Während die Idee rein regionaler Lieferketten jedoch aus vielerlei Gründen illusorisch ist und Unternehmen weniger wettbewerbsfähig machen dürfte, kann ein Ausbau der Partnerschaften mit Drittstaaten Europa resilienter machen. Zunehmend engagiert sich Berlin dabei zu Recht für engere Beziehungen zu Lateinamerika, Südostasien und Nordafrika.

Energie- und Klimapolitik

Die Bewältigung der Klimakrise berührt alle Aspekte des Lebens rund um den Globus und auch bei uns zu Hause: von der Sicherheit bis zur Wirtschaft, von der Nahrungsmittelversorgung über die Mobilität bis zu Fragen des Lebensstils. Deutschland hat sich zum Ziel gesetzt, bis 2045 eines der ersten klimaneutralen Industrieländer zu werden. Um aber eine Netto-Null-Wirtschaft zu erreichen, muss die Volkswirtschaft radikal umgebaut werden – eine Entwicklung, die von Unternehmerinnen und Unternehmern und den Beschäftigten ebenso wie von den Konsumentinnen und Konsumenten mitgetragen werden muss. Innovationsfähigkeit und Investitionen, die Versorgung mit den notwendigen Rohstoffen zur Neuaufstellung der Energieversorgung und die Entbürokratisierung und Veränderungsbereitschaft in Staat, Wirtschaft und Gesellschaft sind die grundlegendsten Voraussetzungen für das Gelingen der Klimatransformation.

Klimapolitik braucht ganz offensichtlich eine neu ausgerichtete Energiepolitik, und im Falle Deutschlands und Europas fällt das Umsteuern in der Energieversorgung zusammen mit einer umfassenden grünen Transformationsagenda, die eine essenzielle Bedingung für die Erreichung der eigenen Klimaziele ist. Ein erster logischer, wenngleich erst mittelfristig wirkender Schritt dahin ist neben der Reduzierung des Energieverbrauchs die Verbesserung der Energieeffizienz: Durch die Einführung energieeffizienter Technologien und Verfahren in verschiedenen Sektoren kann Deutschland den Gesamtenergieverbrauch und die Abhängigkeit von externen Energiequellen noch deutlich verringern, um durch eine Reduktion von Treibhausgasen wirksamer gegen den Klimawandel vorzugehen.[143]

Aufgrund von Deutschlands Ressourcenknappheit und starker Importabhängigkeit – derzeit noch von fossilen Energieträgern, aber auch in den Zukunftstechnologien Wasserstoff und in der Solarenergie – ist Energiepolitik Außenpolitik und seit Februar 2022 auch Sicherheitspolitik. Mit der Invasion der Ukraine durch Russland war die oberste Priorität der Bundesregierung zunächst, die Lieferanten fossiler Energie zu diversifizieren und gleichzeitig stärker in einen Mix aus erneuerbaren Quellen wie Sonne, Wind, Wasser und Geothermie zu investieren, um die Abhängigkeit von fossilen Brennstoffen zu verringern und eine stabile Energieversorgung zu gewährleisten. Seitdem ist, wie oben dargestellt, enorm viel geschehen. In einem beeindruckenden Kraftakt wurde das zu lange Festhalten an alten Lieferbeziehungen, das große Versäumnis der deutschen Außen- und Energiepolitik der Nachkriegszeit, korrigiert.

Neben der Klimaverträglichkeit ist heute die Versorgungssicherheit das wichtigste Paradigma der deutschen und europäischen Energiepolitik. Unter den neuen Energiequellen bekommt derzeit der Wasserstoff die größte Aufmerksamkeit – vor allem der grüne Wasserstoff, für den Deutschland bereits 2020 eine nationale Strategie vorlegte.[144] Grüner Wasserstoff gilt als ein vielversprechender Energieträger, der durch Elektrolyse von Wasser unter Verwendung von Strom aus erneuerbaren Energiequellen gewonnen wird, ohne CO_2 zu emittieren. Er kann CO_2-Emissionen in Sektoren wie Industrie, Verkehr und Energieerzeugung reduzieren. Im Gegensatz dazu steht blauer Wasserstoff, der aus Erdgas gewonnen wird und bei dem die CO_2-Emissionen abgeschieden und gespeichert werden.

Frankreich sieht die Lage anders: Paris setzt auf Wasserstoff aus Kernenergie und betrachtet die Atomkraft als einen wichtigen Faktor für die preisgünstige Erzeugung von kohlenstoffarmem Wasserstoff. Dieser Konflikt zwischen den beiden Ländern spiegelt die unterschiedlichen nationalen Energiepolitiken. Deutschland beschloss den Atomausstieg und hat im April 2023 alle Kernkraftwerke stillgelegt.[145] Im Gegensatz dazu baut Frankreich die Atomenergie als wesentlichen Teil seiner Energieversorgung weiter aus, durch Neuinvestitionen und Laufzeitverlängerungen. Frankreich erzeugt rund zwei Drittel seiner Energie aus der Atomkraft mit steigender Tendenz. Um eine gemeinsame europäische Wasserstoffstrategie zu entwickeln, muss der Dissens zwischen Deutschland, Frankreich und anderen Staaten dringend überwunden und eine effektive Zusammenarbeit gefördert werden. Einen Konsens über das Potenzial und die Gefahren von Nuklearenergie wird es zwischen den EU-Staaten nicht geben, mit Kopfschütteln wird etwa in Paris oder Helsinki Deutschlands Atomausstieg betrachtet – sowohl mit Blick auf die Energieversorgungssicherheit als auch auf den Strompreis und die CO_2-Bilanz. Hintergrund dafür ist ein erbitterter EU-interner Streit, ob Atomkraft als »grüne« Energiequelle gelten sollte und in die Taxonomie für nachhaltige Investitionen aufzunehmen ist. Das Konzept wird nicht allein von Frankreich unterstützt, aber die Frage ist umstritten, da Atomkraft zwar zur Reduzierung von CO_2-Emissionen beitragen kann, aber auch Risiken und Probleme wie nuklearen Abfall und Umweltgefahren mit sich bringt, wie insbesondere Deutschland, Österreich und Luxemburg kritisiert haben.[146]

Zudem kann auf nationaler Ebene im Kleinen einiges erreicht werden. Es mag klingen, als handelte es sich um viele kleine Tropfen auf den heißen Stein, aber zunehmend wichtig wird die Stärkung der lokalen Energieerzeugung: Dezentrale Systeme wie Mikronetze und dezentrale Energiequellen reduzieren die Abhängigkeit von globalen Energieversorgungsketten. Wird Energie in der Nähe des Verbrauchers produziert und verteilt, werden lange Transportwege und damit verbundene Emissionen und Kosten vermieden. Durch den Aufbau von dezentralen Energieerzeugungssystemen können zudem lokale

Gemeinschaften mehr Kontrolle über ihre Energieversorgung erlangen und unabhängiger von globalen Energieversorgungsketten werden. Dies kann dazu beitragen, das Risiko von Energieversorgungsausfällen aufgrund von externen Faktoren wie politischen Spannungen, Naturkatastrophen oder technischen Problemen zu reduzieren.

Darüber hinaus schaffen dezentrale Energieerzeugungssysteme Arbeitsplätze und Wertschöpfung in lokalen Gemeinden, etwa über die Installation und Wartung von dezentralen Energieerzeugungssystemen. Der Aufbau dezentraler Energieerzeugungssysteme erfordert allerdings Investitionen in die notwendige Infrastruktur und Technologie, die für einige Kommunen möglicherweise nicht leistbar sind. Auch die Integration von dezentralen Energieerzeugungssystemen in das bestehende Stromnetz kann eine Herausforderung darstellen.

Schließlich ist die Elektrifizierung des Verkehrswesens ein wichtiger Schritt zur Verringerung der Abhängigkeit von Ölimporten und zur Bekämpfung des Klimawandels. Um den Übergang zu beschleunigen, ist es notwendig, in die Ladeinfrastruktur zu investieren. Erst dadurch werden Elektrofahrzeuge für die Verbraucher attraktiver, und die Reichweitenangst wird reduziert. Die Bereitstellung von Lademöglichkeiten an öffentlichen Orten wie Parkplätzen, Tankstellen und Einkaufszentren trägt dazu bei, die Nutzung von Elektrofahrzeugen zu erhöhen, erfordert aber Investitionen in die notwendige Technologie und Infrastruktur. Zudem müssen auch die Kosten und die begrenzte Reichweite von Elektrofahrzeugen berücksichtigt werden, die den Umstieg für manche Verbraucher noch unattraktiv machen.

Die Entwicklung von Energiespeichersystemen schließlich ist notwendig, um den Einsatz intermittierender erneuerbarer Energiequellen wie Wind- und Solarenergie zu verbessern. Da diese Energiequellen stark von Wetterbedingungen abhängen, sind Energiespeichersysteme notwendig, um die Energie in Zeiten von Überangebot zu speichern und in Zeiten von Knappheit zu nutzen. Durch die Förderung von Forschung und Entwicklung können neue Technologien und Verfahren entwickelt werden, die umweltfreundlicher und nachhaltiger sind. Neue Technologien und Verfahren können zu neuen Geschäftsmöglichkeiten und Arbeitsplätzen in der Energie- und Umweltbranche führen. Die Förderung von Innovation und Forschung kann auch dazu beitragen, die Exportchancen Deutschlands auf dem globalen Markt zu erhöhen und gleichzeitig die Abhängigkeit von ausländischen Innovationen zu verringern.

Neue Abhängigkeiten vermeiden

Es gibt also viele Ansätze, um Deutschlands alte Energieabhängigkeit zu reduzieren. Wie sieht es aber mit *neuen* Abhängigkeiten durch die grüne Transformation aus? Vorsicht gilt insbesondere bei den kritischen Rohstoffen: Der Übergang zu grünen Technologien wie Elektrofahrzeugen und erneuerbaren Energiesystemen erfordert den Zugang zu Lithium, Kobalt und Seltenen Erden. Dies kann neue Abhängigkeiten von Ländern schaffen, die über diese Rohstoffe verfügen. Neun kritische Rohstoffe erlangen aufgrund ihrer hohen Zuliefererkonzentration und Verwendung in mehreren Schlüsseltechnologien besondere Bedeutung: Kobalt, Bor, Silizium, Grafit, Magnesium,

Lithium, Niob, Titan und Seltene Erden. Betroffene Schlüsseltechnologien sind etwa Elektromotoren, Windturbinen, Fotovoltaik-Technologien, 3-D-Druck, Robotik, Digitaltechnologien, Drohnen, Lithium-Ionen-Batterien, Brennstoffzellen und Wasserstoff-Technologien. Deutschland hat Handelsbeziehungen mit den führenden Exporteuren für fast alle dieser Rohstoffe.[147] Allerdings dominiert China bei sieben der neun kritischen Rohstoffe, sodass Handelsbeziehungen mit weiteren Partnerländern intensiviert werden müssen, um Lieferketten widerstandsfähiger zu gestalten und nicht nur die jeweiligen Unternehmen, sondern Deutschland insgesamt von politischen Risiken unabhängiger zu machen. Im Falle Seltener Erden könnten alternative Produzenten wie Myanmar, Thailand und insbesondere Vietnam die Abhängigkeit von China reduzieren. Auch mit Lateinamerika als Hauptexporteur von Lithium und Niob bietet sich eine vertiefte Zusammenarbeit an. Darüber hinaus könnte Deutschland mit der Abkehr von fossilen Brennstoffen neue Allianzen mit Ländern eingehen, die reich an erneuerbaren Ressourcen sind, beispielsweise Solar- und Windenergie. Mit Norwegen wurde die Zusammenarbeit bereits ausgedehnt: Das Land war zunächst ein zunehmend wichtig werdender Erdgaslieferant, nun wurde die Zusammenarbeit erweitert, um den Austausch von erneuerbaren Energien wie Windkraft zu fördern. Deutschland und Dänemark arbeiten zusammen, um die Integration erneuerbarer Energien in die Stromnetze zu erleichtern und den Handel mit grünem Strom zu fördern. Mit Algerien hat Deutschland eine Partnerschaft zur Förderung von Investitionen in erneuerbare Energien, den Ausbau von Infrastrukturen und Energieeffizienz-Maßnahmen getroffen. Auch mit

Marokko kooperiert Deutschland im Rahmen der Energiewende und fördert die Entwicklung von Solar- und Windenergieprojekten.

Die Diversifizierung ist also in vollem Gange und sollte weiter beschleunigt werden, wobei die im Zuge der Energietransformation entstehenden technologischen Abhängigkeiten auf den Prüfstand gehören. Zudem erfordert, wie schon erwähnt, die grüne Transformation erhebliche Investitionen in Infrastruktur, Technologie und Humankapital – Geld, das auch in Zeiten knapper Haushalte eingesetzt werden muss. Bundeswirtschaftsminister Robert Habeck hat die Stromerzeugung aus Sonne, Wind und Biomasse zu einem »überwältigenden öffentlichen Interesse« erklärt, damit Deutschland in 13 Jahren kohlenstofffreien Strom hat. Sollte diese Umstellung gelingen, wäre dies ein großer Schritt nach vorn, nicht nur für die Bekämpfung des Klimawandels, sondern auch für die Wettbewerbsfähigkeit der deutschen Industrie und für Deutschlands geoökonomischen und geopolitischen Handlungsspielraum in der sich weiter verändernden Welt.

Die neue, unbekannte Ordnung gestalten

Wenn Historikerinnen und Historiker im Jahr 2050 auf die 2020er-Jahre blicken werden, kann es sein, dass sie den Krieg in der Ukraine als Ende der Illusion einer internationalen liberalen Ordnung markieren werden. Offensichtlich hat Letztere die Rückkehr des Krieges auf den für viele Jahrzehnte friedlichsten Kontinent der Welt nicht nur nicht verhindert. Vom Krieg in Europa gehen Schockwellen aus, die weltweit die Infragestellung des westlich-liberalen Paradigmas befeuern. Die Reaktion vieler Staaten, die sich nicht auf Seite des politischen Westens gestellt haben, hat darüber hinaus gezeigt, wie stark dieser an politischer Führungsstärke eingebüßt hat. Zudem haben sich autoritäre Staaten längst verbündet, um die Weltordnung nach ihren Maßstäben umzugestalten.

Nun hat der politische Westen vielleicht die letzte Chance, diesen negativen Entwicklungen etwas entgegenzusetzen. Der historische Fehler des russischen Präsidenten Wladimir Putin, die Ukraine anzugreifen, hat den Westen nicht nur an gemeinsame Interessen und Werte erinnert. Der Krieg, seine Folgen und die weltweiten Reaktionen darauf haben verdeutlicht, dass jetzt mit größter Dringlichkeit reagiert werden muss auf den unbestreitbar großen Druck durch globale Probleme wie die Folgen des Klimawandels, humanitäre Krisen und wachsende Migrationsbewegungen, Instabilitäten im Finanzsystem oder mögliche weitere Pandemien.

Wenn Deutschland als Gestalter über die künftige internationale Ordnung nachdenkt, ist es hilfreich, zwei unterschiedliche Perspektiven einzunehmen. Zum *einen* geht es darum, die inneren Entwicklungen zu verstehen, die die künftigen Positionen von Regierungen bestimmen werden. Besonders relevant sind die USA, Europa, China, Russland und die übrigen BRICS-Staaten und andere Staaten mit zumindest regionaler Gestaltungs- oder Störkraft. In dem Maße, in dem die US-Hegemonie beendet ist, die Welt multipolarer geworden ist und mehr Regierungen, wie etwa die BRICS, zeigen, dass sie mitgestalten wollen, muss die deutsche Politik nicht nur engere Kontakte zu mehr Regierungen pflegen, sondern sich auch darauf einlassen, die inneren Entwicklungen und Beweggründe besser zu verstehen, um gemeinsame Interessen und Handlungsoptionen zu definieren. Intensivere Kontakte und mehr Wissen etwa zu Indien oder Brasilien, zu afrikanischen Staaten oder auch in die Golfregion gewinnen an Bedeutung. Zum *zweiten* ist relevant, welche globalen und transnationalen Entwicklungen das Umfeld prägen und multilaterales Handeln drängender oder aber politisch unwahrscheinlicher bis unmöglich machen. Da in beiden Hinsichten aufgrund der sich schnell wandelnden Weltlage Unklarheiten bestehen, wie die wichtigsten gestaltenden Akteure die Lage bewerten und für sich nutzen werden, ist ein enger Austausch mit wichtigen Partnern, die Deutschland aber weniger gut kennt, wichtig: Setzen sie in der Umbruchsituation vor allem auf die eigene Kraft, vielleicht auf wechselnde Partnerschaften? Von welchen regionalen oder globalen Strukturen erwarten sie sich nennenswerte Vorteile? Welche Vorstellungen haben sie für die weitere Gestaltung der Ordnungsstrukturen? Inwiefern sind systemische Konkurrenten wie China oder Russland bereits mit ihnen im engen Gespräch? Deutschland, Europa und andere gleichgesinnte Staaten sollten mit relevanten Akteuren weltweit mit ehrlichem Interesse und auf Augenhöhe, über ideologischen Grenzen hinweg, an den drängendsten Problemen wie etwa Verschuldungsfragen oder Klimaschutz arbeiten, genauso wie an den großen Fragen wie etwa der zukünftigen Gestaltung der internationalen Finanzinstitutionen oder der Reform der UN. Dabei wird Deutschland seine Beziehungen zu einigen Akteuren »kompartmentalisieren« müssen – in manchen Fragen werden die Regierungen übereinstimmen, in anderen nicht, miteinander reden und arbeiten sollten sie auf jeden Fall, um Probleme zu lösen und eine unproduktive Blockbildung entlang ideologischer Grenzen zu verhindern.

Die Situation ist heute eine gänzlich andere als in der letzten Umbruchphase vor gut 30 Jahren. Nach dem Fall der Berliner Mauer war die neue Ordnung unangefochten und schien auf Dauer angelegt zu sein. Das »Ende der Geschichte«[148] wurde ausgerufen, fälschlich, wie sich später zeigte. Doch die meisten gingen davon aus, dass eine schrittweise Konvergenz hin zum westlichen Demokratie- und Wirtschaftsmodell nun ausgemachte Sache sei. Washington schien anzunehmen, dass seine unbestrittene, nun international breit bestätigte Vormachtstellung es ihm erlaube, nicht nur ohne Rücksichtnahme über die eigene Zukunft bestimmen zu können, sondern auch über die anderer Staaten. Auch die meisten Partner und Alliierten der USA nahmen an, in eine Ära eingetreten zu sein, in der nicht nur der Konflikt zwischen dem Westen und der sozialistischen Diktatur beendet sei, sondern in der sich auch ein neues internationales Regelsystem Schritt für Schritt gleichsam selbst stärken würde. Kooperation, so die Annahme, würde die Konfrontation des Kalten Krieges erfolgreich ablösen.

Doch traten neue Spannungslinien zutage – spätestens mit den 9/11-Anschlägen islamistischer Terroristen auf die Twin Towers in New York und das US-Verteidigungsministerium (Pentagon) in Washington. An die Stelle der Entspannung nach Ende des Kalten Krieges trat der Krieg gegen den Terror und die Angst vor neuen Mächten mit globalem Bedrohungspotenzial durch Massenvernichtungswaffen. Der Irak-Krieg war eine der folgenreichsten und gefährlichsten Entscheidungen der US-Regierung nach Ende des Kalten Krieges. Die dominante Rolle der USA und der enge Schulterschluss des politischen Westens sorgten für ein Klima, in dem der Austausch mit anderen Staaten keine besondere Aufmerksamkeit fand, die Unzufriedenheit der Staaten, die sich in ihren Perspektiven unterrepräsentiert fanden, verhallte ungehört. So erodierte der Sinn für ein gemeinsames Ziel. Anstatt den einzigartigen Moment der US-Dominanz nach Ende des Kalten Krieges zu nutzen, um die auf Regeln basierende Ordnung zu vertiefen und zu stärken, wurde das System unterversorgt: Es verkümmerte angesichts ausbleibender Reformen, Unterfinanzierung und politischer Achtlosigkeit, vor allem gegenüber denjenigen Staaten, die sich nicht auf der Gewinnerseite fühlten. China nutzte das entstehende Vakuum und baute seine Präsenz in ebendiesen Staaten und seinen Einfluss im UN-System aus, etwa durch direkte Investitionen, Kredite und eine strategische Personalpolitik.

So werden nun die Karten neu gemischt. Die neu entstehende Ordnung dürfte weniger regelbasiert und daher politisch volatiler sein. Sie dürfte Staaten und andere Akteure zu transaktionalem Verhalten einladen, was die Welt schneller, unberechenbarer und konfliktreicher machen dürfte. Der politische Ausgleich in und zwischen Staaten wird schwieriger, auch weil alle mehr für den eigenen Schutz und Sicherheit ausgeben müssen. Zudem könnte der Gesamtkuchen des zu Verteilenden kleiner werden: Sinkt die Arbeitsteilung in der Weltwirtschaft, dürfte dies negative Wohlstandseffekte haben. Die Bedingungen, die Wladimir Putin und Xi Jinping zu der Annahme verleiteten, der Westen könnte scheitern, werden weiter bestehen: Die innenpolitische Lage in den Vereinigten Staaten und einigen anderen Demokratien ist schwierig; der relative Niedergang der westlichen Macht wird sich fortsetzen; der Anteil der G 7 am weltweiten BIP wird bald unter 40 Prozent rutschen. Selbst wenn Russland mit seinem Angriff scheitert und es nach einem Waffenstillstand tatsächlich zu einem verhandelten Frieden kommt, bleiben regionale Gefahren bestehen, und China wird weiterhin die westliche Welt herausfordern. Der Kampf um Einflusszonen wird fortgeführt werden, und die Ressentiments im Süden werden nicht verschwinden, zumindest nicht kurz- oder mittelfristig.

Mit anderen Worten: Die Aufgabe, eine neue Weltordnung zu gestalten, regionale Ordnung zu stärken oder zumindest weiteres Chaos zu vermeiden, bleibt auf absehbare Zeit bestehen. Um zwischen dem Norden und dem Süden wieder Vertrauen aufzubauen, muss Letzterer mehr tun und vor allem zunächst einmal bereits gegebene Versprechen einlösen. Denn alle Länder brauchen einander – und sie werden multilaterale Mechanismen benötigen, besonders um Nichtangriffsprinzipien wieder glaubwürdig zu machen.

Während alle nationalen Regierungen Antworten auf die bevorstehenden Krisen finden müssen, kommt der deutschen Regierung eine Schlüsselrolle bei den anhaltenden europäischen Anstrengungen zur Unterstützung der Ukraine und zur Gestaltung der zukünftigen europäischen Ordnung zu. Ihre große Wirtschaftskraft ist in Europa und weltweit von Bedeutung, aber der Krieg in der Ukraine hat ihre Schwachstellen aufgezeigt: Sie muss sich mit Abhängigkeiten auseinandersetzen und neue Energiequellen finden, Lieferketten diversifizieren und neue Märkte erschließen. Politisch ist Berlin noch dabei, sich an seine neue Rolle zu gewöhnen: Der Krieg in der Ukraine und die Aussicht auf eine weiterhin schwierige Nachbarschaft mit Russland zwingen Deutschland, eine aktivere Rolle in der europäischen Sicherheit und Verteidigung zu übernehmen. Deutschland ist ein wichtiger Partner in Europa und in der Welt, sowohl aus wirtschaftlichen als auch aus sicherheitspolitischen Gründen. Es hat seit Februar 2022 große Schritte getan. Die erste nationale Sicherheitsstrategie von Juni 2023 definiert ein umfassendes Arbeitsprogramm. An seiner Umsetzung hängt viel Glaubwürdigkeit – und die wichtigste Aufgabe ist zunächst die Priorisierung und die Bereitstellung der nötigen Ressourcen.[149] Mehr werden folgen müssen, um in der neuen, noch unbekannten Ordnung das, was Deutschland und Europa als starke liberale Demokratien ausmacht, zu bewahren und zu stärken.

In den nächsten fünf Jahren dürfte deutlich werden, was für eine Welt es ist, in der unsere Kinder und Enkel leben werden. Jetzt wird Geschichte geschrieben, jetzt ist der Gestaltungsmoment, in Deutschland, in Europa und weltweit. Ein Zurück zum Status quo ante wird es nicht geben. Die Welt von früher ist vorbei.

Danksagung

Ich habe dieses Buch geschrieben, weil wir einen für meine Generation vielleicht einmaligen Gestaltungsmoment in Deutschland und Europa erleben. Wie wir diesen nicht verstreichen lassen, sondern das Beste daraus machen können, ganz besonders für die zukünftigen Generationen, habe ich in den vergangenen zwei Jahren mit vielen Menschen diskutiert, in Deutschland, Europa, den USA und weltweit. Kolleginnen und Kollegen, Entscheiderinnen und Entscheidern, ihren Beraterinnen und Beratern und meinen Studierenden an der Harvard Kennedy School und der Freien Universität Berlin danke ich. Sie haben mein Denken in dieser Phase des Umbruchs durch unterschiedliche Perspektiven sehr bereichert. Martin Bialecki, Götz Frommholz, Ute Guder, Jens Riedel und Leonie Trebeljahr haben Teile des Manuskripts kommentiert oder mich bei Recherchen unterstützt. Ihnen danke ich ganz besonders, ebenso wie Martin Janik, der das Buch seitens des Piper Verlags betreut hat. Eventuelle Fehler oder Auslassungen liegen allein in meiner Verantwortung.

Abkürzungsverzeichnis

AfD	Alternative für Deutschland
BIP	Bruttoinlandsprodukt
BRICS	Brasilien, Russland, Indien, China, Südafrika
CDU	Christlich Demokratische Union Deutschlands
CIA	Central Intelligence Agency
EEG	Erneuerbare-Energien-Gesetz
EGMR	Europäischer Gerichtshof für Menschenrechte
FCAS	Future Combat Air System
EU	Europäische Union
IAEA	Internationale Atomenergie-Organisation
IWF	Internationaler Währungsfonds
JCPOA	Joint Comprehensive Plan of Action
KSZE	Konferenz für Sicherheit und Zusammenarbeit in Europa
LNG	Liquefied Natural Gas, dt. Flüssigerdgas
NATO	North Atlantic Treaty Organization, dt. Nordatlantikpakt-Organisation
NGO	Non-Governmental Organization, dt. Nichtregierungsorganisation
OSZE	Organisation für Sicherheit und Zusammenarbeit in Europa
PiS	Prawo i Sprawiedliwość, dt. Recht und Gerechtigkeit
SPD	Sozialdemokratische Partei Deutschlands
UN	United Nations, dt. Vereinte Nationen (VN)
US	United States, dt. Vereinigte Staaten
USA	United States of America, dt. Vereinigte Staaten von Amerika

Anmerkungen

1 Estland, Lettland, Litauen, Polen, Slowakei, Slowenien, Tschechien, Ungarn.
2 Der Grundsatz, keine Waffen in Krisengebiete zu liefern, wurde in der Vergangenheit nicht immer eingehalten: Deutschland lieferte der afghanischen Armee zwischen 2001 und 2021 Waffen, genauso wie den vom IS bedrohten kurdischen Peschmerga im Irak. Siehe: »Keine Waffenlieferungen in Krisengebiete?«, *Verfassungsblog*, 21.01.2022. https://verfassungsblog.de/keine-waffenlieferungen-in-krisengebiete/#:~:text=Zwischen%202001%20und%20 2021%20hat,kurdischen%20Peschmerga%20im%20Irak%20 geliefert, zuletzt aufgerufen am 27.04.2023.
3 »Russia's military aggression against Ukraine: EU imposes sanctions on President Putin and Foreign Minister Lavrov and adopts far-reaching sanctions targeting individuals and economic«, *Council of the EU*, Press release, 25.02.2022. https://www.consilium.europa.eu/de/press/press-releases/2022/02/25/russia-s-military-aggression-against-ukraine-eu-imposes-sanctions-against-president-putin-and-foreign-minister-lavrov-and-adopts-wide-ranging-individual-and-economic-sanctions/, zuletzt aufgerufen am 21.02.2023.
4 »U.S. intelligence finds Russia planning Ukraine offensive«. *Politico*, 04.12.2021. https://www.politico.com/news/2021/12/04/us-intelligence-finds-russia-planning-ukraine-offensive-523760, zuletzt aufgerufen am 21.02.2023.

5 »Britische Geheimdienste zu Ukraine – Auf Twitter statt nur im Geheimen«, *Tagesschau*, 06.08.2022. https://www.tagesschau.de/ausland/europa/britische-geheimdienste-ukraine-101.html, zuletzt aufgerufen am 27.04.2023.

6 Timothy Garton Ash, »If Germany has truly learned from its history, it will send tanks to defend Ukraine«, *The Guardian*, 18.01.2023. https://www.theguardian.com/commentisfree/2023/jan/18/germany-history-defend-ukraine-zelenskiy, zuletzt aufgerufen am 21.02.2023.

7 Belgien, Bulgarien, Dänemark, die Deutsche Demokratische Republik, die Bundesrepublik Deutschland, Finnland, Frankreich, Griechenland, der Heilige Stuhl, Irland, Island, Italien, Jugoslawien, Kanada, Liechtenstein, Luxemburg, Malta, Monaco, die Niederlande, Norwegen, Österreich, Polen, Portugal, Rumänien, San Marino, Schweden, die Schweiz, Spanien, die Tschechoslowakei, die Türkei, Ungarn, die Union der Sozialistischen Sowjetrepubliken, das Vereinigte Königreich, die Vereinigten Staaten von Amerika, Zypern.

8 »Russland verlangt klare Sicherheitsgarantien vom Westen«, *Deutsche Welle*, 17.12.2021. https://www.dw.com/de/russland-verlangt-klare-sicherheitsgarantien-vom-westen/a-60177267, zuletzt aufgerufen am 21.02.2023.

9 »Treaty between The United States of America and the Russian Federation on security guarantees«, *The Ministry of Foreign Affairs of the Russian Federation*, 17.12.2021. https://mid.ru/ru/foreign_policy/rso/nato/1790818/?lang=en, zuletzt aufgerufen am 21.02.2023.
Sabine Fischer, »Moskaus Verhandlungsoffensive«, *SWP Kurz gesagt*, 22.12.2021. https://www.swp-berlin.org/publikation/moskaus-verhandlungsoffensive, zuletzt aufgerufen am 21.02.2023.

10 Anna Kim und Philip Rosin, »Im Krieg mit dem Westen: Wladimir Putins Geschichts- und Weltbild«, *Cicero*, 02.03.2022. https://www.cicero.de/aussenpolitik/im-krieg-mit-dem-westen-wladimir-putins-geschichts-und-weltbild, zuletzt aufgerufen am 27.02.2023.

11 »Putin kritisiert USA-Politik«, *Phoenix*, 10.02.2007. https://www.ardmediathek.de/video/dokumentationen/10-02-2007-putin-kritisiert-usa-politik/phoenix/Y3JpZDovL3Bob2VuaXgu ZGUvMjUyNDU1Mw, zuletzt aufgerufen am 21.02.2023.

12 Neil Melvin, »Nationalist and Imperial Thinking Define

Putin's Vision for Russia«, *RUSI*, 02. 03. 2022. https://rusi.org/explore-our-research/publications/commentary/nationalist-and-imperial-thinking-define-putins-vision-russia, zuletzt aufgerufen am 21. 02. 2023.

13 »30 Jahre ohne Sowjetunion – Putin kämpft um Großmachtstatus«, *Zeit Online*, 26. 12. 2021. https://www.zeit.de/news/2021-12/26/30-jahre-ohne-sowjetunion-putin-kaempft-um-gross machtstatus, zuletzt aufgerufen am 27. 02. 2023.

14 »Address by President of the Russian Federation«, *Kreml*, 18. 03. 2014. http://en.kremlin.ru/events/president/news/20603, zuletzt aufgerufen am 21. 02. 2023.

15 »Article by Vladimir Putin: ›On the Historical Unity of Russians and Ukrainians‹«, *Kreml*, 12. 07. 2021. http://en.krem lin.ru/events/president/news/66181, zuletzt aufgerufen am 21. 02. 2023.

16 »Vladimir Putin: Rede an die Nation vom 21. 02. 2022«, *Zeitschrift Osteuropa*, kein Datum. https://zeitschrift-osteuropa.de/blog/putin-rede-21.2.2022/, zuletzt aufgerufen am 27. 02. 2023.

17 Kadri Liik, »Mit Russland reden, aber wie?«, *Internationale Politik*, Mai/Juni 2016, S. 8–15. https://internationalepolitik.de/de/mit-russland-reden-aber-wie, zuletzt aufgerufen am 27. 02. 2023.

18 Anna Kim und Philip Rosin, »Im Krieg mit dem Westen: Wladimir Putins Geschichts- und Weltbild«, *Cicero*, 02. 03. 2022. https://www.cicero.de/aussenpolitik/im-krieg-mit-dem-westen-wladimir-putins-geschichts-und-weltbild, zuletzt aufgerufen am 27. 02. 2023.

19 Ulf Lüdeke, »Im TV droht Russe Briten mit ›Poseidon‹ – was Putins Tsunami-Drohne wirklich kann«, *Focus online*, 04. 05. 2022. https://www.focus.de/politik/ausland/ukraine-krise/sprachrohr-putins-droht-grossbritannien-so-funktio niert-putins-tsunami-drohne_id_92970527.html, zuletzt aufgerufen am 21. 02. 2023.

20 Helmore Edward, »Petraeus: US would destroy Russia's troops if Putin uses nuclear weapons in Ukraine«, *The Guardian*, 02. 10. 2022. https://www.theguardian.com/world/2022/oct/02/us-russia-putin-ukraine-war-david-petraeus, zuletzt aufgerufen am 27. 02. 2023.

21 Olaf Scholz, »Warum wir krisenfester sind als die autoritären Staaten«, *Die Welt*, 29. 04. 2022. https://www.welt.de/debatte/kommentare/plus238443465/Kanzler-Olaf-Scholz-im-

Gastbeitrag-Warum-wir-krisenfester-sind-als-die-autoritaeren-Staaten.html, zuletzt aufgerufen am 21.02.2023.
22 »Russland führt einen hybriden Krieg gegen uns«, Maia Sandu im Interview mit *Süddeutsche Zeitung*, 24.02.2023. https://www.sueddeutsche.de/politik/republik-moldau-praesidentin-maia-sandu-interview-russland-hybrider-krieg-1.5756822, zuletzt aufgerufen am 27.02.2023.
23 »Regierungserklärung von Bundeskanzler Olaf Scholz am 27. Februar 2022«, *Die Bundesregierung*, 27.02.2022. https://www.bundesregierung.de/breg-de/suche/regierungserklaerung-von-bundeskanzler-olaf-scholz-am-27-februar-2022-2008356, zuletzt aufgerufen am 21.02.2023.
24 »Bundeskanzler Olaf Scholz: Wir erleben eine Zeitenwende«, *Deutscher Bundestag*, 27.02.2022. https://www.bundestag.de/dokumente/textarchiv/2022/kw08-sondersitzung-882198, zuletzt aufgerufen am 26.02.2023.
25 »Regierungserklärung von Bundeskanzler Olaf Scholz am 27. Februar 2022«, *Die Bundesregierung*, 27.02.2022. https://www.bundesregierung.de/breg-de/suche/regierungserklaerung-von-bundeskanzler-olaf-scholz-am-27-februar-2022-2008356 , zuletzt aufgerufen am 21.02.2023.
26 »Vor fünf Jahren: Russlands Annexion der Krim«, *Bundeszentrale für politische Bildung*, 18.03.2019. https://www.bpb.de/kurz-knapp/hintergrund-aktuell/287565/vor-fuenf-jahren-russlands-annexion-der-krim/, zuletzt aufgerufen am 24.02.2023.
27 »Anteil der Militärausgaben am Bruttoinlandsprodukt (BIP) in Deutschland von 2006 bis 2022«, *Statista*, 24.04.2023. https://de.statista.com/statistik/daten/studie/183106/umfrage/anteil-der-militaerausgaben-am-bip-in-deutschland/#:~:text=Im%20Jahr%202021%20betrug%20der,56%20Milliarden%20US%2DDollar, zuletzt aufgerufen am 28.04.2023.
»Deutschland verfehlt Nato-Zweiprozentziel auch 2023«, *Zeit Online*, 16.05.2023. https://www.zeit.de/politik/2023-05/nato-deutschland-zwei-prozent-verteidigungsausgaben?utm_referrer=https%3A%2F%2Fwww.google.com%2F, zuletzt aufgerufen am 02.07.2023.
28 »Neue Sicherheitsstrategie«, *Bundesministerium der Verteidigung*, 14.06.2023, https://www.bmvg.de/de/nationale-sicherheitsstrategie, zuletzt aufgerufen am 15.06.2023.
29 Fabian Reinbold, David Schach und Julius Tröger, »Was

von seiner wichtigsten Rede bleibt«, *Zeit Online*, 27.02.2023. https://www.zeit.de/politik/deutschland/2023-02/zeiten wende-rede-olaf-scholz-bundestag-analyse?wt_zmc=fix.int. zonaudev.push.lesetipp.zeitde.zonapush.link.x&utm_ campaign=lesetipp&utm_medium=fix&utm_source=push_ zonaudev_int&utm_content=zeitde_zonapush_link_x& utm_referrer=zona_lesetipp, zuletzt aufgerufen am 27.02.2023.

30 Hubertus Barth, Klaus Heiner Röhl, »Bundeswehr und Inflation: Was bleibt von der Zeitenwende«?, *Institut der deutschen Wirtschaft* – Kurzbericht 94/2022, 05.12.2022. https://www.iwkoeln.de/studien/hubertus-bardt-klaus-heiner-roehl-was-bleibt-von-der-zeitenwende.html, zuletzt aufgerufen am 27.02.2023.

31 Matthias Gebauer und Christian Reiermann, »Pistorius will zehn Milliarden pro Jahr mehr für die Bundeswehr«, *Spiegel Online*, 10.02.2023. https://www.spiegel.de/politik/deutsch land/bundeswehr-boris-pistorius-will-zehn-milliarden-pro-jahr-mehr-a-5bda9278-ff2d-4fdc-81be-95e5c8533659?sara_ ecid=soci_upd_KsBF0AFjflf0DZCxpPYDCQgO1dEMph, zuletzt aufgerufen am 27.02.2023.

32 »›This Week‹ Transcript 2-26-23: Jake Sullivan & Rep. Michael McCaul«, *ABC News*, 26.02.2023. https://abcnews.go.com/ Politics/week-transcript-2-12-23-jake-sullivan-rep/story?id= 97468998, zuletzt aufgerufen am 01.03.2023.

33 »US ›watching closely‹ for Chinese lethal aid«, Interview mit Jake Sullivan, *ABC, This Week*, 26.02.2023. https://www. youtube.com/watch?v=Tb1tP5f4mg4, zuletzt aufgerufen am 01.03.2023.
siehe auch: »Weißes Haus: Ukraine braucht Leopard-Panzer, keine Abrams«, *Süddeutsche Zeitung*, 26.02.2023. https://www. sueddeutsche.de/politik/militaer-weisses-haus-ukraine-braucht-leopard-panzer-keine-abrams-dpa.urn-newsml-dpa-com-20090101-230226-99-750704

34 Russland hatte im Vorjahr des Kriegsbeginns 34,1 Prozent des Erdöls nach Deutschland geliefert. Darauf folgten die USA (12,5 Prozent), Kasachstan (9,8 Prozent), Norwegen, (9,6 Prozent) und Großbritannien (9,3 Prozent). Laut dem Bundesverband Erdgas, Erdöl und Geoenergie (BVEG) stammen 98 Prozent des in Deutschland verbrauchten Rohöls aus dem Ausland. Siehe: »Erdölförderungen in

Deutschland«, BVEG, 26.04.2023. https://www.bveg.de/die-branche/erdgas-und-erdoel-in-deutschland/erdoel-in-deutschland/, zuletzt aufgerufen am 02.07.2023.
35 »Aufruf: Europäischer Importstopp für russisches Öl und Gas!«, *Zentrum für Liberale Moderne*, 25.03.2022. https://libmod.de/aufruf-sofortiger-importstopp-fuer-russisches-oel-und-gas-3/, zuletzt aufgerufen am 28.02.2023.
36 Liquified Natural Gas (LNG); dt.: Verflüssigtes Erdgas.
37 Siri-Marie Callsen, »Gaslieferanten für Deutschland: Aus diesen Ländern bekommen wir Gas«, *Focus Online*, 12.12.2022. https://praxistipps.focus.de/gaslieferanten-fuer-deutschland-aus-diesen-laendern-bekommen-wir-gas_153784#:~:text=Die %20wichtigsten%20Gaslieferanten%20f%C3%BCr%20 Deutschland,Gasimporte%20aus%20dem%20Ausland%20 angewiesen, zuletzt aufgerufen am 27.02.2023.
38 »Erster Anleger für Flüssigerdgaslieferung in Betrieb«, *Die Bundesregierung*, 17.12.2022. https://www.bundesregierung.de/ breg-de/themen/klimaschutz/erstes-lng-terminal-2143122 #:~:text=LNG%20%2DInfrastruktur%20k%C3%BCnftig%20 f%C3%BCr%20Wasserstoff%20nutzen&text=Der%20 Aufbau%20der%20LNG%20%2DInfrastruktur,f%C3%BCr%20 Wasserstoff%20nutzen%20zu%20k%C3%B6nnen, zuletzt aufgerufen am 27.02.2023.
39 »Haben LNG-Terminals eine klimaneutrale Zukunft?«, *Fraunhofer-Institut für System- und Innovationsforschung*, 03.11.2023. https://www.isi.fraunhofer.de/de/presse/2022/presseinfo-25-lng-terminals-wasserstoff-ammoniak.html, zuletzt aufgerufen am 28.02.2023.
40 »Bruttostromerzeugung in Deutschland nach Energieträger in den Jahren 2000 bis 2022«, *Statista*, Dezember 2022. https://de.statista.com/statistik/daten/studie/156695/umfrage/brutto-stromerzeugung-in-deutschland-nach-energietraegern-seit-2007/, zuletzt aufgerufen am 28.02.2023. »Europe«, *IEA*, kein Datum. https://www.iea.org/regions/europe, zuletzt aufgerufen am 28.02.2023.
41 »Stromerzeugung im 3. Quartal 2022: 13,3 % mehr Kohlestrom als im Vorjahreszeitraum«, *Statistisches Bundesamt*, 07.12.2023. https://www.destatis.de/DE/Presse/Pressemitteilungen/2022/12/PD22_518_433.html, zuletzt aufgerufen am 28.02.2023.
42 »Primärenergiegewinnung und -importe«, *Umwelt Bundesamt*,

16.12.2022. https://www.umweltbundesamt.de/daten/energie/primaerenergiegewinnung-importe, zuletzt aufgerufen am 27.02.2023.
43 Joachim Wille, »Die fossile Energiekrise wird uns lange begleiten«, *Frankfurter Rundschau*, 05.01.2023. https://www.fr.de/wirtschaft/die-fossile-energiekrise-wird-uns-lange-begleiten-92012225.html, zuletzt aufgerufen am 27.02.2023.
44 »Kabinett beschließt Beschleuniger für Wind- und Netzausbau – EU-Notfallverordnung wird umgesetzt – Verfahren werden noch schneller«, *Bundesministerium für Wirtschaft und Klimaschutz*, Pressemitteilung, 30.01.2023. https://www.bmwk.de/Redaktion/DE/Pressemitteilungen/2023/01/20230130-kabinett-beschliesst-beschleuniger-fur-wind-und-netzausbau.html, zuletzt aufgerufen am 28.02.2023.
45 Ebd.
46 »Wissenswertes zu Grünem Wasserstoff«, *Bundesministerium für Bildung und Forschung*, 15.05.2022. https://www.bmbf.de/bmbf/shareddocs/kurzmeldungen/de/wissenswertes-zu-gruenem-wasserstoff.html, zuletzt aufgerufen am 27.02.2023.
»Deutschland bekommt Flüssiggas aus den VAE«, *Deutsche Welle*, 25.09.2022. https://www.dw.com/de/deutschland-bekommt-fl%C3%BCssiggas-aus-den-vae/a-63232284, zuletzt aufgerufen am 27.02.2023.
47 Wissenswertes zu Grünem Wasserstoff, *Bundesministerium für Bildung und Forschung*, 15.05.2022. https://www.bmbf.de/bmbf/shareddocs/kurzmeldungen/de/wissenswertes-zu-gruenem-wasserstoff.html, zuletzt aufgerufen am 27.02.2023.
48 Alice Hancock, Leila Abboud und Guy Chazan, »France and Germany split over EU green hydrogen rules«, *Financial Times*, 13.02.2023. https://www.ft.com/content/5c32002f-b095-49e3-aae0-660a48d38815, zuletzt abgerufen am 27.02.2023.
49 Ebd.
50 »Kein Gas, dafür Uran«, *Zeit Online*, 11.09.2022. https://www.zeit.de/politik/ausland/2022-09/uran-russland-frankreich-emsland-lingen, zuletzt aufgerufen am 02.05.2023.
51 Thomas Matussek, »Gastkommentar: Diversifizierung als Schlüssel zur Energiesicherheit«, *Deutsche Welle*, 17.10.2022. https://www.dw.com/de/gastkommentar-diversifizierung-als-schl%C3%BCssel-zur-energiesicherheit/a-63415252, zuletzt aufgerufen am 27.02.2023.

52 »Was ein Jahr Krieg in der Wirtschaft bewegt hat – und was nicht«, *Wirtschaftswoche*, 22.02.2023. https://www.wiwo.de/politik/konjunktur/ukraine-krieg-was-ein-jahr-krieg-in-der-wirtschaft-bewegt-hat-und-was-nicht/28996802.html, zuletzt aufgerufen am 27.02.2023.

53 Sabine Fischer, »Der Donbas-Konflikt – Widerstreitende Narrative und Interessen, schwieriger Friedensprozess«, *SWP-Studie* 2019/S 03, 08.02.2019, doi:10.18449/2019S03. https://www.swp-berlin.org/en/publication/donbas-konflikt-schwieriger-friedensprozess#hd-d25970e287, zuletzt aufgerufen am 24.02.2023.

54 »Einigung in letzter Minute: Was der Gas-Vertrag zwischen Russland und der Ukraine bedeutet«, *Tagesspiegel*, 02.01.2020. https://www.tagesspiegel.de/politik/was-der-gas-vertrag-zwischen-russland-und-der-ukraine-bedeutet-5350105.html, zuletzt aufgerufen am 24.02.2023.
»Europäische Versorgungssicherheit – neuer Vertrag zwischen Russland und der Ukraine zur Fortsetzung des Gastransits«, *Deutsche Vertretungen in Russland*, 06.01.2020. https://germania.diplo.de/ru-de/themen/politik/-/2290676, zuletzt aufgerufen am 24.02.2023.

55 Hans-Joachim Vieweger, »Wie Deutschland sich abhängig machte«, *Tagesschau* 15.08.2022, https://www.tagesschau.de/inland/innenpolitik/abhaengigkeit-gas-russland-101.html, zuletzt aufgerufen am 24.02.2023.

56 Jörg Lau, »Wandel durch Handel«, *Internationale Politik*, 01.09.2021. https://internationalepolitik.de/de/wandel-durch-handel-0, zuletzt aufgerufen am 24.02.2023.

57 Roman Goncharenko, »Steinmeier-Formel – Sprengkraft für die Ukraine«, *Deutsche Welle*, 02.10.2019, https://www.dw.com/de/steinmeier-formel-sprengkraft-f%C3%BCr-die-ukraine/a-50679595, zuletzt aufgerufen am 24.02.2024.
»Wichtige Einigung im Konflikt in der Ostukraine«, *Auswärtiges Amt*, 08.10.2019, https://www.auswaertiges-amt.de/de/aussenpolitik/steinmeierformel/2253700, zuletzt aufgerufen am 24.02.2023.

58 »Rede von Lars Klingbeil: Zeitenwende: Sicherheit und Frieden in Europa«, *SPD*, 19.10.2022. https://www.spd.de/aktuelles/detail/news/zeitenwende-sicherheit-und-frieden-in-europa/19/10/2022/, zuletzt aufgerufen am 24.02.2023.

59 »Rede Lars Klingbeil: Zeitenwende: der Beginn einer neuen

Ära«, *SPD*, 22.06.2022. https://www.spd.de/aktuelles/detail/news/zeitenwende-der-beginn-einer-neuen-aera/22/06/2022/, zuletzt aufgerufen am 24.02.2023.

60 »Rede von Lars Klingbeil: Zeitenwende: Sicherheit und Frieden in Europa«, *SPD*, 19.10.2022. https://www.spd.de/aktuelles/detail/news/zeitenwende-sicherheit-und-frieden-in-europa/19/10/2022/, zuletzt aufgerufen am 24.02.2023.

61 »CDU-Parteifreunde gehen mit Merkel hart ins Gericht«, *T-Online*, 20.12.2022. https://www.t-online.de/nachrichten/deutschland/aussenpolitik/id_100100240/cdu-politiker-gehen-mit-merkel-hart-ins-gericht-putin-unterschaetzt-.html, zuletzt aufgerufen am 24.02.2023.

62 »Die CDU ringt um eine Haltung zur Russlandpolitik der Ex-Kanzlerin«, *Zeit Online*, 09.04.2022. https://www.zeit.de/politik/deutschland/2022-04/cdu-angela-merkel-russland politik-debatte-aussenpolitik, zuletzt aufgerufen am 24.02.2023.

63 »CDU bricht mit Angela Merkels Russland- und Außenpolitik«, *Focus Online*, 08.04.2022, https://www.focus.de/magazin/archiv/rubriken-cdu-bricht-mit-angela-merkels-russland-und-aussenpolitik_id_80606779.html, zuletzt aufgerufen am 24.02.2023.

64 Ebd.

65 »Hatten Sie gedacht, ich komme mit Pferdeschwanz?«, Interview mit Angela Merkel, *Die Zeit*, 52/2022, 07.12.2022. https://www.zeit.de/2022/51/angela-merkel-russland-fluechtlings krise-bundeskanzler, zuletzt aufgerufen am 24.02.2023.

66 Ebd.

67 Matthias Gebauer, »NATO vermutet Russland hinter Fake-News-Kampagne gegen Bundeswehr«, *Spiegel Online*, 16.02.2017. https://www.spiegel.de/politik/ausland/bundes wehr-fake-news-attacke-gegen-deutsche-soldaten-in-litauen-a-1134925.html, zuletzt aufgerufen am 24.02.2023.

68 Jürgen Habermas, »Ein Plädoyer für Verhandlungen«, *Süddeutsche Zeitung*, 14.02.2023. https://www.sueddeutsche.de/projekte/artikel/kultur/juergen-habermas-ukraine-sz-verhand lungen-e159105/?reduced=true, zuletzt aufgerufen am 24.02.2023.

69 »Können Waffen Frieden schaffen?«, Margot Käßmann und Petra Bahr im Interview mit *Die Zeit*, 22.02.2023. https://www.zeit.de/2023/09/ukraine-krieg-frieden-petra-bahr-

margot-kaessmann-waffenlieferungen, zuletzt aufgerufen am 27. 02. 2023.
70 »Sahra Wagenknecht und ihre Parteipläne«, *Der Spiegel*, 14. 04. 2023. https://www.spiegel.de/politik/deutschland/sahra-wagenknecht-gruendet-sie-eine-neue-partei-a-0041fb0b-a740-453f-b9e7-264a6e1a9109, zuletzt aufgerufen am 02. 05. 2023.
71 »Kremlin tries to build antiwar coalition in Germany, documents show«, *The Washington Post*, 21. 04. 2023. https://www.washingtonpost.com/world/2023/04/21/germany-russia-interference-afd-wagenknecht/, zuletzt aufgerufen am 02. 05. 2023.
72 »Kreml-Plan für deutsche ›Querfront‹?«, *ARD*, 21. 04. 2023. https://www.tagesschau.de/ausland/amerika/washingtonpost-russland-deutschland-querfront-101.html, zuletzt aufgerufen am 02. 05. 2023.
73 »Strack-Zimmermann wirft Wagenknecht und Schwarzer Verhöhnung der Opfer vor«, *WELT*, 27. 02. 2023. https://www.welt.de/politik/deutschland/article243971873/Demo-in-Berlin-Kritiker-werfen-Wagenknecht-und-Schwarzer-Taeter-Opfer-Umkehr-vor.html, zuletzt aufgerufen am 02. 05. 2023.
74 »Bundeskanzler Scholz bei Anne Will«, *ARD*, 28. 03. 2022. https://www.tagesschau.de/multimedia/video/video-1008973.html
75 »Energie-Embargo: Die Arroganz von Olaf Scholz ist gefährlich, *Süddeutsche Zeitung*, 28. 03. 2022. https://www.sueddeutsche.de/wirtschaft/scholz-energie-embargo-russland-1.5556058, zuletzt aufgerufen am 01. 03. 2023.
76 »Kommentar zur Panzer-Debatte – Deutschland ist weit von einer zentralen Rolle entfernt«, *Deutschlandfunk*, 23. 01. 2023. https://www.deutschlandfunk.de/panzer-bundesregierung-100.html, zuletzt aufgerufen am 01. 03. 2023.
77 »Ukraine war: US will never recognise Russia's annexation attempts, Biden vows«, *BBC News*, 30. 09. 2022. https://www.bbc.com/news/world-europe-63084286, zuletzt aufgerufen am 01. 03. 2023.
78 Vladimir Milov, »Und sie wirken doch«, zuletzte aufgerufen am 01. 03. 2023. *Internationale Politik und Gesellschaft –IPG* 07. 02. 2023. https://www.ipg-journal.de/rubriken/wirtschaft-und-oekologie/artikel/und-sie-wirken-doch-6493/, zuletzt aufgerufen am 01. 03. 2023.

79 Das sind vier Prozentpunkte mehr als die statistisch ausgewiesene Inflation im gleichen Zeitraum. Ebd.
80 »Honoring the Heavenly Hundred«, *Ukrainian World Congress*, 20.02.2023. https://www.ukrainianworldcongress.org/honoring-the-heavenly-hundred/, zuletzt aufgerufen am 01.03.2023.
81 Patrick Mayer, »Sie sollen Putin abschrecken: Amerikaner, Briten, Deutsche – Wo NATO-Soldaten die Ostflanke sichern«, *Merkur.de*, 05.12.2022. https://www.merkur.de/politik/wladimir-putin-russland-abschreckung-nato-ostflanke-us-armee-soldaten-europa-baltikum-polen-91917440.html, zuletzt aufgerufen am 27.02.2023.
82 »Polen zeigt sich offen für eine Stationierung amerikanischer Atomwaffen«, *Spiegel Online*, 03.04.2022. https://www.spiegel.de/ausland/krieg-in-der-ukraine-polens-zeigt-sich-offen-fuer-eine-stationierung-amerikanischer-atomwaffen-a-6d64db63-8068-4fd3-9bb3-0262af8c553f, zuletzt aufgerufen am 27.02.2023.
83 Neben den Vertreter:innen der 27 EU-Mitgliedstaaten, der Präsidentin der Europäischen Kommission und dem Präsidenten des Europäischen Rates nahmen Staats- und Regierungschefs aus Albanien, Andorra, Armenien, Aserbaidschan, Bosnien und Herzegowina, Georgien, Island, aus dem Kosovo, aus Liechtenstein, Moldau, Montenegro, Nordmazedonien, Norwegen, Serbien, aus der Schweiz, der Türkei, der Ukraine und aus dem Vereinigten Königreich teil.
84 Dänemark, Schweden, Finnland, Estland, Lettland, Litauen, Irland und die Niederlande.
85 Ivan Krastev und Stephen Holmes, »The Light That Failed: Why the West Is Losing the Fight for Democracy«, *Pegasus Books*, 2020.
86 »Rede von Lars Klingbeil: Zeitenwende: Sicherheit und Frieden in Europa«, *SPD*, 19.10.2022. https://www.spd.de/aktuelles/detail/news/zeitenwende-sicherheit-und-frieden-in-europa/19/10/2022/, zuletzt aufgerufen am 24.02.2023.
87 Anna-Katharina Ahnefeld, »Finnland wütend auf Deutschland: ›Ihr habt die Grundregel im Umgang mit Russland nicht verstanden‹« *Frankfurter Rundschau*, 18.01.2022. https://www.fr.de/politik/ukraine-krieg-deutschland-energie-ampel-putin-merkel-finnland-baerbock-waffenlieferung-russland-zr-91901608.html, zuletzt aufgerufen am 24.02.2023.

88 Jeremy Cliff, »The Ukraine war is shifting Europe's balance of power from west to east«, *The New Statesman*, 23.11.2022. https://www.newstatesman.com/comment/2022/11/ukraine-war-shifting-european-balance-of-power-eastern-europe, zuletzt aufgerufen am 27.02.2023.

89 »Europa-Rede des Bundeskanzlers – »Europa ist unsere Zukunft – und diese Zukunft liegt in unseren Händen««, *Die Bundesregierung*, 31.01.2023. https://www.bundesregierung.de/breg-de/themen/europa/scholz-rede-prag-karls-uni-2079410, zuletzt aufgerufen am 02.03.2023.

90 »Deutsch-französische Expertengruppe zu institutionellen Reformen der EU«, Gemeinsame Pressemitteilung des Auswärtigen Amts und des französischen Ministeriums für Europa und auswärtige Angelegenheiten, *Auswärtiges Amt*, 23.01.2023. https://www.auswaertiges-amt.de/de/newsroom/deutsch-franzoesische-expertengruppe/2574568, zuletzt aufgerufen am 02.05.2023. *Anmerkung*: Die Autorin ist Mitglied der Expert:innen-Gruppe.

91 Hans von der Burchard und Clea Caulcutt, »The awkward lunch: Macron snubs Scholz in Paris«, *Politico,* 26.10.2022. https://www.politico.eu/article/olaf-scholz-emmanuel-macron-meet-amid-tensions-energy-crisis-defense/, zuletzt aufgerufen am 27.02.2023.

92 »Putin and the Presidents: John Bolton (interview)«, *FRONTLINE*, 29.09.2022. https://www.youtube.com/watch?v=KT7n1VOgNq0, zuletzt aufgerufen am 01.03.2023.

93 »Panzer-Deal: Berlin widerspricht Washington«, *ZDF*, 27.02.2023, https://www.zdf.de/nachrichten/politik/leopard-abrams-scholz-biden-ukraine-krieg-russland-100.html, zuletzt aufgerufen am 02.03.2023.

94 Pascal Lamy: »The slow American protectionist turn«, *VoxEU*, 27.03.2023. https://cepr.org/voxeu/columns/slow-american-protectionist-turn, zuletzt aufgerufen am 25.04.2023.

95 »Macron: US-Gesetz zur Inflationsbekämpfung ›super aggressiv‹«, *Süddeutsche Zeitung*, 01.12.2022. https://www.sueddeutsche.de/politik/emmanuel-macron-joe-biden-staatsbesuch-usa-frankreich-inflation-gesetz-1.5707110, zuletzt aufgerufen am 01.03.2023.

96 »Press Statements meeting of EAM with FM Sergey Lavrov of Russia«, *Ministry of External Affairs India*, 08.11.2022. https://

www.youtube.com/watch?v=DX2hDg_kh1w, zuletzt aufgerufen am 02.03.2023.
97 »The Summit for Democracy«, *U.S. Department of State*, kein Datum. https://www.state.gov/summit-for-democracy/, zuletzt aufgerufen am 02.03.2023.
98 »Remarks by President Biden on the United Efforts of the Free World to Support the People of Ukraine«, *The White House*, 26.03.2022. https://www.whitehouse.gov/briefing-room/speeches-remarks/2022/03/26/remarks-by-president-biden-on-the-united-efforts-of-the-free-world-to-support-the-people-of-ukraine/, zuletzt aufgerufen am 02.03.2023.
99 Zitiert nach: Jade McGlynn, »Why Russia Markets itself as an Anti-Colonial Power to Africans«, *Foreign Policy*, 08.02.2023. https://foreignpolicy.com/2023/02/08/russia-ukraine-colonialism-diplomacy-africa/, zuletzt aufgerufen am 02.03.2023.
100 Steven Walt, »The Conversation about Ukraine is Cracking Apart«, *Foreign Policy*, 28.02.2023. https://foreignpolicy.com/2023/02/28/the-conversation-about-ukraine-is-cracking-apart/, zuletzt aufgerufen am 02.03.2023.
101 »MSC2023 – China in World – Wang Yi – A conversation«, *Bayerischer Rundfunk*, 18.02.2023. https://www.br.de/fernsehen/sendungen/br24-live/msc2023-china-in-the-world-wang-yi-conversation-100.html, zuletzt aufgerufen am 02.03.2023.
102 »China's Position on the Political Settlement of the Ukraine Crisis«, *Ministry of Foreign Affairs of the People's Republic of China*, 24.02.2023. https://www.fmprc.gov.cn/eng/zxxx_662805/202302/t20230224_11030713.html, zuletzt aufgerufen am 07.03.2023.
103 Siehe: Daniela Schwarzer, »Final Call. Wie Europa sich zwischen China und den USA behaupten kann«, *Campus Verlag*, Frankfurt 2021, S. 39 ff.
104 »Der Einsatz von nuklearen Waffen oder die Drohung damit muss abgelehnt werden.« *Süddeutsche Zeitung*, 04.11.2022. https://www.sueddeutsche.de/politik/diplomatie-ukraine-krieg-scholz-und-xi-warnen-vor-nuklearer-eskalation-dpa.urn-newsml-dpa-com-20090101-221104-99-379105, zuletzt aufgerufen am 06.03.2023.
105 Maxim Kireev, »Die Rüstungsmaschine ist gut versorgt«, *Zeit Online*, 01.02.2023. https://www.zeit.de/wirtschaft/2023-01/

russland-sanktionen-halbleiter-chips-aussenhandel, zuletzt aufgerufen am 06.03.2023.

106 »Wladimir Putin und Xi Jinping fordern Ende von NATO-Erweiterung«, *Zeit online*, 04.02.2022. https://www.zeit.de/politik/ausland/2022-02/russland-china-olympia-ukraine-konflikt, zuletzt aufgerufen am 06.03.2022.

107 »Gemeinsame Erklärung der Russischen Föderation und der Volksrepublik China zu den internationalen Beziehungen auf dem Weg in ein neues Zeitalter und zur globalen nachhaltigen Entwicklung«, *Kreml*, 04.02.2022. http://kremlin.ru/supplement/5770, zuletzt aufgerufen am 07.03.2023.

108 Lily McElwee, Maria Snegovaya, Alexandra Chopenko und Tina Dolbaia, »Xi Goes to Moscow: A Marriage of Inconvenience?«, *Center for Strategic and International Studies*, 28.03.2023. https://www.csis.org/analysis/xi-goes-moscow-marriage-inconvenience, zuletzt aufgerufen am 28.04.2023.

109 Siehe: Daniela Schwarzer, »Final Call. Wie Europa sich zwischen China und den USA behaupten kann«, *Campus Verlag*, Frankfurt 2021, S. 39 ff.

110 »Ukraine und Russland einigen sich auf Abkommen zu Getreideexporten«, *Der Spiegel*, 22.07.2022. https://www.spiegel.de/ausland/ukraine-krieg-ukraine-und-russland-einigen-sich-laut-uno-auf-abkommen-zu-getreide-exporten-a-bfcb726e-a78f-440c-83fd-27c1067fc097, zuletzt aufgerufen am 06.03.2023.

111 »Trumps Abschottung – ein großer Fehler«, *Frankfurter Allgemeine*, 10.11.2020. https://www.faz.net/aktuell/finanzen/deutsche-bank-chefvolkswirt-ueber-die-wahl-in-den-usa-17044408.html, zuletzt aufgerufen am 02.05.2023.

112 »Investment Trends Monitor«, *UNCTAD*, Issue 38/January 2021. https://unctad.org/system/files/official-document/diaeiainf2021d1_en.pdf, zuletzt aufgerufen am 10.03.2023.

113 »Handbook of Statistics 2022«, *United Nations*, 2022, S. 52. https://unctad.org/system/files/official-document/tdstat47_en.pdf, zuletzt aufgerufen am 10.03.2023.

114 »Auslandsinvestitionen in Deutschland wieder fast so hoch wie vor Corona«, *FDI-Report 2021, German Trade and Invest (GTAI)*, 05.05.2022. https://www.gtai.de/de/meta/presse/auslandsinvestitionen-in-deutschland-wieder-fast-so-hoch-wie-vor-corona-837520, zuletzt aufgerufen am 07.03.2023.

115 Richard Grieveson, Stefani Weiss (Hrsg.), »Keeping friends closer: Why the EU should address new geoeconomic realities and get its neighbours back in the fold«, Bertelsmann Stiftung, 2. Auflage 30.05.2023. https://www.bertelsmann-stiftung.de/de/publikationen/publikation/did/keeping-friends-closer-why-the-eu-should-address-new-geoeconomic-realities-and-get-its-neighbours-back-in-the-fold-all.
116 »Produktionsstandort Europa – Neue Chancen für den alten Kontinent«, *Der Spiegel Wirtschaft*, 23.07.2021. https://www.spiegel.de/wirtschaft/lieferketten-zurueck-nach-europa-verlegt-globale-rueckholaktion-a-a731ef93-0002-0001-0000-000178494520?giftToken=ea2d6538-4f54-4de0-9603-3fdf37a9dcfdHYPERLINK, zuletzt aufgerufen am 07.03.2023.
117 »Zwei Drittel der deutschen Unternehmen passen Lieferketten wegen Krisen an«, Deutsche Industrie- und Handelskammer (DIHK), 21.12.2022. https://www.dihk.de/de/themen-und-positionen/internationales/ahk-world-business-outlook-herbst-22/zwei-drittel-der-deutschen-unternehmen-passen-lieferketten-wegen-krisen-an–88374, zuletzt aufgerufen am 07.03.2023.
118 Lisandra Flach, Jasmin Katrin Gröschl, Marina Steininger, Feodora Teti, Andreas Baur, »Internationale Wertschöpfungsketten – Reformbedarf und Möglichkeiten«, *ifo Institut*, 2021. https://www.ifo.de/publikationen/2021/monographie-autorenschaft/internationale-wertschoepfungsketten-reformbedarf, zuletzt aufgerufen am 14.03.2023.
119 »The cult of Modi«, *Foreign Policy*, 04.11.2022. https://foreignpolicy.com/2022/11/04/modi-india-personality-cult-democracy/, zuletzt aufgerufen am 25.04.2023.
120 »Der Westen misst mit zweierlei Maß«, Interview mit Amrita Narlikar, *Internationale Politik*, 02.01.2023. https://internationalepolitik.de/de/der-westen-misst-mit-zweierlei-mass, zuletzt aufgerufen am 25.04.2023.
121 »AfD sorgt mit Heizungsdemo im Landtag für Empörung«, *Süddeutsche Zeitung*, 21.06.2023. https://www.sueddeutsche.de/politik/landtag-hannover-afd-sorgt-mit-heizungsdemo-im-landtag-fuer-empoerung-dpa.urn-newsml-dpa-com-20090101-230621-99-132170, zuletzt aufgerufen am 01.07.2023.
122 Die folgenden Ausführungen basieren auf: Daniela Schwarzer, »Liberale Demokratien vs. totalitäre Autokratien:

Europäische Antworten im Systemkonflikt«, Essay, *Zentrum Liberale Moderne*, 16.09.2023. https://libmod.de/demokratien-im-stresstest-europaeische-antworten-im-systemkonflikt-daniela-schwarzer/

123 »Nations in Transit 2022 – From Democratic Decline to Authoritarian Aggression«, *Freedom House*. https://freedomhouse.org/sites/default/files/2022-04/NIT_2022_final_digital.pdf, zuletzt aufgerufen am 25.04.2023.

124 »Democracy Report 2023 – Defiance in the Face of Autocratization«, *V-DEM-Institute, University of Gothenburg*, March 2023. https://www.v-dem.net/documents/29/V-dem_democracyreport2023_lowres.pdf, zuletzt aufgerufen am 25.04.2023.

125 »Exporte im Februar 2023: +4,0 % zum Januar 2023«, *Statistisches Bundesamt*, 04.04.2023. https://www.destatis.de/DE/Presse/Pressemitteilungen/2023/04/PD23_133_51.html, zuletzt aufgerufen am 06.05.2023.

126 Daniela Schwarzer, »Final Call – Wie Europa sich zwischen China und den USA behaupten kann«, *Campus Verlag*, Frankfurt, 2021.

127 Xi Jinping, »Certain Major Issues for Our National Medium-to Long-Term Economic and Social Development Strategy«, speech given by Chinese President Xi Jinping at the seventh meeting of the Central Financial and Economic Affairs Commission, *Centre for Security and Emerging Technology (CSET)*, 11.11.2020. https://cset.georgetown.edu/publication/xi-jinping-certain-major-issues-for-our-national-medium-to-long-term-economic-and-social-development-strategy/, zuletzt aufgerufen am 06.05.2023.

128 »Saying Goodbye to Magical Thinking About China«, *Agenda Pública, El País*, 29.03.2023. https://agendapublica.elpais.com/noticia/18500/saying-goodbye-to-magical-thinking-about-china, zuletzt aufgerufen am 06.05.2023.

129 »China condemns opening of Taiwan office in Lithuania as ›egregious act‹«, *The Guardian*, 19.11.2021. https://www.theguardian.com/world/2021/nov/19/china-condemns-opening-of-taiwan-office-in-lithuania-as-egregious-act, zuletzt aufgerufen am 06.05.2023.

130 »Document 9: A ChinaFile Translation«, *ChinaFile*, 08.11.2013. https://www.chinafile.com/document-9-chinafile-translation, zuletzt aufgerufen am 06.05.2023.

131 Thorsten Benner, »Deutsche Außenpolitik: Von ›umfassender strategischer Partnerschaft‹ zu Systemrivalität«, *Bundeszentrale für politische Bildung*, 21.04.2023. https://www.bpb.de/shop/zeitschriften/apuz/deutsche-aussenpolitik-2023/520205/von-umfassender-strategischer-partnerschaft-zu-systemrivalitaet/, zuletzt aufgerufen am 06.05.2023.

132 »Volkskongress in Peking – Die Schuldigen sind andere«, *Frankfurter Allgemeine Zeitung*, 07.03.2023. https://www.faz.net/aktuell/politik/ausland/volkskongress-in-peking-xi-jinping-greift-amerika-an-18730673.html, zuletzt aufgerufen am 06.05.2023.

133 »Nationale Sicherheitsstrategie«, *Bundesministerium der Verteidigung*, 14.06.2023. https://www.bmvg.de/de/nationale-sicherheitsstrategie, zuletzt augerufen am 16.06.2023.

134 »Speech by President von der Leyen on EU-China relations to Mercator Institute for China Studies and the European Policy Centre«, *European Commission*, 30.03.2023. https://ec.europa.eu/commission/presscorner/detail/en/SPEECH_23_2063

135 »NATO-Ostflanke stärken, heißt, uns selbst zu stärken«, Rede des Bundesverteidigungsministers Boris Pistorius auf der Münchener Sicherheitskonferenz, *Bundesministerium der Verteidigung*, 23.02.2023. https://www.bmvg.de/de/aktuelles/impulsvortrag-von-minister-pistorius-auf-der-msc-23-5585602, zuletzt aufgerufen am 06.05.2023.

136 »ZDF-Politbarometer, April 2023«, *ZDF*, 21.04.2023: https://www.zdf.de/nachrichten/politik/politbarometer-klimaschutz-kosten-belastung-ukraine-krieg-100.html, zuletzt aufgerufen am 06.05.2023.

137 »ARD-DeutschlandTrend April 2023«, *ARD*, https://www.infratest-dimap.de/umfragen-analysen/bundesweit/ard-deutschlandtrend/2023/april, zuletzt aufgerufen am 06.05.2023.

138 Ebd.

139 »Eurobarometer-Umfrage: Weiterhin große Unterstützung für Ukraine- und Energiesicherungspolitik«, *Europäische Kommission*, 22.02.2023, https://ec.europa.eu/commission/presscorner/detail/de/ip_23_1142, zuletzt aufgerufen am 24.02.2023.

140 »ZDF-Politbarometer März 2023«, *ZDF*, 03.03.2023, https://presseportal.zdf.de/pressemitteilung/zdf-politbarometer-maerz-i-2023, zuletzt aufgerufen am 29.03.2023.

141 »Putin prepares Russia for ›forever war‹ with west as Ukraine invasion stalls«, The Guardian, 28.03.2023. https://www.theguardian.com/world/2023/mar/28/putin-prepares-russia-for-forever-war-with-west-as-ukraine-invasion-stalls, zuletzt aufgerufen am 06.05.2023.
142 »Deutscher ›Doppel-Wumms‹ sorgt für EU-Kritik«, ZDF, 04.10.2022. https://www.zdf.de/nachrichten/wirtschaft/wirtschaft-unterstuetzung-deutschland-doppelwumms-kritik-eu-inflation-100.html, zuletzt aufgerufen am 06.05.2023.
143 Energieeffizienz-Strategie 2050, *Bundesministerium für Wirtschaft und Energie*, Dezember 2019, https://www.bmwk.de/Redaktion/DE/Publikationen/Energie/energieeffiezienzstrategie-2050.pdf?__blob=publicationFile&v=12, zuletzt aufgerufen am 29.03.2023.
144 »Die Nationale Wasserstoffstrategie«, *Bundesministerium für Wirtschaft und Klimaschutz*, 10.06.2020, https://www.bmwi.de/Redaktion/DE/Publikationen/Energie/die-nationale-wasserstoffstrategie.html, zuletzt aufgerufen am 29.03.2023.
145 »Der Atomausstieg in Deutschland«, *Bundesamt für Sicherheit der nuklearen Entsorgung*, 2023 https://www.base.bund.de/DE/themen/kt/ausstieg-atomkraft/ausstieg_node.html#:~:text=Die%20Meilensteine%20des%20Atomausstiegs%3A%20Von%202002%20bis%202023&text=In%20Deutschland%20hatte%20man%20bereits,der%20Atomausstieg%20in%20Deutschland%20vollzogen, zuletzt aufgerufen am 29.03.2023.
146 Elf EU-Staaten vereinbaren Nuklear-Allianz, *Tagesschau*, 28.02.2023. https://www.tagesschau.de/ausland/europa/atomkraft-eu-101.html, zuletzt aufgerufen am 29.03.2023.
147 Lisandra Flach, Feodora Teti, Isabella Gourevich, Lisa Scheckenhofer und Leif Grandum, »Wie abhängig ist Deutschland von Rohstoffimporten? Eine Analyse für die Produktion von Schlüsseltechnologien«, *Industrie und Handelskammer und ifo Institut*, Juni 2022, https://www.ifo.de/DocDL/ifo-Studie_Rohstoffimporte.pdf, zuletzt aufgerufen am 29.03.2023.
148 Francis Fukuyama: »Das Ende der Geschichte«, *Kindler*, 1992. ISBN-13: 9783463401324.
149 Daniela Schwarzer, »Mit Sicherheit nur ein erster Schritt«, *Internationale Politik*, 15.06.2023. https://internationalepolitik.de/de/mit-sicherheit-nur-ein-erster-schritt, zuletzt aufgerufen am 16.06.2023.